Aperte o F5

Na manhã do dia 4 de fevereiro de 2014, fui apresentado
aos funcionários como o terceiro CEO da Microsoft,
ao lado de Bill Gates e Steve Ballmer, os únicos CEOs
ao longo da história de 40 anos da empresa.

Satya Nadella

Aperte o F5

A transformação da **Microsoft** e a busca de um futuro melhor para todos

Prefácio de Bill Gates

Tradução
Cristina Yamagami

Benvirá

Copyright © Satya Nadella, 2017
Copyright do prefácio © William H. Gates III, 2017
Título original: *Hit Refresh*

Preparação Maria Silvia Mourão Netto
Revisão Maurício Katayama | Obá Editorial
Diagramação Aline Cruz | Obá Editorial
Capa Adaptada do projeto gráfico original de Milan Bozic
Impressão e acabamento Ricargraf

Dados Internacionais de Catalogação na Publicação (CIP)
Angélica Ilacqua CRB-8/7057

Nadella, Satya
    Aperte o F5 : a transformação da Microsoft e a busca
de um futuro melhor para todos / Satya Nadella; tradução
de Cristina Yamagami. – São Paulo : Benvirá, 2018.
    264 p.

ISBN 978-85-5717-236-4
Título original: *Hit refresh*

1. Nadella, Satya 2. Microsoft Corporation – História 3.
Gates, Bill, 1955– 4. Diretores executivos – Biografia 5.
Mudança organizacional 6. Tecnologia – Aspectos sociais
I. Título II. Yamagami, Cristina

	CDD-338.761005309
18-0438	CDU-338.45:004.4 (09)

Índices para catálogo sistemático:
1. Indústria de software - História

1ª edição, maio de 2018 | 6ª tiragem, dezembro de 2023

Nenhuma parte desta publicação poderá ser reproduzida por qualquer meio ou forma sem a prévia autorização da Saraiva Educação. A violação dos direitos autorais é crime estabelecido na lei n. 9.610/98 e punido pelo artigo 184 do Código Penal.

Todos os direitos reservados à Benvirá, um selo da Saraiva Educação.
Av. Paulista, 901 – 4º andar
Bela Vista – São Paulo – SP – CEP: 01311-100

SAC: sac.sets@saraivaeducacao.com.br

EDITAR 15911   CL 670491   CAE 626983

Às duas famílias que moldaram minha vida:
Anu, nossos pais e nossos filhos;
e minha família na Microsoft.

Sumário

PREFÁCIO 9

CAPÍTULO 1
Da Índia aos Estados Unidos 13
Como Karl Marx, um estudioso do sânscrito e um herói do críquete influenciaram minha infância

CAPÍTULO 2
Aprendendo a liderar 45
A nuvem vista pelas nossas janelas

CAPÍTULO 3
Uma nova missão e um novo ímpeto 73
Redescobrindo a alma da Microsoft

CAPÍTULO 4
Renascimento cultural 105
Dos "sabe-tudo" aos "aprende-tudo"

CAPÍTULO 5
Amigos ou inimigos? 129
Estabeleça parcerias antes de precisar delas

CAPÍTULO 6
Além da nuvem 147
As três revoluções: realidade mista, inteligência artificial e computação quântica

CAPÍTULO 7
A equação da confiança **175**
Valores atemporais na era digital: privacidade, segurança, liberdade de expressão

CAPÍTULO 8
O futuro das pessoas e das máquinas **199**
Rumo a um protocolo ético para o projeto da inteligência artificial

CAPÍTULO 9
Recuperando o crescimento econômico para todos **215**
O papel das empresas em uma sociedade global

EPÍLOGO **239**

AGRADECIMENTOS **247**

FONTES DE INFORMAÇÃO E LEITURA ADICIONAL **251**

SOBRE O AUTOR **261**

Prefácio

BILL GATES

Conheço Satya Nadella há mais de 20 anos. Eu o conheci em meados dos anos 1990, quando eu era o CEO da Microsoft e ele trabalhava no nosso software de servidor, que estava começando a ganhar forma na época. Procuramos nos voltar ao longo prazo ao desenvolver a empresa, o que teve dois benefícios: a empresa ganhou outro ímpeto de crescimento e cultivou muitos dos novos líderes que hoje comandam a Microsoft, incluindo Satya.

Mais tarde, trabalhei em estreito contato com Satya quando ele assumiu a iniciativa de criar um mecanismo de busca de primeira linha. Estávamos perdendo espaço para o Google, e a equipe original da nossa divisão de buscas tinha saído da empresa. Satya fez parte da equipe criada para mudar a situação. Ele era humilde, orientado para o futuro e pragmático. Levantava questões inteligentes sobre a nossa estratégia e trabalhava muito bem até com os programadores mais técnicos.

Por isso não me surpreendi quando, assim que assumiu o cargo de CEO, Satya já começou a deixar sua marca na empresa. Como o título deste livro sugere, ele não se desfez totalmente do passado. Quando você aperta o botão F5 no seu computador, parte da página continua inalterada. Mas, sob a liderança de Satya, a Microsoft conseguiu se afastar de uma abordagem puramente centrada no Windows. Ele liderou a adoção de uma nova e ousada missão para a empresa. Satya promove um diálogo constante com clientes, pesquisadores e executivos. E, o mais importante, está fazendo grandes apostas em algumas tecnologias importantes, como a inteligência artificial e a computação em nuvem, nas quais a Microsoft vai se diferenciar.

É uma abordagem inteligente não só para a Microsoft, mas para qualquer empresa que queira ter sucesso na era digital. A indústria da computação nunca foi tão complexa quanto hoje. Muitas grandes empresas, além da Microsoft, se voltam à inovação, como o Google, a Apple, o Facebook, a Amazon e outras. Usuários de vanguarda estão espalhados pelo mundo todo, não só nos Estados Unidos. O PC deixou de ser o único (e até o principal) dispositivo de computação com o qual a maioria dos usuários interage.

Apesar de todas essas rápidas mudanças na indústria da computação, ainda estamos no início da revolução digital. Vejamos o exemplo da inteligência artificial. Pense em todo o tempo que passamos organizando e realizando manualmente as nossas tarefas corriqueiras do dia a dia, como agendar reuniões e pagar contas. No futuro, um assistente de inteligência artificial vai saber que você está no trabalho e tem dez minutos livres e vai ajudá-lo a ticar alguma tarefa da sua lista de afazeres. A inteligência artificial está prestes a tornar nossa vida mais produtiva e criativa.

A inovação também vai melhorar muitas outras áreas da nossa vida. A maior parte do meu trabalho na Gates Foundation é voltada ao uso da inovação para combater as piores injustiças do mundo. Ferramentas de rastreamento digital e de sequenciamento genético estão ajudando a nos aproximar da erradicação da poliomielite, que seria apenas a segunda doença humana eliminada da face da Terra. No Quênia, na Tanzânia e em outros países, o dinheiro digital está possibilitando a usuários de baixa renda poupar, fazer empréstimos e transferir fundos como nunca foi feito antes. Em salas de aula espalhadas pelos Estados Unidos, um software de aprendizagem personalizada possibilita aos alunos avançar no próprio ritmo e se concentrar nas habilidades que precisam melhorar.

É claro que toda nova tecnologia vem acompanhada de seus problemas e dificuldades. Como ajudar as pessoas cujos empregos serão substituídos pela inteligência artificial e por robôs? Como garantir a segurança das informações dos usuários? Você vai mesmo querer saber o que um assistente de inteligência artificial pensa sobre o seu estilo de trabalho?

É isso que faz com que livros como este tenham tanto valor. Satya traçou um plano para que a humanidade possa se beneficiar ao máximo das oportunidades criadas pela tecnologia sem fechar os olhos para as questões mais complexas e difíceis. E ele nos oferece uma fascinante história pessoal, pontuada com mais citações literárias do que você poderia esperar neste tipo de livro, e até algumas lições aprendidas jogando críquete.

Temos muitas razões para ver o futuro com otimismo. O mundo está melhorando, e a humanidade nunca progrediu tão rápido. Este livro é um guia sensato e cuidadoso para um futuro empolgante e repleto de desafios.

CAPÍTULO 1

Da Índia aos Estados Unidos

Como Karl Marx, um estudioso do sânscrito e um herói do críquete influenciaram minha infância

Entrei na Microsoft em 1992 porque queria trabalhar numa empresa cheia de pessoas dedicadas a mudar o mundo. Isso foi 25 anos atrás e nunca me arrependi dessa decisão. A Microsoft foi o berço da Revolução dos PCs, e o nosso sucesso (talvez comparável apenas ao sucesso da IBM na geração anterior) é lendário. Mas, depois de anos deixando todos os nossos concorrentes para trás, algo estava mudando na empresa... e não para melhor. A inovação estava sendo substituída pela burocracia. O trabalho em equipe estava sendo substituído pela politicagem interna. Estávamos ficando para trás.

Em meio a esses tempos difíceis, um cartunista representou o organograma da Microsoft como um punhado de gangues em guerra umas com as outras. Era impossível ignorar a mensagem do humorista. Eu tinha 24 anos de empresa, me considerava um insider consumado, e aquela charge me incomodou muito. Mas o que mais me aborreceu foi o fato de o nosso próprio pessoal simplesmente se resignar com a situação. É verdade que eu já tinha sentido na pele essa falta de alinhamento entre os vários cargos que ocupei na empresa. Mas sempre acreditei que o problema tinha solução. Por isso, quando fui nomeado o terceiro CEO da Microsoft, em fevereiro de 2014, fiz questão de dizer ao nosso pessoal que a renovação da cultura da empresa seria a minha prioridade. Afirmei que me dedicaria a remover impiedosamente as barreiras à inovação para que todos nós pudéssemos retomar a nossa missão de fazer a diferença no mundo. A Microsoft sempre esteve em sua melhor forma quando conseguiu vincular uma paixão pessoal a um propósito mais amplo: o Windows, o Office, o Xbox, o Surface, os nossos servidores, a Microsoft Cloud... todos esses produtos se tornaram plataformas que pessoas e organizações podem usar para realizar seus sonhos. Apesar de a história da Microsoft ser pontuada por grandiosas realizações, eu sabia que éramos capazes de fazer ainda mais e que o nosso pessoal estava ansioso por ir mais longe. Eram esses os valores e a visão que eu queria que a cultura da Microsoft acolhesse.

Pouco tempo depois de assumir o cargo de CEO, decidi fazer um experimento em uma das reuniões mais importantes que eu conduzo. Toda semana, a minha equipe de liderança sênior se reúne para avaliar grandes oportunidades e decisões difíceis, fazer um brainstorming para encontrar soluções e conversar sobre a situação. A equipe de liderança sênior é formada por pessoas extremamente talentosas, incluindo engenheiros, pesquisadores, administradores e profissionais de marketing. É um grupo diversificado de homens e mulheres com formações variadas, que entraram na Microsoft porque adoram tecnologia e acreditam que seu trabalho pode fazer a diferença.

Na época, o grupo incluía pessoas como Peggy Johnson, que tinha sido engenheira da divisão de eletrônicos militares da GE, executiva da Qualcomm e que hoje lidera o desenvolvimento de negócios da Microsoft; Kathleen Hogan, ex-desenvolvedora de aplicativos da Oracle e que agora lidera o setor de recursos humanos da nossa empresa e é minha grande aliada na transformação da nossa cultura; Kurt Delbene, um líder veterano da Microsoft que tinha saído da empresa para ajudar a recuperar o Healthcare.gov durante a administração de Obama e voltou para liderar nosso setor de estratégia; Qi Lu, que, depois de passar dez anos no Yahoo, lidera nossos negócios de aplicativos e serviços (tem 20 patentes norte-americanas em seu nome). Além desses, nossa diretora financeira, Amy Hood, que tinha trabalhado com investimentos no Goldman Sachs; Brad Smith, presidente da empresa e diretor jurídico, que foi sócio do escritório de advocacia Covington & Burling e ficou famoso por ter sido o *primeiro* advogado, nos quase cem anos de história daquela empresa, a insistir, como condição para aceitar trabalhar lá em 1986, em ter um PC em sua mesa; Scott Guthrie, que assumiu o meu cargo na liderança dos negócios corporativos e de nuvem e entrou na Microsoft direto da Universidade Duke. Por coincidência, Terry Myerson, nosso líder da divisão Windows e Dispositivos, também se formou na Duke antes de fundar a Intersé, uma das primeiras empresas de software na internet. Chris Capossela, nosso diretor de marketing, cresceu em um restaurante italiano da família, na zona norte de Boston, e entrou na Microsoft assim que se formou em Harvard, um ano antes de mim; Kevin Turner, que atuava como executivo do Wal-Mart, onde foi diretor de operações e liderava as vendas globais; Harry Shum, líder da famosa operação de Inteligência Artificial e Pesquisas da Microsoft, doutor em robótica pela Carnegie Mellon e uma das principais autoridades do mundo em visão e recursos gráficos de computador.

Eu participava da equipe de liderança sênior quando Steve Ballmer foi nosso CEO e, apesar de admirar todos os membros do time, sempre achei que seria interessante nos conhecermos melhor, nos aprofundarmos no que verdadeiramente motivava cada um de nós e vincularmos a filosofia pessoal de cada um ao nosso trabalho na liderança da empresa. Eu sabia que, se baixássemos a guarda e hasteássemos a bandeira branca uns para os outros, mobilizando a nossa inteligência e energia coletiva em prol de uma nova missão, poderíamos retomar o sonho que tinha inspirado Bill e Paul: democratizar a tecnologia computacional de ponta.

Pouco antes de eu ser nomeado CEO, o time de futebol americano de nossa cidade, o Seattle Seahawks, tinha acabado de vencer o Super Bowl e muitos de nós nos sentimos inspirados com a história do time. O técnico do Seahawks, Pete Carroll, tinha chamado minha atenção quando decidiu contratar o psicólogo Michael Gervais, especializado em treinamento de *mindfulness* (atenção plena), para melhorar o desempenho dos atletas. Pode parecer uma grande bobagem esotérica, mas está longe disso. O dr. Gervais trabalhou com os Seahawks para engajar completamente a atenção dos jogadores e treinadores, visando atingir a excelência dentro e fora do campo. Todos nós, atletas ou não, precisamos lidar com situações de alto risco, e achei que nossa equipe também se beneficiaria aprendendo algumas lições com a abordagem do dr. Gervais.

Decidi fazer meu experimento em uma reunião da equipe de liderança sênior numa manhã de sexta-feira. Só que, dessa vez, não nos reuniríamos na nossa sisuda sala de reuniões. Escolhi um local mais descontraído, do outro lado do campus, um espaço frequentado por desenvolvedores de software e games. Era um espaço aberto, arejado e despretensioso, despojado, sem as mesas e cadeiras habituais. Não tinha onde deixar ligados os computadores para monitorar o fluxo interminável de e-mails e feeds de notícias. Desligamos nossos celulares, que ficaram guardados nos bolsos de calças, nas bolsas e nas mochilas. Então nos sentamos em sofás confortáveis, formando um grande círculo. Não tinha como ninguém se esconder. Comecei a reunião pedindo que todos se abrissem à ideia e tentassem permanecer no momento presente. Eu estava esperançoso, mas também um pouco ansioso.

No primeiro exercício, o dr. Gervais nos perguntou se tínhamos interesse em passar por uma vivência pessoal extraordinária. Todos concordamos. Ele pediu que um voluntário se levantasse.

Ninguém se ofereceu e passamos algum tempo num silêncio constrangedor. Finalmente, a nossa diretora financeira, Amy Hood, se levantou, e o dr. Gervais pediu que ela recitasse o alfabeto intercalando cada letra com um número (A1B2C3 e assim por diante). Mas o dr. Gervais ficou curioso: por que ninguém se ofereceu? Ele achava que nós fôssemos um grupo de alto desempenho. Todo mundo não tinha dito que queria uma vivência extraordinária? Sem nenhum celular ou PC para desviar a nossa atenção, cravamos o olhar no chão ou lançamos sorrisos nervosos uns para os outros. Era difícil responder em voz alta, apesar de sabermos que a resposta estava na ponta da língua. O problema era o medo. Medo de passar vergonha, medo de fracassar, medo de não ser a pessoa mais inteligente da sala. E a arrogância: "Sou importante demais para essas tolices". "Que pergunta idiota!", estávamos acostumados a ouvir.

Mas o dr. Gervais nos ajudou a nos abrir. As pessoas começaram a respirar com mais facilidade e até a rir um pouco. Lá fora, a manhã cinzenta iluminou-se sob o sol do verão e, um a um, todos nós falamos.

Falamos das nossas paixões e filosofias pessoais. Fomos convidados a refletir sobre quem somos, tanto em casa como no trabalho. Como conciliamos quem somos no trabalho com quem somos na vida pessoal? As pessoas falaram de espiritualidade, de suas raízes católicas, do estudo de ensinamentos confucionistas, falaram sobre as dificuldades que tinham para criar os filhos e de sua incessante dedicação a fazer produtos que as pessoas adoravam usar no trabalho e para se divertir. Naquele momento, percebi que, em todos os anos que passei na Microsoft, aquela era a primeira vez que eu ouvia meus colegas falando de si mesmos e não só sobre o trabalho. Passando os olhos pela sala, cheguei a ver alguns olhos marejados.

Quando chegou a minha vez, mergulhei em um poço profundo de emoções e comecei a falar. Eu vinha refletindo sobre minha vida, sobre meus pais, minha esposa e nossos filhos, sobre meu trabalho.

Tinha sido uma longa jornada até aquele ponto. Minha mente voltou às minhas origens, à minha infância na Índia, à imigração aos Estados Unidos durante a juventude, ao meu casamento e ao meu filho com necessidades especiais, à minha carreira como engenheiro dedicado a criar tecnologias que ajudam bilhões de pessoas ao redor do mundo, e ao meu lado fanático por críquete – esporte do qual, um dia, tinha sonhado em me tornar jogador profissional. Todas essas facetas se uniam para compor meu novo papel, um papel que mobilizaria todas as minhas paixões, conhecimentos e valores – assim como os desafios da empresa convocariam todas as pessoas na sala, naquele dia, e todos os funcionários que trabalhavam na Microsoft.

Eu disse ao grupo que passamos muito tempo no trabalho para ele não ter um sentido profundo na nossa vida. Se fôssemos capazes de vincular a nossa missão pessoal ao que a empresa pode fazer, praticamente nada seria impossível. Até onde consigo me lembrar, sempre fui ávido por aprender, encontrando lições por toda parte, fosse de um poema, uma conversa com um amigo, uma aula na faculdade. A minha paixão e a minha filosofia, desenvolvidas com o tempo e vivenciando muitas experiências diferentes, consistem em vincular novas ideias a uma maior empatia pelas pessoas. As ideias me empolgam. A empatia me ancora e me dá um centro.

Ironicamente, foi justamente a falta de empatia que quase me custou a chance de entrar na Microsoft na juventude, há uns 20 anos. Pensando no meu processo de seleção décadas atrás, lembro que, depois de um dia inteiro sendo entrevistado por vários líderes da engenharia que testaram a minha determinação e a minha capacidade intelectual, conheci Richard Tait, um gerente promissor que acabou saindo da empresa para criar o jogo de tabuleiro Cranium. Richard não me deu um problema de engenharia para resolver no quadro branco, nem um cenário de programação complexo para eu solucionar. Não me interrogou sobre minhas experiências, nem sobre meu histórico acadêmico. Ele só fez uma pergunta simples: "Imagine que você vê um bebê largado na rua e o bebê está chorando. O que você faz?".

"Eu ligo para a emergência", respondi sem pensar.

Enquanto Richard me conduzia para fora da sala, ele colocou o braço em volta dos meus ombros e disse: "Você precisa ter mais empatia, cara. Se vir um bebê abandonado, chorando na rua, você precisa pegar o bebê no colo".

Não sei como consegui o emprego, mas nunca me esqueci das palavras de Richard. Mal sabia eu, na época, que em pouco tempo a vida me ensinaria uma profunda lição pessoal sobre a empatia.

Foi apenas alguns anos depois daquilo que nasceu nosso primeiro filho, Zain. Minha esposa, Anu, e eu somos filhos únicos e é fácil imaginar que tanto a minha família como a dela tinham altas expectativas com o nascimento de Zain. Com a ajuda da mãe, Anu se ocupou de equipar a casa para um bebê feliz e saudável. Nossa maior preocupação era decidir quando Anu poderia retornar à sua promissora carreira de arquiteta depois da licença-maternidade. Pensávamos em como os nossos fins de semana e as nossas férias mudariam quando nos tornássemos pais.

Uma noite, na 36ª semana de gravidez, Anu notou que o bebê não estava se mexendo muito. Fomos ao pronto-socorro de um hospital na cidade de Bellevue. Achávamos que seria só um exame de rotina e que tudo aquilo não passava da ansiedade normal de pais de primeira viagem. Chego a me lembrar da minha irritação por termos de esperar tanto no pronto-socorro. Mas, depois de um exame inicial, os médicos ficaram alarmados a ponto de propor uma cesariana de emergência. Zain nasceu às 23 horas e 29 minutos do dia 13 de agosto de 1996, com 1,360 quilo. Ele não chorou.

Zain foi levado do hospital de Bellevue ao Hospital Infantil de Seattle, que tinha uma unidade de tratamento intensivo neonatal de última geração. Enquanto isso, Anu se recuperava do parto difícil. Passei a noite com ela no hospital e fui ver Zain na manhã do dia seguinte.

Mal sabia eu, nesse momento, que nossa vida seria virada de cabeça para baixo. Nos dois anos seguintes, ficamos sabendo dos danos causados pela asfixia neonatal: Zain jamais andaria sem uma cadeira de rodas e dependeria de nós pelo resto da vida, devido a uma grave paralisia cerebral. Fiquei arrasado. Mas principalmente triste pelo que tinha acontecido comigo e com Anu. Por sorte, ela me ajudou a sair do meu umbigo e a me dar conta de que eu precisava compreender o que tinha acontecido com Zain e desenvolver uma profunda empatia pela dor e pelas circunstâncias dele, enquanto aceitávamos nossa responsabilidade como pais.

Ser marido e pai me fez embarcar em uma profunda jornada emocional. Tive a chance de me abrir para pessoas com todo tipo de habilidade e de ter uma ideia melhor do que o amor e a inventividade humana são capazes de realizar. Nessa jornada, também descobri os ensinamentos do filho mais famoso da Índia, Gautama Buda. Não me considero um homem particularmente religioso, mas estava em busca de respostas e fiquei curioso para saber por que tão poucos indianos são seguidores de Buda, apesar de suas origens. Descobri que Buda nunca se propôs a fundar uma religião global. Ele queria conhecer as origens do sofrimento. Aprendi que é só vivendo os altos e baixos da vida que é possível desenvolver empatia; que, para não sofrer, ou pelo menos não sofrer tanto, é preciso aceitar a impermanência. Lembro-me claramente quanto a "permanência" da situação de Zain me incomodou nos primeiros anos da vida dele. Mas as coisas sempre mudam. Se tivéssemos a capacidade de entender profundamente a impermanência, poderíamos desenvolver maior equanimidade. Não ficaríamos empolgados demais com os altos, nem desanimados demais com os baixos da vida. E só então estaríamos prontos para desenvolver uma profunda empatia e compaixão por tudo o que nos cerca. O cientista da computação dentro de mim se encantou com esse manual compacto de instruções para a vida.

Não me entenda mal. Estou muito longe de ser perfeito e com certeza não estou à beira de atingir a iluminação ou o nirvana. É só que as minhas experiências de vida me ajudaram a desenvolver uma empatia cada vez maior por um círculo cada vez mais amplo de pessoas. Tenho uma profunda empatia por pessoas com qualquer tipo de deficiência. Tenho empatia por pessoas que tentam sobreviver apesar das adversidades, pessoas que nasceram destituídas, que perderam o emprego, que moram em países em desenvolvimento na Ásia, na África e na América Latina. Tenho empatia pelos microempresários que dão duro para ter sucesso. Tenho empatia por qualquer pessoa vítima de violência e ódio devido à cor de sua pele, a suas crenças ou por causa das pessoas que amam. Sou apaixonado por colocar empatia no centro de tudo o que faço, como os produtos que lançamos, os novos mercados em que entramos, os nossos colaboradores, os nossos clientes e os parceiros com quem trabalhamos.

Sendo tecnólogo, sei como a computação pode ser um fator crucial para melhorar a vida das pessoas. O fonoaudiólogo de Zain trabalhou com três alunos do ensino médio para criar um aplicativo do Windows para Zain poder navegar por suas músicas. Zain adora ouvir música e tem um gosto eclético, incluindo diferentes épocas, gêneros e artistas. Ele gosta de tudo – Leonard Cohen, Abba e Nusrat Fateh Ali Khan – e queria poder navegar por esses artistas e ouvir a música que quisesse a qualquer momento. O problema era que ele não conseguia fazer isso sozinho e tinha de esperar que alguém o ajudasse, o que podia ser frustrante tanto para ele quanto para nós. Três alunos do ensino médio que estavam fazendo um curso de ciência da computação ficaram sabendo do problema e se ofereceram para ajudar. Eles criaram um sensor na lateral da cadeira de rodas de Zain que ele pode controlar com a cabeça e usar para navegar com facilidade por sua coleção de músicas. Quanta liberdade e felicidade a empatia de três adolescentes significou para a vida do meu filho!

Essa mesma empatia tem sido uma fonte de inspiração no meu trabalho. De volta àquela reunião da equipe de liderança, contei a história de um projeto que tínhamos acabado de concluir na Microsoft. A empatia, aliada a novas ideias, tinha ajudado a criar uma tecnologia de rastreamento ocular, uma inovadora interface natural com o usuário que proporciona mais independência a pessoas que sofrem de esclerose lateral amiotrófica (também conhecida como doença de Lou Gehrig) e paralisia cerebral. A ideia surgiu no primeiríssimo hackathon para funcionários da empresa, uma incubadora de criatividade e sonhos. Uma das equipes do hackathon tinha passado um tempo com Steve Gleason, um ex-jogador profissional de futebol americano da NFL que estava confinado a uma cadeira de rodas devido à esclerose lateral amiotrófica. Como o meu filho, Steve agora usa a tecnologia da computação pessoal para melhorar sua vida cotidiana. Pode acreditar, eu sei bem como essa tecnologia pode revolucionar a vida de Steve, de milhões de pessoas ao redor do mundo e do meu filho.

O nosso papel na equipe de liderança sênior começou a mudar naquele dia. Cada líder passou a ser muito mais do que um colaborador da Microsoft e foi recrutado para uma missão mais elevada: usar a Microsoft para concretizar sua paixão pessoal por empoderar pessoas. Foi um dia exaustivo, cheio de emoções, mas redirecionou nossa liderança e tornou a equipe mais unida. No fim da reunião, todos nós chegamos à mesma conclusão: nenhum líder, nenhum grupo e nenhum CEO isoladamente seria o herói da renovação da Microsoft. Se realmente quiséssemos promover essa renovação, todos nós teríamos de participar ativamente e levar tudo o que somos ao trabalho. A transformação cultural seria lenta e difícil, antes de se tornar gratificante.

□ □ □

Este é um livro sobre transformação, uma transformação que está se desenrolando dentro de mim e dentro da nossa empresa, impulsionada pela empatia e pelo desejo de empoderar as pessoas. Mas, ainda mais importante, é uma transformação que ocorrerá na vida de todos, à medida que vivemos a onda de tecnologia mais transformadora da história da humanidade, uma onda que incluirá a inteligência artificial, a realidade mista e a computação quântica. Estamos prestes a ver como pessoas, organizações e sociedades podem e devem se transformar (ou, em outras palavras, apertar o botão F5 ou "atualizar") em sua busca constante por uma nova energia, novas ideias, relevância e renovação. E veremos como a empatia se tornará cada vez mais valiosa em um mundo que será desestabilizado, como nunca aconteceu antes, pela torrente tecnológica que logo varrerá o planeta. O poeta místico austríaco Rainer Maria Rilke escreveu que "o futuro adentra em nós, para se transformar dentro de nós, muito antes de se concretizar". Assim como um código elegante de computador para máquinas, a poesia existencial tem o poder de nos iluminar e nos instruir. Rilke nos dizia, no século passado, que nosso futuro já está em grande parte dentro de nós e que nossa trajetória é decidida por nossas ações de hoje. São essas decisões e essa trajetória que me proponho a descrever aqui.

Nas páginas a seguir, você acompanhará três histórias distintas. Primeiro, a título de prólogo, contarei a história da minha própria transformação, saindo da Índia para meu novo lar nos Estados Unidos, com paradas no interior, no Vale do Silício e na Microsoft, na época a caminho de seu auge. A segunda parte fala de como apertei o botão F5 na Microsoft, como o CEO improvável que foi nomeado sucessor de Bill Gates e Steve Ballmer. A transformação da Microsoft sob a minha liderança ainda não está completa, mas posso dizer que me orgulho muito do nosso progresso. E, no terceiro e último ato, falarei da Quarta Revolução Industrial, em que a inteligência da máquina competirá de igual para igual com a inteligência do ser humano. Vamos explorar algumas questões absolutamente intrigantes: qual será o papel dos seres humanos no futuro? Será que a desigualdade vai ser eliminada ou vai se agravar ainda mais? Como os governos podem ajudar? Qual é o papel das corporações multinacionais e de seus líderes? Como a sociedade pode se atualizar?

Fiquei empolgadíssimo com a ideia de escrever este livro, mas confesso que também relutei um pouco. Quem se importa com a minha jornada? Contando com apenas alguns anos no comando da Microsoft, me pareceu prematuro querer escrever sobre o sucesso ou o fracasso da empresa sob a minha direção. Nós progredimos muito desde aquela reunião da equipe de liderança sênior, mas ainda temos um longo caminho pela frente. Também é por isso que não tenho interesse em escrever uma autobiografia. Deixarei isso para quando me aposentar. No entanto, vários argumentos me convenceram a encontrar algum tempo nesta fase da minha vida para escrever. Sinto-me um pouco responsável por contar a nossa história do meu ponto de vista. Também estamos vivendo uma era de enorme desestabilização social e econômica, acelerada por avanços tecnológicos. A combinação de computação em nuvem, sensores, *big data*, aprendizado de máquina e inteligência artificial, realidade mista e robótica prenuncia mudanças socioeconômicas que mais parecem tiradas das páginas de livros de ficção científica. Muito se fala, para o bem ou para o mal, sobre as implicações desta próxima onda de tecnologias inteligentes. Por um lado, o filme *WALL-E*, da Pixar, apresenta um retrato de férias eternas para os seres humanos que usam os robôs para se encarregar do trabalho mais pesado. Por outro lado, cientistas como Stephen Hawking nos alertam para a possibilidade de um destino fatídico.

O argumento mais convincente foi escrever este livro para meus colegas (os funcionários da Microsoft) e para nossos milhões de clientes e parceiros. Afinal, naquele dia frio de fevereiro de 2014, quando o Conselho de Administração da Microsoft anunciou que eu me tornaria o próximo CEO, fiz questão de colocar a cultura da empresa no topo da nossa lista de prioridades. Eu disse que precisaríamos redescobrir a alma da Microsoft, a nossa razão de ser. Percebi que meu maior trabalho será direcionar nossa cultura para que 100 mil mentes inspiradas, os colaboradores da Microsoft, possam criar o nosso futuro. Em geral, os líderes escrevem livros para fazer um balanço de seu mandato, não enquanto eles ainda estão no calor da batalha. Mas e se pudéssemos viver e narrar juntos esta jornada, compartilhando as reflexões de um CEO em meio a uma gigantesca transformação? As raízes da Microsoft, sua razão de ser original, se baseavam em democratizar a computação, tornando-a acessível a todos. "Um computador em todas as mesas de escritório e em todos os lares" era a nossa missão original. Essa missão definia a nossa cultura. Mas muita coisa mudou. Hoje, quase todas as mesas de escritório e quase todos os lares têm um computador e a maioria das pessoas tem um smartphone. Tivemos muitos sucessos, mas também ficamos para trás em muitos aspectos. As vendas de PCs desaceleraram e estávamos bem atrás da concorrência no mercado de celulares. Estávamos atrás no setor de buscas e precisávamos recuperar nosso crescimento na indústria de games. Precisávamos desenvolver mais empatia por nossos clientes e por suas necessidades não expressas e não satisfeitas. Era hora de nos atualizar, de apertar o F5.

Depois de 22 anos atuando como engenheiro e líder na Microsoft, não fiquei muito ansioso com o processo de busca de um novo CEO. Apesar das especulações sobre quem seria o sucessor de Steve, minha esposa, Anu, e eu basicamente não demos ouvidos aos rumores. Em casa, estávamos simplesmente ocupados demais, cuidando de Zain e de nossas duas filhas. No trabalho, eu estava focado em manter o crescimento da empresa em um negócio extremamente competitivo, o Microsoft Cloud. Eu sabia que o Conselho de Administração escolheria a melhor pessoa para ocupar o cargo. Seria ótimo se fosse eu. Mas eu ficaria igualmente satisfeito se o Conselho decidisse depositar sua confiança em outra pessoa. Na verdade, no processo de entrevistas, um dos membros do Conselho sugeriu que, se eu quisesse ser o CEO, precisaria deixar claro que desejava muito o cargo. Pensei a respeito e cheguei a conversar com Steve. Ele deu risada e só disse: "É tarde demais. Você nunca vai mudar". Simplesmente não teria nada a ver comigo ostentar esse tipo de ambição pessoal.

Quando John Thompson, que na época era o principal membro independente do Conselho e liderava o processo de seleção do CEO, me mandou um e-mail no dia 24 de janeiro de 2014 perguntando se poderia me ligar para um bate-papo, eu não soube o que pensar. Achei que ele queria me atualizar sobre o processo. E, quando John me ligou naquela noite, ele começou perguntando se eu estava sentado. Eu não estava. Na verdade, estava brincando tranquilamente com uma bola de críquete, como gosto de fazer quando falo ao viva-voz no trabalho. Então ele jogou no meu colo a notícia de que eu seria o novo CEO da Microsoft. Levei alguns minutos para digerir a mensagem. Eu disse que seria uma honra, que esperava me mostrar à altura do cargo e que estava empolgadíssimo. Foram palavras improvisadas, mas que transmitiram à perfeição o que eu estava sentindo. Semanas depois, eu disse à imprensa que precisávamos ter um foco mais claro, avançar com mais rapidez e continuar transformando nossa cultura e nossos negócios. Mas, nos bastidores, sabia que, para liderar com eficácia, eu precisaria esclarecer algumas coisas na minha cabeça e, depois, na cabeça de todos os funcionários da Microsoft. O que justifica a existência da Microsoft? E o que justifica a minha existência como CEO? São perguntas que todas as pessoas de todas as organizações deveriam responder. Eu acreditava que, se deixasse de fazer essas perguntas e de verdadeiramente respondê-las, arriscaria perpetuar os erros do passado e, pior ainda, não ser sincero. Todas as pessoas, todas as organizações e até todas as sociedades atingem um ponto em que precisam se atualizar (se reenergizar, se renovar, se reformular, repensar sua existência). Seria ótimo se fosse tão fácil quanto apertar aquele pequeno botão F5 no computador. Na presente era de atualizações contínuas e tecnologias em eterna evolução, o chamado para se atualizar pode parecer uma proposição incomum, mas, quando executado do jeito certo, quando pessoas e culturas se recriam e se renovam, o resultado desse processo pode ser um verdadeiro renascimento. Times esportivos fazem isso. A Apple fez isso. A indústria automobilística norte-americana está fazendo isso. Um dia, empresas em alta como o Facebook pararão de crescer e terão de fazer isso também.

Então, vamos começar do início: a minha história. Quer dizer, que tipo de CEO levanta esse tipo de questionamento existencial, e indaga "por que existimos"? Por que conceitos como cultura, ideias e empatia são tão importantes para mim? Bem, meu pai era um funcionário público com tendências marxistas e minha mãe era uma estudiosa do sânscrito. Aprendi muito com meu pai, incluindo a curiosidade intelectual e o amor pelo estudo da História, mas sempre fui o queridinho da mamãe. Tudo o que ela queria era que eu fosse feliz, confiante e vivesse no momento presente sem arrependimentos. Ela trabalhava muito, tanto em casa como na universidade, onde ensinava a língua antiga, a literatura e a filosofia da Índia. E ela criou um lar repleto de alegrias.

Mesmo assim, minhas primeiras lembranças são de minha mãe lutando para poder trabalhar fora e manter o casamento. Ela era o porto seguro da minha vida e meu pai era uma figura exuberante. Ele quase emigrou para os Estados Unidos, uma terra distante que representava um mundo de oportunidades, com uma bolsa de estudos para fazer doutorado em Economia. Mas seus planos foram engavetados súbita e justificadamente quando foi escolhido para trabalhar no prestigiado Indian Administrative Service (IAS). Estávamos no início da década de 1960, e Jawaharlal Nehru foi nomeado primeiro-ministro da Índia na esteira do histórico movimento de Gandhi que tornou nosso país independente da Grã-Bretanha. Para aquela geração, ser funcionário público do governo indiano e fazer parte do nascimento de uma nova nação era simplesmente a concretização de um sonho. O IAS era basicamente um remanescente do antigo regime Raj legado pelos britânicos para governar a Índia depois que o Reino Unido abdicou do controle do país em 1947. Apenas cerca de uma centena de seletos jovens profissionais era nomeada por ano para trabalhar no IAS e, assim, ainda na juventude, meu pai se viu administrando um distrito de milhões de pessoas. Ao

DA ÍNDIA AOS ESTADOS UNIDOS 27

longo da minha infância, ele foi designado para administrar vários distritos por todo o estado de Andhra Pradesh, na Índia. Lembro-me de me mudar de uma cidade a outra, crescendo nos anos 1960 e início dos anos 1970 em antigos prédios coloniais, construídos no meio do nada, com muito tempo e espaço, em um país em pleno processo de transformação.

Minha mãe fez o que pôde em meio a todas essas mudanças para manter sua carreira docente, me criar e ser uma boa esposa. Quando eu tinha uns 6 anos, minha irmã de 5 meses morreu. A tragédia afetou enormemente a mim e à nossa família. Minha mãe foi forçada a abandonar a carreira. Acho que a morte da minha irmã foi a gota d'água. A perda do bebê, aliada ao encargo de me criar e lutar para manter sua carreira enquanto meu pai trabalhava em lugares distantes, foi demais para ela. Nunca a ouvi reclamando, mas sempre penso na história dela, especialmente no contexto dos debates sobre a diversidade no setor da tecnologia hoje em dia. Como qualquer pessoa, ela queria, e merecia, ter tudo o que a vida tinha a oferecer. Mas a cultura acadêmica, juntamente com as normas sociais da sociedade indiana na época, não lhe permitiu equilibrar a vida familiar e suas paixões profissionais.

Os filhos de pais que trabalhavam no IAS acabavam entrando em uma corrida ferrenha pelo sucesso. Para alguns desses pais, o simples fato de terem conseguido passar pelo dificílimo teste de admissão significava que estavam feitos para o resto da vida. Eles nunca mais precisariam fazer nenhuma outra prova. Mas meu pai acreditava que passar no teste do IAS era apenas o ponto de partida para poder fazer testes ainda mais importantes. Foi um homem que jamais deixou de aprender. Mas, ao contrário da maioria dos meus colegas na época, que viviam pressionados pelos pais para atingir o sucesso, meus pais me deixaram bem solto. Minha mãe foi exatamente o contrário de uma mãe superexigente. Ela nunca me pressionava para fazer nada além de ser feliz.

E eu não podia querer uma vida melhor. Tive uma infância completamente livre de preocupações, e tudo o que me interessava era o críquete. Uma vez, meu pai pendurou um pôster de Karl Marx no meu quarto e, em resposta, minha mãe pendurou um pôster de Lakshmi, a deusa indiana da plenitude e do contentamento. As mensagens opostas dos dois eram claras: meu pai queria que eu fosse um intelectual e minha mãe queria que eu fosse feliz e jamais ficasse preso a qualquer dogma. Enquanto isso, o único pôster que eu realmente queria era o de um dos meus heróis do críquete, o craque M. L. Jaisimha, famoso por sua beleza juvenil e estilo elegante, dentro e fora do campo.

Olhando para o passado agora, vejo que fui influenciado tanto pelo entusiasmo intelectual do meu pai como pelo sonho de uma vida equilibrada que minha mãe tinha para mim. E até hoje o críquete continua sendo a minha paixão. Nenhum outro país é mais apaixonado pelo críquete do que a Índia, apesar de o jogo ter sido inventado na Inglaterra. Tive o privilégio de jogar representando a minha escola em Hyderabad, uma cidade com uma grande tradição no críquete. Eu era o tipo de jogador que, no beisebol, seria o equivalente a um arremessador capaz de lançar bolas em curva acentuada. O críquete tem cerca de 2,5 bilhões de fãs ao redor do mundo, em comparação com apenas meio bilhão de fãs do beisebol. Ambos são belos esportes, com fãs apaixonados e uma biblioteca inteira de livros escritos sobre a elegância, a emoção e as complexidades da competição. Em seu romance *Terra de sombras*, Joseph O'Neill descreve a beleza do jogo, com seus 11 jogadores convergindo em sintonia na direção do batedor e retornando vez após vez ao ponto de partida, "uma repetição, ou ritmo pulmonar, como se o campo respirasse por meio de seus visitantes luminosos". Penso nessa metáfora do time de críquete com a mentalidade de um CEO ao refletir sobre a cultura que precisamos ter para atingir o sucesso.

Frequentei escolas em muitos lugares diferentes da Índia (Srikakulam, Tirupati, Mussoorie, Delhi e Hyderabad). Cada lugar deixou uma marca que levo comigo até hoje. Mussoorie, por exemplo, é uma cidade do norte da Índia aninhada no sopé do Himalaia, a cerca de 1.800 metros de altitude. Sempre que vejo o Monte Rainier da minha casa em Bellevue, me lembro das montanhas da minha infância (Nanda Devi e Bandarpunch). Fiz o jardim de infância no Convento de Jesus e Maria. É a escola mais antiga para meninas na Índia, mas eles também abrem o jardim de infância para meninos. Aos 15 anos, paramos de nos mudar e entrei na escola pública de Hyderabad, um internato que recebia estudantes de todas as partes do país. Sou grato a todas as mudanças, que me ajudaram a desenvolver a capacidade de me ajustar rapidamente a novas situações, e frequentar a escola de Hyderabad foi uma experiência absolutamente transformadora na minha vida. Nos anos 1970, Hyderabad era uma cidadezinha no meio do nada, muito longe da metrópole de 6,8 milhões de pessoas que é hoje. Eu não conhecia e na verdade não me importava com o mundo a oeste de Bombaim, no Mar da Arábia, mas o internato da Escola de Hyderabad foi uma enorme revolução para mim.

No internato, eu pertencia à casa Nalanda, batizada em homenagem a uma antiga universidade budista. Ali, tive a chance de conviver com meninos de diversas culturas diferentes: muçulmanos, hindus, cristãos, *sikhs*... sendo que todos viviam e estudavam juntos. A escola era frequentada por membros da elite e por crianças provenientes de tribos que iam à escola vindos de distritos do interior, com bolsa de estudo. O filho do primeiro-ministro vivia na escola, ao lado de filhos de atores de Bollywood. No meu dormitório, eu convivia com meninos de todos os estratos econômicos da Índia. Uma força equalizadora extraordinária – um momento do passado que vale a pena lembrar.

A lista de ex-alunos atesta o sucesso do modelo. Shantanu Narayen, CEO da Adobe; Ajay Singh Banga, CEO da MasterCard; Syed B. Ali, líder da Cavium Networks; Prem Watsa, fundador da Fairfax Financial Holdings, em Toronto; líderes do Parlamento, estrelas de cinema, atletas, acadêmicos, escritores... todos vieram dessa pequena escola no meio do nada. Eu nunca tirei notas excepcionalmente altas e a escola não era famosa pelos resultados acadêmicos. Se você gostava de estudar física, estudava física. Se achava que era chato demais estudar ciências e preferia história, estudava história. Não havia nenhuma pressão dos colegas para seguir determinado caminho.

Depois que passei alguns anos na escola, meu pai foi trabalhar nas Nações Unidas, em Bangcoc. Ele não era muito fã da minha atitude relaxada e disse: "Vou tirar você dessa escola e quero que termine o ensino médio numa escola internacional de Bangcoc". "Nem pensar", foi minha resposta. E decidi ficar em Hyderabad. Todo mundo pensou: "Você enlouqueceu. Por que alguém faria isso?". Mas eu não largaria aquela escola por nada neste mundo. O críquete era uma parte importantíssima da minha vida naquela época. Viver naquela escola me proporcionou algumas das minhas melhores lembranças, bem como muita confiança.

No último ano do ensino médio, se você me perguntasse qual era o meu sonho, a minha resposta seria: ir para uma pequena faculdade, jogar críquete representando Hyderabad e depois ir trabalhar num banco. Essa era toda a extensão dos meus sonhos na época. Nunca me ocorreu que um dia seria engenheiro e moraria no Ocidente. Minha mãe estava satisfeita com aqueles planos: "Que maravilha, filho!". Já meu pai não se conformava. Ele dizia: "Você precisa sair de Hyderabad ou vai acabar com a sua vida". Foi um bom conselho na época e poucos poderiam prever que Hyderabad se tornaria o centro tecnológico que é hoje. Foi difícil deixar meus amigos para trás, mas meu pai tinha razão. Minhas ambições eram provincianas e limitadas demais. Eu precisava de alguém que me abrisse os olhos. O críquete era a minha paixão, mas os computadores vinham em segundo lugar. Quando eu tinha 15 anos, meu pai me trouxe de Bangcoc um kit de computador Sinclair ZX Spectrum. Sua CPU Z80 tinha sido desenvolvida em meados dos anos 1970 por um engenheiro que saiu da Intel, onde estava trabalhando no microprocessador 8080 que, ironicamente, foi o chip que Bill Gates e Paul Allen usaram para escrever a versão original do Microsoft BASIC. O ZX Spectrum me inspirou a pensar em software, programação e até desenvolver a noção de que as tecnologias de computação pessoal poderiam ter um poder democratizante. Se um moleque indiano, vivendo no meio do nada, pudesse aprender programação, sem dúvida qualquer pessoa poderia.

Fui reprovado no vestibular do Indian Institutes of Technology (IIT), o santo graal acadêmico para jovens da classe média da Índia, na época. Meu pai, que nunca foi reprovado em nenhum teste de admissão na vida, achou graça e não se irritou. Por sorte, eu tinha duas outras opções para aprender engenharia. Tinha entrado em engenharia mecânica no Birla Institute of Technology, em Mesra, e em engenharia elétrica no Manipal Institute of Technology. Escolhi Manipal com base no palpite de que estudar engenharia elétrica poderia me aproximar dos computadores e do software. Por sorte, meu palpite estava certo. Minha formação acadêmica acabou me colocando no caminho que me levaria ao Vale do Silício e, por fim, à Microsoft. Os amigos que fiz na faculdade eram empreendedores, motivados e ambiciosos. Aprendi muito com eles. Na verdade, anos depois, cheguei a alugar uma casa em Sunnyvale, na Califórnia, com oito dos meus colegas de turma do Manipal e juntos recriamos a nossa experiência no dormitório da faculdade. Em termos de atletismo, contudo, Manipal deixou muito a desejar. Jogar críquete já não era a minha maior paixão. Joguei uma partida no time da faculdade e isso foi tudo. Os computadores tomaram o lugar do críquete e ocuparam o lugar central na minha vida. No Manipal, aprendi microeletrônica (circuitos integrados e os primeiros princípios para construir um computador).

Eu não tinha um plano específico para quando me formasse em engenharia elétrica. A filosofia de vida da minha mãe teve uma enorme influência em como eu via o meu futuro e minhas oportunidades. Ela sempre acreditou em fazer o que você quer fazer, no seu próprio ritmo. Quando está fazendo o que quer, é fácil encontrar o seu ritmo. Se você gostar do que faz, fizer bem e com atenção, e tiver um propósito honesto por trás da atividade, a vida não vai deixá-lo na mão. Sempre segui esse conselho da minha mãe. Quando me formei, tive a chance de ir estudar em um prestigioso instituto de engenharia industrial em Bombaim. Também tinha me candidatado a algumas faculdades nos Estados Unidos. Naquela época, era difícil tirar visto de estudante para os Estados Unidos e, no fundo, preferiria ser rejeitado. Eu nunca quis sair da Índia. Mas, por ironia do destino, consegui meu visto e, mais uma vez, me vi diante de uma decisão: ficar na Índia e fazer o mestrado em engenharia industrial ou ir para a Universidade de Wisconsin, em Milwaukee, para fazer mestrado em engenharia elétrica. Um amigo muito querido da escola de Hyderabad estava em Wisconsin, estudando ciência da computação, e a minha decisão foi tomada. Entrei no programa de mestrado em ciência da computação na Universidade de Wisconsin e não me arrependo. O departamento era pequeno e os professores davam muita atenção aos alunos. Sou especialmente grato ao dr. Vairavan, na época chefe do departamento, e ao professor Hosseini, meu orientador do mestrado, por me darem a confiança de não ir atrás do que era fácil, mas de encarar os maiores e mais difíceis desafios na ciência da computação.

Eu nem sabia apontar para Milwaukee no mapa. Mas, no meu 21º aniversário, em 1988, embarquei num voo de Nova Delhi para Chicago. De lá, um amigo me levou de carro para o campus. Nunca vou me esquecer da tranquilidade daquele lugar. Milwaukee era uma cidade simplesmente magnífica, impecável. Eu pensei: "Nossa, este lugar é o paraíso na Terra". Era verao. Era tudo lindo, e a minha vida nos Estados Unidos estava apenas começando.

O verão se transformou em inverno, e não é fácil conviver com o frio de Wisconsin, especialmente se você veio do Sul da Índia. Na época, eu fumava, e era preciso sair para fumar. Havia vários fumantes de várias partes do mundo. Os estudantes indianos não suportaram o frio e largaram o cigarro. Depois, os colegas chineses também pararam. Mas os russos não ligavam para o inverno gélido e continuaram fumando.

É bem verdade que eu tinha saudades de casa, como qualquer jovem, mas os Estados Unidos não poderiam ter sido mais acolhedores. Não acho que minha história teria sido possível em qualquer outro país e hoje me orgulho de ser cidadão norte-americano. Olhando para trás, contudo, penso que a minha história pode soar um tanto quanto batida. O filho de um funcionário público indiano se mata de estudar, se forma em engenharia, migra para os Estados Unidos e ganha a vida no setor de tecnologia. Mas não foi tão simples assim. Ao contrário do estereótipo, eu não me destacava nos estudos. Não frequentei os institutos de tecnologia de elite da Índia, de onde saíram muitos fundadores do Vale do Silício. Somente nos Estados Unidos alguém como eu teria chance de provar seu valor e não ser julgado pela faculdade que cursou. Suponho que o que foi verdade para as primeiras ondas de imigração continuará se aplicando para as novas gerações de imigrantes.

Tive a enorme sorte de me beneficiar da convergência de vários movimentos tectônicos: a Índia tornou-se independente do domínio britânico; surgiu o movimento dos direitos civis norte-americanos, que mudou as políticas de imigração nos Estados Unidos; e houve a explosão tecnológica global. A independência da Índia levou a grandes investimentos na educação para cidadãos indianos como eu. Nos Estados Unidos, a Lei de Imigração e Naturalização, de 1965, aboliu a cota baseada em nação de origem e permitiu que trabalhadores qualificados pudessem dar sua contribuição à América. Antes disso, apenas cerca de cem indianos podiam imigrar para os Estados Unidos por ano. Escrevendo no *New York Times* no quinquagésimo aniversário da Lei de Imigração, o historiador Ted Widmer observou que quase 59 milhões de pessoas foram para os Estados Unidos devido a essa lei. Mas não foi uma entrada desenfreada. A lei dava preferência a pessoas com treinamento técnico e que já tinham parentes nos Estados Unidos. Sem saber, acabei recebendo esse grande presente. Essa conjuntura me possibilitou ir aos Estados Unidos já com conhecimentos de software, logo antes do boom tecnológico da década de 1990. Foi como ganhar na loteria.

No meu primeiro semestre em Wisconsin, fiz cursos de processamento de imagens, arquitetura de computadores e LISP, uma das mais antigas linguagens de programação de computadores. As primeiras tarefas para esses cursos eram enormes projetos de programação. Eu já tinha programado um pouco, mas estava muito longe de ser um programador exímio. Sei que os norte-americanos acham que os indianos já nascem programando, mas todo mundo começa em algum lugar. As tarefas basicamente se resumiam a escrever uma montanha de códigos. Não foi fácil e tive de correr atrás do prejuízo. Mas, quando consegui, foi incrível. Não demorei a perceber que o microcomputador mudaria o mundo. No começo, achei que o futuro estava em criar chips. A maioria dos meus colegas da faculdade se especializou em design de chips e foi trabalhar em empresas importantes, como a Mentor Graphics, a Synopsys e a Juniper.

Eu tinha um interesse especial pelo aspecto teórico da ciência da computação, que, em sua essência, foi projetada para tomar decisões rápidas em um contexto de grande incerteza e tempo finito. Meu foco era um enigma da ciência da computação conhecido como "coloração de grafos". Não, não tem nada a ver com pintar gráficos com lápis de cor. A coloração de grafos faz parte da teoria da complexidade computacional na qual é preciso atribuir rótulos, tradicionalmente chamados de cores, a elementos de uma representação gráfica dentro de certas limitações. Pense em pintar o mapa dos Estados Unidos de modo que nenhum estado que tenha uma fronteira em comum receba a mesma cor. Qual é o número mínimo de cores necessário para realizar essa tarefa? Minha tese de mestrado se concentrou no desenvolvimento das melhores técnicas heurísticas para realizar uma complexa tarefa de coloração de grafos em tempo polinomial não determinístico (ou NP-completo). Em outras palavras, como seria possível resolver um problema com possibilidades infinitas de maneira rápida e aceitável, mas nem sempre ótima? Seria melhor resolver o problema como for possível agora ou trabalhar indefinidamente em busca da melhor solução?

Eu gostava da parte teórica da ciência da computação por revelar os limites do que os computadores de hoje podem fazer. Era fascinado por matemáticos e cientistas da computação, como John Von Neumann e Alan Turing, e pela computação quântica, sobre a qual falarei mais adiante, quando entrarmos no tema da inteligência artificial e do aprendizado de máquinas. E, no fim, toda essa reflexão foi um excelente treinamento para me tornar CEO, pois aprendi a administrar com agilidade, dentro de restrições.

Concluí meu mestrado em ciência da computação na Universidade de Wisconsin e cheguei a trabalhar em uma empresa que a Microsoft hoje chamaria de "fornecedor de software independente". Eu criava aplicativos para bancos de dados da Oracle enquanto terminava minha tese de mestrado. Era bom em álgebra relacional e me tornei proficiente em programação de linguagem de consulta estruturada (SQL, na sigla em inglês) e bancos de dados. Naquela época, a tecnologia estava mudando do formato de caracteres ou texto em estações de trabalho UNIX para interfaces gráficas de usuário, como o Windows. Estávamos no início de 1990 e eu nem pensava na Microsoft na época porque nunca usávamos PCs. Meu foco eram as estações de trabalho mais potentes.

Tanto que me mudei de Milwaukee em 1990 para entrar no meu primeiro emprego no Vale do Silício, na Sun Microsystems. A Sun era a rainha das estações de trabalho, um mercado que estava na mira da Microsoft. Ela tinha uma coleção incrível de talentos, incluindo seus fundadores, Scott McNealy e Bill Joy, bem como James Gosling, o inventor do Java, e Eric Schmidt, nosso vice-presidente de desenvolvimento de software, que foi comandar a Novell e depois o Google.

Os dois anos que passei na Sun coincidiram com uma grande transição no negócio de computadores, com a Sun ambicionando a interface gráfica de usuário do Windows da Microsoft e a Microsoft ambicionando as belas e potentes estações de trabalho e os sistemas operacionais de 32 bits da Sun. Também nesse caso, tive a sorte de estar no lugar certo no momento certo. A Sun me alocou para trabalhar em aplicativos de computador, como sua ferramenta de e-mail.

Depois, a empresa me mandou para Cambridge, no estado de Massachusetts, para passar vários meses trabalhando com a Lotus a fim de levar o software de planilha eletrônica deles às estações de trabalho da Sun. Foi quando comecei a notar algo alarmante. A cada dois meses, a Sun queria mudar sua estratégia de interface gráfica de usuário (GUI). O que acabava acontecendo é que eu vivia refazendo os meus programas e as explicações da empresa faziam cada vez menos sentido. Percebi que, apesar de sua capacidade e liderança fenomenais, a empresa estava tendo dificuldade para elaborar e se ater a uma boa estratégia de software.

Em 1992, me vi mais uma vez numa encruzilhada da vida. Eu queria trabalhar com um software que mudasse o mundo. Também queria voltar à faculdade, fazer um MBA. E sentia muita saudade de Anu, com quem pretendia me casar e trazer para os Estados Unidos. Ela estava terminando a faculdade de arquitetura em Manipal e estávamos fazendo planos para ela ir morar comigo.

Como tudo na minha vida, eu não tinha um plano definido e, num belo dia, uma ligação de Redmond, Washington, me traria uma nova e inesperada oportunidade. Era hora de me atualizar de novo.

□ □ □

Num dia frio de novembro, pisei pela primeira vez no campus da Microsoft e entrei num prédio corporativo desinteressante, com o insosso nome de "Prédio 22". Cercado de altos pinheiros, o prédio até hoje mal pode ser visto da rodovia que passa ao lado, a Rota 520, famosa pela ponte flutuante que liga Seattle a Redmond. Estávamos em 1992. As ações da Microsoft estavam entrando em sua épica trajetória ascendente e seus fundadores, Bill Gates e Paul Allen, ainda conseguiam andar na rua sem serem reconhecidos. O Windows 3.1 acabava de ser lançado, preparando o terreno para o Windows 95, o mais grandioso lançamento de um produto de tecnologia voltado a consumidores em toda a história. A Sony tinha lançado o CD-ROM e o primeiro site era lançado na internet, apesar de ainda levar mais dois anos até a internet se transformar num tsunami que varreria o mundo. A TCI tinha lançado o cabo digital e a Comissão Federal de Comunicações dos Estados Unidos (FCC) aprovara o rádio digital. Em um gráfico, as vendas de PCs naquela época mostram o início de uma ascensão meteórica. Olhando para trás agora, eu não poderia ter entrado na área em momento melhor. Os recursos, os talentos e a visão convergiam para possibilitar aos novos entrantes competir para liderar o setor.

A minha jornada até Redmond significara sair da Índia, fazer o mestrado em Wisconsin e ir ao Vale do Silício para trabalhar na Sun. No verão, aos 25 anos, fui recrutado para trabalhar na Microsoft como divulgador do Windows NT, um sistema operacional de 32 bits projetado para ampliar o popular programa da empresa, voltado ao mercado de consumo, para criar sistemas empresariais muito mais potentes.

Poucos anos depois, o NT se tornaria a espinha dorsal das futuras versões do Windows. Até a geração atual do Windows, o Windows 10, se baseia na arquitetura original do NT. Eu já tinha ouvido falar do NT quando trabalhava na Sun, mas nunca tinha usado esse sistema operacional. Um colega tinha participado de uma conferência da Microsoft onde mostraram o NT para desenvolvedores. Quando ele me falou sobre o produto, pensei: "Uau, isso tem muito potencial". Eu queria trabalhar em uma empresa que pudesse ter um grande impacto no mundo. Os sujeitos que me recrutaram para trabalhar na Microsoft, Richard Tait e Jeff Teper, disseram que precisavam de alguém que conhecesse o UNIX e sistemas operacionais de 32 bits.

Eu não sabia ao certo se era aquilo mesmo que eu queria para a minha carreira. Na verdade, o que eu realmente queria era tirar meu diploma de MBA. Eu sabia que a administração complementaria a minha formação em engenharia e estava pensando em entrar em um banco de investimentos. Já tinha sido aceito em um programa de período integral na Universidade de Chicago, mas Teper disse: "Acho que você deveria entrar agora na Microsoft". Decidi que uma coisa não excluía a outra. Entrei num programa de meio período na Universidade de Chicago e nunca revelei a ninguém que passava lá os fins de semana para estudar. Concluí meu MBA em dois anos e nunca me arrependi dessa decisão. Durante a semana, meu trabalho envolvia viajar pelo país (arrastando os enormes computadores da Compaq por toda parte) para conversar com clientes, em geral diretores de informática de empresas como a Georgia Pacific ou a Mobil, e convencê-los de que o nosso sistema operacional empresarial novo e mais robusto era superior ao dos concorrentes, trazendo-os para a Microsoft. Na faculdade, dediquei-me a me aprofundar em matemática, fazendo cursos complexos de finanças. As aulas que tive com Steven Kaplan, Marvin Zonis e muitos outros professores célebres nas áreas de estratégia, finanças e liderança orientaram meu modo de pensar e as minhas atividades intelectuais muito tempo depois de eu concluir o MBA. Era uma época empolgante para trabalhar na Microsoft. Conheci pessoalmente Steve Ballmer pouco depois de entrar na empresa. Ele parou na minha sala para me cumprimentar por ter saído da Sun e entrado na Microsoft. Aquela foi a primeira das muitas conversas interessantes e agradáveis com ele ao longo dos anos. Na época, a empresa era cheia de energia e se orientava por uma verdadeira missão. O céu era o limite.

□ □ □

Em alguns anos, meu trabalho no Windows NT me rendeu uma promoção para um novo grupo de tecnologia avançada, fundado por Nathan Myhrvold, um cara que conseguia se destacar em tudo. Ao lado de Rick Rashid, Craig Mundie e outros, a Microsoft estava reunindo o maior QI tecnológico desde a Xerox PARC, o famoso centro de inovação do Vale do Silício. Foi uma honra ter sido convidado para entrar no grupo no cargo de gerente de produtos em um projeto apelidado Tiger Server, que contou com um grande orçamento para criar um serviço de vídeo sob demanda.

Anos se passariam antes que as empresas de cabo fossem capazes de criar a tecnologia e o modelo de negócio para viabilizar o vídeo sob demanda, e a Netflix levaria mais outros tantos para popularizar o streaming de vídeo. Por sorte, eu morava ao lado do campus da Microsoft, que hospedava toda essa incrível infraestrutura de banda larga que possibilitou o nosso piloto de vídeo sob demanda. Assim, em 1994, muito antes de a tecnologia ser disponibilizada comercialmente, eu já tinha o vídeo sob demanda no meu pequeno apartamento. Tínhamos só uns 15 filmes, mas me lembro de vê-los vezes seguidas. Enquanto nossa equipe planejava lançar o nosso servidor Tiger em uma rede *fully switched* em modo de transferência assíncrono (ATM, na sigla em inglês) para acesso doméstico, vimos a ideia se tornar obsoleta praticamente da noite para o dia com o advento da internet.

□ □ □

Enquanto minha mente estava totalmente engajada, meu coração estava distraído. Anu e eu decidimos nos casar quando fui à Índia, antes de começar na Microsoft. Nós praticamente crescemos juntos. O pai dela e o meu entraram no IAS juntos e as duas famílias fizeram amizade. O pai de Anu e eu somos apaixonados por conversas intermináveis sobre críquete, uma tradição que mantemos até hoje. Ele jogou críquete na escola e na faculdade e foi capitão dos dois times.

O momento exato em que me apaixonei por Anu é o que os cientistas da computação chamariam de uma questão "NP-completa". Consigo pensar em muitas ocasiões e lugares, mas não tenho uma resposta única para essa pergunta. Em outras palavras, é uma questão complexa. As nossas famílias eram muito amigas. Nossos círculos sociais eram os mesmos. Nós brincamos juntos na infância. Fizemos a escola e a faculdade no mesmo lugar. O cachorro da nossa família é filho da cadela da família de Anu. Mas, quando me mudei para os Estados Unidos, perdi o contato com ela. Quando voltei à Índia para uma visita, voltamos a nos encontrar. Ela estava no último ano de arquitetura em Manipal e fazia estágio em Nova Delhi. Um dia, as nossas famílias se reuniram para jantar e me convenci, mais do que nunca, que era com ela que eu deveria me casar. Nós tínhamos os mesmos valores, a mesma visão de mundo e os mesmos sonhos para o futuro. Em muitos aspectos, a família dela já era minha e a minha já era dela. No dia seguinte, eu a convenci a ir comigo a uma óptica para consertar meus óculos. Passamos horas caminhando e conversando no parque Lodi Gardens, que abriga antigas obras arquitetônicas e é um ponto turístico popular de Nova Delhi. Anu, como estudante de arquitetura, adorava os monumentos históricos espalhados pela cidade e passamos vários dias explorando-os juntos. Eu já tinha visitado todos eles na infância. Mas com ela foi diferente. Almoçávamos em Pandara Road, víamos peças de teatro no National Institute of Drama, passeávamos pelas livrarias do Khan Market. Nós nos apaixonamos. Foi no luxuriante Lodi Gardens que, em uma tarde de outubro de 1992, eu a pedi em casamento e, para a minha sorte, Anu aceitou. Fomos à casa de Anu em Humayun Road e demos a notícia à mãe dela. Nós nos casamos apenas dois meses depois, em dezembro. Foi uma época feliz, mas as complicações da imigração logo se revelariam um problema.

Anu cursava o último ano de arquitetura e o plano era ela se formar e ir morar comigo em Redmond. No verão de 1993, Anu pediu visto para ir aos Estados Unidos nas últimas férias que teria antes de terminar a faculdade, mas o visto foi rejeitado porque ela era casada com um residente permanente. O pai de Anu conseguiu uma reunião com o cônsul-geral dos Estados Unidos em Nova Delhi e argumentou que as regras norte-americanas entravam em conflito com os valores familiares que os Estados Unidos diziam representar. A combinação de sua capacidade de persuasão e a gentileza do cônsul-geral dos Estados Unidos levaram Anu a obter um visto de turista de curto prazo (rara exceção). Depois das férias, ela voltou à Índia e à faculdade para concluir o curso.

Ficou claro que seria dificílimo para Anu voltar aos Estados Unidos, dado o tamanho da lista de espera para cônjuges de residentes permanentes obterem o visto. A Microsoft tinha um advogado especializado em imigração que me disse que levaria cinco anos ou mais para Anu poder entrar no país conforme as leis em vigor. Cheguei a pensar em sair da Microsoft e voltar à Índia. Mas o nosso advogado, Ira Rubinstein, pensou em uma solução interessante: "Ei, e se você abrisse mão do seu *green card* e voltasse ao visto H1B?". Ele estava sugerindo abrir mão da residência permanente e voltar a solicitar o status de trabalhador especializado temporário.

Se você viu o filme *Passaporte para o amor*, com Gerard Depardieu, já tem uma ideia do que as pessoas se dispõem a fazer, chegando a beirar o cômico, para obter o status de residente permanente nos Estados Unidos. Por que eu trocaria o cobiçado *green card* por um status temporário? Bem, o visto H1B permite que o cônjuge more nos Estados Unidos enquanto o portador do visto trabalha no país. A lei de imigração podia ser absurda, mas lei é lei. Eu não podia fazer nada para mudar a situação. Anu era a minha maior prioridade. E a decisão foi simples. Voltei à embaixada dos Estados Unidos em Delhi, em junho de 1994, esperei nas filas gigantescas de pessoas que esperavam obter um visto e disse a um funcionário que queria devolver meu *green card* e solicitar um H1B. Ele ficou de queixo caído: "Como assim? Por quê?", ele perguntou. Eu disse alguma coisa sobre a política de imigração maluca, ele concordou e me passou um formulário para preencher.

Na manhã seguinte, voltei à embaixada para solicitar formalmente o visto H1B. Por milagre, deu tudo certo. Anu veio morar comigo em Seattle, onde constituiríamos nossa família e construiríamos uma vida juntos. O que eu não esperava era a fama instantânea que conquistaria na empresa. "Ei, aquele é o cara que abriu mão do *green card*." De vez em quando, alguém me ligava para pedir conselho. Muito tempo depois, um colega meu, Kunal Bahl, chegou a sair da Microsoft quando seu visto H1B expirou e seu *green card* não tinha chegado. Ele voltou à Índia e fundou a Snapdeal, que hoje vale mais de 1 bilhão de dólares e emprega 5 mil pessoas. Ironicamente, as empresas on-line baseadas na nuvem, como a Snapdeal, teriam um papel importantíssimo no meu futuro e no futuro da Microsoft. E as lições que aprendi na Índia afetam a minha vida até hoje.

CAPÍTULO 2

Aprendendo a liderar

A nuvem vista pelas nossas janelas

O críquete é uma obsessão para mim. Não importa onde eu esteja, esse belo jogo está sempre na minha cabeça. A euforia, as memórias, o drama, a complexidade, os altos e baixos... as infinitas possibilidades do jogo.

Para os leitores que não conhecem o jogo, o críquete é um esporte internacional jogado em um grande gramado oval, no verão e no início do outono. O esporte é mais popular entre as nações da Comunidade Britânica, antigas e atuais. Como o beisebol, no críquete uma bola é lançada a um batedor que tenta bater na bola e fazer o máximo de corridas (*runs*) possível. O lançador é o *bowler*, o batedor é o *batsman*, o alvo do adversário é chamado de *wicket* e os interceptadores tentam tirar o *batsman* do jogo. Em algumas modalidades, uma partida pode se estender por dias, mas em geral os times competem para vencer séries de três, cinco e até sete jogos. Tanto o beisebol como o críquete são esportes infinitamente complexos, mas basta dizer que o time que conseguir mais corridas vence o jogo. Não espere que eu consiga evitar analogias entre o críquete e os negócios neste livro.

Como a maioria dos sul-asiáticos, eu me apaixonei por esse jogo puramente britânico nos campos empoeirados do Planalto do Decão, no Sul da Índia.

Naqueles campos, aprendi muito sobre mim mesmo, vencendo e perdendo na posição de *bowler*, *batsman* e interceptador. Até hoje eu me pego refletindo sobre as nuances das regras do críquete e a elegância inerente a uma equipe de 11 pessoas trabalhando juntas como uma única entidade.

Na minha infância e adolescência, quando o trabalho do meu pai como funcionário público nos levou para a capital do estado de Andhra Pradesh e para as colinas de Mussoorie, no estado de Uttarakhand, o críquete não era o fenômeno que é hoje. Hoje, a Indian Premier League vende direitos de transmissão televisiva para bilhões de espectadores. Mas, na época, o críquete se tornou um fenômeno para mim quando, aos 8 anos, nos mudamos para Hyderabad.

Nós morávamos em uma casa alugada no bairro de Somajiguda e o nosso senhorio, o sr. Ali, era um homem educado, com muito orgulho de sua cidade, e que usava um boné do time de críquete da Universidade Osmania enquanto trabalhava em sua oficina mecânica. Ele tinha incontáveis histórias para contar sobre os grandes jogadores de críquete de Hyderabad dos anos 1960.

Um dia ele me levou para ver um jogo da primeira divisão entre Hyderabad e Bombaim (atual Mumbai). Foi a minha primeira vez no grande estádio de críquete Fateh Maidan. Fiquei absolutamente encantado com o glamour do críquete. Os atletas, M. L. Jaisimha, Abbas Ali Baig, Abid Ali e Mumtaz Hussain, se tornaram meus heróis. O time de Bombaim contava com Sunil Gavasker e Ashok Mankad, entre muitas outras celebridades do esporte. Pelo que me lembre, nenhum deles me impressionou muito, apesar de Bombaim ter vencido Hyderabad sem muita dificuldade. Mas fiquei maravilhado com a presença de M. L. Jaisimha no campo, com seu elegante colarinho virado para cima e seu modo inigualável de andar. Até hoje, eu me lembro das histórias do sr. Ali sobre a "bola misteriosa" de Mumtaz Hussain e sua descrição de um jogo no qual Abid Ali derrubou o *wicket* com uma bola de média velocidade.

Meu pai não demorou a ser transferido, e fui estudar em Delhi. Lá, eu vi minha primeira partida de *test cricket** no estádio Feroz Shah Kotla. Foi uma partida entre a Índia e a Inglaterra. Nunca vou me esquecer daquele jogo. O *batsman* inglês Dennis Amiss e o *bowler* John Lever uniram forças para derrotar a Índia por um *inning* e passei semanas inteiras arrasado. Amiss bateu 200 corridas e Lever, em sua primeira partida de *test*, arremessou bolas de média velocidade durante toda aquela longa tarde, e a bola obedecia a seus comandos como eu nunca tinha visto. O time indiano perdeu feio.

Quando eu tinha 10 anos, voltamos a Hyderabad e, no decorrer dos próximos seis anos, joguei no time da escola. Foi quando me apaixonei perdidamente pelo críquete. Dois filhos do sr. Jaisimha frequentavam a mesma escola que eu, e acabei sendo cercado pelo glamour, a tradição e a obsessão por esse esporte.

Na época, todo mundo falava de dois jogadores do time indiano que tinham vindo da escola de Hyderabad. Um deles era Saad Bin Jung (que por acaso também era sobrinho do famoso capitão do time indiano de críquete, Tiger Pataudi). Quando ainda estava na escola, ele bateu cem corridas contra um time da Índia Ocidental ao representar a nossa região do Sul do país. Comecei a jogar no time de segundo escalão e fui promovido à equipe sênior, que jogava nas ligas de primeiro escalão de Hyderabad. O nosso era o único time escolar a jogar no primeiro escalão, enquanto os outros times eram patrocinados por bancos e empresas variadas. Jogadores do campeonato nacio-

---

* O *test cricket* é uma modalidade de críquete jogada por seleções nacionais, com partidas mais longas. [N.T.]

nal Ranji Trophy às vezes iam assistir aos nossos jogos, o que acirrava ainda mais a competição.

Na época, o que mais me empolgava no críquete continua me empolgando até hoje, mesmo morando num país que não tem tradição nesse esporte (apesar de os Estados Unidos, mais de cem anos atrás, terem sediado periodicamente times australianos e ingleses). O críquete para mim é como um maravilhoso romance russo com enredos e subenredos que se desenrolam no decorrer de várias cenas. Uma rebatida brilhante ou três bolas lançadas com maestria podem virar completamente um jogo.

Tenho três histórias do meu breve passado no críquete que traduzem diretamente os princípios de negócios e de liderança que aplico até hoje como CEO.

O primeiro princípio desse esporte é competir com vigor e paixão diante da incerteza e da intimidação. Na época em que eu jogava críquete na escola, jogamos contra um time com vários jogadores australianos. Durante a partida, nosso professor de educação física, uma espécie de gerente-geral do time, percebeu que estávamos admirando as jogadas dos australianos. Na verdade, estávamos muito intimidados. Nunca tínhamos jogado contra jogadores estrangeiros e a Austrália tinha uma grande tradição no críquete. Hoje eu sei que o nosso professor e gerente-geral era bem parecido com um técnico de futebol americano, esbravejando e extremamente competitivo. Ele não queria saber da nossa admiração, nem da intimidação que estávamos sentindo. Ele começou a gritar para o capitão ser mais agressivo. Eu era um interceptador terrível, mas ele me posicionou bem ao lado dos enormes *batsmen* australianos. Eu preferiria ficar nos bastidores, mas ele me colocou no olho do furacão. Com o tempo, com uma nova energia e um novo foco, nos transformamos em uma equipe competitiva. Aquele incidente me mostrou que sempre devemos respeitar o adversário, mas nunca admirá-lo com reverência. Devemos sempre lutar pela vitória.

Pensando bem, um segundo princípio que aprendi com o críquete é simplesmente a importância de colocar a sua equipe em primeiro lugar, antes de suas próprias realizações pessoais e da necessidade de reconhecimento. Um dos times nos quais joguei tinha um *bowler* brilhante. Ele era um dos jovens jogadores mais promissores da região, que ficou ainda melhor depois de passar por um treinamento intensivo no time U-19, representando a região do Sul da Índia. Sua velocidade e sua precisão eram simplesmente brilhantes. Eu era um *batsman* e posso dizer que treinar com ele sempre elevava o meu padrão. Mas ele tinha uma personalidade autodestrutiva. Durante um jogo, o nosso capitão decidiu substituí-lo por outro *bowler*. Em certa jogada, o novo *bowler* ludibriou o *batsman* adversário, que errou a tacada, deixando passar a bola, que o nosso promissor – porém birrento – colega de time poderia pegar com facilidade, posicionado a uns 20, 25 metros do *batsman*. Em vez de pegar a bola, ele enfiou as mãos nos bolsos e limitou-se a observá-la passivamente cair bem na sua frente. Ele era um dos nossos melhores jogadores e não acreditamos no que estávamos vendo. A lição que aprendi foi que uma pessoa brilhante que não põe a equipe em primeiro lugar pode destruir a equipe inteira.

Como você deve imaginar, são incontáveis as lições e os princípios que podemos aprender com o críquete, mas para mim a terceira lição foi a importância da liderança. Olhando para trás agora, lembro-me de uma partida na qual os adversários estavam fazendo a festa com as minhas bolas. De fato, o único efeito das minhas bolas era a alegria dos oponentes. Foi quando o capitão do time mostrou a verdadeira liderança. Quando a minha rodada chegou a fim (ou seja, depois que lancei seis bolas), ele entrou no meu lugar, apesar de ser melhor rebatendo do que arremessando. Rapidamente, ele eliminou o *wicket* e o *batsman* adversário estava fora.

Em vista de seu sucesso inicial, ele poderia muito bem ter ficado na posição. Mas ele imediatamente me devolveu a bola e eu eliminei nada menos do que sete *wickets*. Por que ele fez isso? Supus que a ideia era me ajudar a recuperar a confiança. Estávamos no começo da temporada e ele precisava que eu jogasse bem o ano todo. Ele era um líder de muita empatia e sabia que, para mim, seria difícil recuperar a confiança perdida.

Essa é a essência de uma boa liderança. O bom líder é aquele que saber trazer à tona o melhor de cada membro da equipe. Foi uma lição de liderança sutil e importante sobre quando intervir e quando trabalhar para desenvolver a confiança de um indivíduo e da equipe. Penso que a principal função dos líderes é reforçar a confiança das pessoas que eles lideram. Aquele capitão do time evoluiu no esporte e passou muitos anos jogando no prestigioso campeonato Ranji Trophy, além de ter me ensinado uma lição valiosíssima.

Aquelas primeiras lições que aprendi no críquete forjaram o meu estilo de liderança, assim como minhas experiências como marido, pai e jovem engenheiro da Microsoft, empolgado com a chance de participar da ascensão visionária da nossa empresa e, mais tarde, como executivo encarregado do desenvolvimento de novos negócios. Minha abordagem sempre foi evitar cair na mesmice. Meu foco tem sido a cultura e imaginar possibilidades. Todas essas experiências culminaram na transformação que estamos promovendo hoje, criando um conjunto de princípios baseados na alquimia composta de uma mistura de inovação, propósito e empatia.

□ □ □

O nascimento do nosso filho Zain, em agosto de 1996, representou um divisor de águas na vida de Anu e na minha. A asfixia neonatal que ele sofreu mudou a nossa vida de um jeito que jamais poderíamos ter previsto. Aprendemos que nem sempre temos como resolver do jeito que gostaríamos os problemas que a vida nos impõe. E tivemos de aprender a lidar com as dificuldades.

Quando Zain saiu da UTI, Anu internalizou imediatamente essa lição. Zain teria de fazer vários tratamentos todos os dias, sem mencionar um bom número de cirurgias que exigiriam um acompanhamento intenso na sequência de passagens absolutamente estressantes pela UTI. Anu precisava colocá-lo com todo o cuidado na cadeirinha de bebê no carro e levá-lo, dia após dia, desde as primeiras horas da manhã, de um terapeuta a outro, fora as visitas frequentes à UTI no Hospital Infantil de Seattle. O hospital passou a ser o segundo lar da nossa família, enquanto o histórico médico de Zain se transformava em uma saga de vários volumes. Somos profundamente gratos ao pessoal do Hospital Infantil de Seattle, que cuidou de Zain com tanto amor ao longo de sua vida, desde a infância até a juventude.

Em certa visita à UTI, pouco tempo depois de assumir o cargo de CEO, passei os olhos pelo quarto de Zain, um ambiente ocupado por zumbidos e bipes vindos de equipamentos médicos de alta tecnologia, e de repente comecei a ver aquilo tudo com outros olhos. Notei que muitos daqueles dispositivos rodavam com o Windows e que um número cada vez maior deles estava conectado à nuvem, uma rede capaz de armazenar montanhas de dados, o que possibilita um enorme poder computacional, constituindo uma parte fundamental das aplicações tecnológicas às quais muitas vezes deixamos de dar o devido valor.

Aquela realidade me fez lembrar que o nosso trabalho na Microsoft transcendia os negócios e possibilitava a vida de um frágil garoto. Também deu um novo peso às decisões que me esperavam no escritório, relativas à nuvem e às atualizações do Windows 10. "É melhor a gente tomar a decisão certa", lembro-me de ter pensado com os meus botões.

A situação do meu filho requer que diariamente eu mobilize a mesma paixão pelas ideias e a mesma empatia que aprendi com meus pais. E é o que tento fazer, tanto em casa como no trabalho. Se eu tiver de conversar com pessoas da América Latina, do Oriente Médio ou de uma cidade do interior dos Estados Unidos, sempre procuro saber o que as pessoas pensam e sentem. Incluir ativamente a empatia na paternidade e levar esse desejo de desvendar o cerne, a alma da questão, me ajudam a ser um líder melhor.

APRENDENDO A LIDERAR 51

Contudo, é impossível ser um líder empático passando o dia todo sentado numa sala, diante de uma tela de computador. Um líder empático precisa sair pelo mundo, ir aonde as pessoas vivem, ver como a tecnologia que criamos afeta o dia a dia delas. Muitas pessoas ao redor do mundo dependem das tecnologias móveis e de nuvem sem ao menos se dar conta disso. Hospitais, escolas, empresas e pesquisadores usam, diariamente, o que chamamos de "nuvem pública", uma série de computadores de grande escala com recursos de proteção de privacidade e serviços de dados acessíveis por meio de uma rede pública. A computação em nuvem permite analisar enormes volumes de dados para produzir insights e conhecimentos específicos, convertendo suposições e especulações em poder preditivo. Essa tecnologia tem o potencial de transformar vidas, empresas e sociedades.

Viajando pelo mundo, vi incontáveis exemplos dessa interação entre empatia e tecnologia. Tanto no estado onde nasci como no estado onde moro hoje, escolas usam o poder da computação em nuvem para analisar grandes volumes de dados e revelar insights capazes de reduzir as taxas de evasão escolar. Em Andhra Pradesh, na Índia, e em Tacoma, nos Estados Unidos, muitas crianças abandonam os estudos. O problema é a falta de recursos, não a falta de ambição. A tecnologia da nuvem está ajudando a melhorar a vida das crianças e das famílias, possibilitando prever quais alunos têm mais chances de largar os estudos e alocar recursos para ajudá-los a continuar na escola.

Graças às tecnologias móveis e de nuvem, uma startup no Quênia construiu uma rede de energia solar que pessoas que ganham menos de dois dólares por dia podem alugar para ter iluminação de baixo custo e fogões eficientes, substituindo o querosene, poluente e perigoso. Com isso, a startup pode criar uma classificação de crédito eficiente, um subproduto do serviço primário prestado, que, pela primeira vez, está dando aos quenianos acesso a capital. Um sistema inovador de pagamento por celular permite que clientes que moram em favelas no Quênia façam pagamentos diários de 40 centavos pela energia solar, o que, por sua vez, gera dados que produzem um histórico de crédito usado para financiar outras necessidades.

Uma universidade na Grécia, alavancando dados da nuvem, está trabalhando com bombeiros para prever e impedir enormes incêndios florestais como o de 2007, que matou 84 pessoas e queimou 270 mil hectares. Hoje, os bombeiros têm acesso a informações sobre a velocidade do avanço de um incêndio, sua intensidade, a expansão do perímetro, a proximidade de uma fonte de abastecimento de água e previsões meteorológicas microclimáticas provenientes de sensores remotos, o que lhes permite identificar os incêndios rapidamente, salvando vidas e propriedades.

Na Suécia, pesquisadores estão usando tecnologias de nuvem para identificar rapidamente e com mais precisão a dislexia em crianças, aumentando suas chances de receber uma educação apropriada. Hoje em dia, dados de movimentos oculares analisados nas escolas podem ser comparados com dados de pessoas diagnosticadas com dislexia 30 anos atrás. As taxas de precisão do diagnóstico aumentaram de 70% a 95% e o tempo do diagnóstico despencou de três anos para três minutos. Com isso, estudantes, pais e escolas conseguem se preparar e enfrentam menos dificuldades.

No Japão, dados de *crowdsourcing* coletados em centenas de sensores espalhados por todo o país ajudaram o público a monitorar a radiação da usina nuclear de Fukushima para reduzir os riscos aos serviços de transporte e à qualidade dos alimentos. Os 13 milhões de medições coletadas em 500 sensores remotos geraram um mapa que alertou as autoridades quanto a ameaças à produção local de arroz.

E no Nepal, após o devastador terremoto em abril de 2015, voluntários das Nações Unidas utilizaram a nuvem pública para coletar e analisar enormes quantidades de dados sobre escolas, hospitais e famílias e assim acelerar o acesso a indenizações compensatórias, pacotes de auxílio em catástrofes e outras modalidades de assistência humanitária.

Hoje em dia, é difícil imaginar dispositivos que não estejam conectados à nuvem. Aplicativos voltados ao consumidor, como o O365, o LinkedIn, o Uber e o Facebook, existem na nuvem. O filme *Creed: nascido para lutar*, de Sylvester Stallone, o mais recente da série *Rocky*, tem uma cena que eu adoro. O campeão rabisca num pedaço de papel um programa de exercícios para seu protegido, que rapidamente tira uma foto da lista com o celular. Enquanto o garoto se afasta, Rocky grita: "Ei, você não quer o papel?".

"Já está aqui. Está tudo na nuvem", o rapaz responde.

Rocky olha para o céu: "Que nuvem? Que nuvem?". Rocky pode não saber o que é a nuvem, mas milhões de pessoas a utilizam no dia a dia.

A Microsoft está na vanguarda das tecnologias revolucionárias baseadas na nuvem. Mas, apenas alguns anos atrás, ninguém acreditaria que isso seria possível.

Em 2008, nuvens negras e tempestuosas se concentravam sobre a Microsoft. Estavam estagnadas as vendas de PCs, a força financeira vital da Microsoft. Enquanto isso, as vendas de smartphones e tablets da Apple e do Google decolavam, e a Microsoft não conseguia acompanhar as receitas crescentes geradas pelos negócios de busca e publicidade on-line dos concorrentes. A Amazon tinha passado anos desenvolvendo a Amazon Web Services (AWS) e lançou o serviço sem alarde, saindo na liderança do fornecimento de serviços na nuvem, um negócio em rápido crescimento, altamente lucrativo.

A lógica por trás do advento da nuvem era simples e irrefutável. A Revolução dos PCs na década de 1980, liderada pela Microsoft, a Intel, a Apple e outros inovadores, disponibilizou a computação a lares e escritórios por todo o mundo. Os anos 1990 viram o advento da era cliente/servidor para satisfazer as necessidades de milhões de usuários que queriam compartilhar dados pelas redes, e não por meio de disquetes. Mas os servidores não estavam dando conta do serviço em um mar de dados que não parava de crescer, além do surgimento de negócios como a Amazon, o Office 365, o Google e o Facebook.

O advento de serviços na nuvem revolucionou fundamentalmente os fatores econômicos da computação. A nova tecnologia padronizou e reuniu recursos de computação e tarefas de manutenção automatizada, antes executadas manualmente. Permitiu a escala ou a redução elástica, do tipo autosserviço ou pague quanto usar. Os provedores de serviços na nuvem investiram em enormes centros de dados espalhados pelo mundo e os alugaram a um custo mais baixo por usuário. Foi a Revolução da Nuvem.

A Amazon foi uma das primeiras a lucrar com a AWS. Eles perceberam logo de cara que a mesma infraestrutura de nuvem que usavam para vender livros, filmes e outras mercadorias do varejo poderia ser alugada (no esquema do *timeshare* de pacotes de férias) a outras empresas e startups a um preço muito mais baixo do que cada uma delas gastaria para construir a própria nuvem. Em junho de 2008, a Amazon já tinha 180 mil desenvolvedores criando aplicativos e serviços para sua plataforma de computação em nuvem. Enquanto isso, a Microsoft ainda não tinha uma plataforma de computação em nuvem comercialmente viável.

O futuro não parecia cor-de-rosa para a Microsoft. Mesmo antes da grande recessão de 2008, as ações da empresa tinham começado sua trajetória de queda. Em uma manobra planejada há muito tempo, Bill Gates saiu da empresa naquele ano para se concentrar na Fundação Bill & Melinda Gates, mas outros também estavam saindo. Entre eles, Kevin Johnson, presidente de negócios do Windows e serviços on-line, que anunciou que sairia da empresa para assumir o cargo de CEO da Juniper Networks. Em sua carta aos acionistas daquele ano, Bill e Steve Ballmer observaram que Ray Ozzie, criador da Lotus Notes, tinha sido nomeado o novo diretor de arquitetura de software da empresa (o antigo cargo de Bill), demonstrando que uma nova geração de líderes assumiria áreas como publicidade on-line e buscas.

A carta aos acionistas daquele ano não fez nenhuma menção à nuvem, mas, justiça seja feita, Steve tinha um plano e uma visão abrangente da situação. Líder ousado, corajoso e famoso por seu entusiasmo, Steve me ligou um dia para dizer que tinha tido uma ideia. Ele queria que eu assumisse o cargo de diretor de engenharia dos negócios de publicidade on-line e buscas – que mais tarde seria relançado como Bing, um dos primeiros negócios da Microsoft nascidos na nuvem.

Para contextualizar, os mecanismos de busca geram receita por meio de uma forma de publicidade conhecida como leilão. Os anunciantes dão lances em termos de busca que correspondem a seu produto ou serviço. O lance vencedor tem a oportunidade de exibir um anúncio relevante na página de resultados da busca. Se você procurar um carro no mecanismo de busca, verá que uma concessionária de automóveis provavelmente pagou para ser exibida com destaque na sua página de resultados. Entregar essa experiência de compra, tanto do ponto de vista do consumidor como do anunciante, é uma tarefa computacionalmente cara e sofisticada. E, enquanto a Microsoft se debatia com uma mísera participação de mercado no setor de buscas, Steve queria investir no negócio, pois acreditava que isso levaria a empresa a competir em um mercado além do Windows e do Office, e a criar uma excelente tecnologia que, segundo sua visão, seria o nosso futuro. A Microsoft estava sob uma enorme pressão para reagir ao crescente negócio da Amazon na nuvem. E era nesse negócio que Steve queria que eu entrasse.

"Mas pense bem", Steve acrescentou. "Pode ser o seu último cargo na Microsoft, porque, se você fracassar, não vai ter paraquedas. Você pode se espatifar com ele." Na época, não entendi se foi uma demonstração de humor negro ou uma advertência séria. E ainda não tenho certeza do que foi.

Apesar do aviso, a ideia me intrigou. Eu estava comandando um negócio emergente na Microsoft Dynamics. Tinha substituído Doug Burgum, que viria a se tornar o governador de Dakota do Norte. Doug foi um líder inspirador que me ajudou a ser um líder mais completo. Ele não pensava os negócios e o trabalho isoladamente, mas como parte da sociedade e um componente fundamental da vida. Algumas das lições que aprendi com Doug fundamentam meu estilo de liderança. Liderar a equipe da Dynamics foi o emprego dos sonhos. Pela primeira vez, eu estava tendo a chance de comandar um negócio do início ao fim. Eu tinha passado quase cinco anos me preparando para o cargo. Dentro e fora da Microsoft, eu contava com todos os relacionamentos para impulsionar o avanço da Dynamics.

Contudo, a oferta de Steve basicamente me tiraria da minha zona de conforto. Eu nunca tinha trabalhado em um negócio voltado ao consumidor e nunca tinha me inteirado profundamente sobre as iniciativas da Microsoft no mercado de buscas ou sobre as nossas primeiras tentativas de construir uma infraestrutura de nuvem. Foi por isso que, uma noite, depois de um longo dia de trabalho, decidi ir ao Prédio 88, que abrigava a equipe de engenharia de buscas na internet. Eu queria andar pelo prédio, sentir o clima, ver quem eram aquelas pessoas. De que outra maneira poderia sentir empatia por essa equipe que tinha sido convidado a liderar?

Era por volta das 9 horas da noite, mas o estacionamento estava lotado. Eu esperava ver um punhado de funcionários concluindo as tarefas do dia, mas a equipe toda estava lá, trabalhando e comendo pizza e comida chinesa. Não conversei com ninguém, mas o que vi me fez pensar no que poderia estar motivando aquelas pessoas a trabalhar tanto. Alguma coisa muito importante devia estar acontecendo naquele setor.

Ver a equipe naquela noite, seu comprometimento e sua dedicação, me convenceu a topar o desafio. Eu disse a Steve: "Tudo bem, pode contar comigo". Qual você acha que era a cor do meu paraquedas? Eu não tinha nenhum.

Estava entrando em um mundo completamente novo e a mudança se revelaria fortuita. Mal sabia eu que aquele cargo seria a prova de fogo da minha liderança e do futuro da empresa.

Logo me dei conta de que precisaríamos de quatro competências essenciais para criar um negócio on-line baseado na nuvem a ser acessado principalmente pelo celular, e não por um computador de mesa.

Para começar, eu achava que sabia muito sobre sistemas de computação distribuída, mas de repente percebi que precisaria reaprender completamente esses sistemas porque o novo componente da nuvem mudava tudo. Em poucas palavras, um sistema distribuído é a maneira como o software se comunica e se coordena em computadores conectados em rede. Imagine centenas de milhares de pessoas pesquisando num mecanismo de busca ao mesmo tempo. Se essas buscas fossem feitas em apenas um servidor instalado em algum lugar na costa oeste dos Estados Unidos, esse servidor entraria em pane. Agora, imagine essas consultas sendo uniformemente distribuídas por uma rede de servidores. Essa capacidade computacional mais ampla permitiria a entrega de resultados imediatos e relevantes para o consumidor. E, se o tráfego aumentasse, bastaria incluir mais servidores. Essa elasticidade é um atributo essencial da arquitetura da computação em nuvem.

Em segundo lugar, precisaríamos dominar o design de produtos voltados ao consumidor. Sabíamos que precisávamos de uma excelente tecnologia, mas também nos demos conta de que precisávamos proporcionar uma excelente experiência, uma experiência que o consumidor quisesse repetir vezes seguidas. O projeto de software tradicional refletia como os desenvolvedores achavam que deveria ser a aparência de um produto daqui a um ano, quando ele finalmente chegaria ao mercado. O projeto de software moderno envolve produtos on-line atualizados por meio de experimentação contínua. Os designers oferecem diferentes versões da página do Bing, de modo que uma versão antiga é exibida a alguns consumidores enquanto uma nova versão, não testada, é exibida a outros. Os resultados obtidos com os usuários decidem qual é a versão mais eficaz. Às vezes, detalhes aparentemente minúsculos podem fazer uma enorme diferença. Algo tão simples como a cor ou o tamanho de uma fonte pode afetar profundamente a disposição dos consumidores de se engajar, levando a variações comportamentais que podem equivaler a receitas de dezenas de milhões de dólares. E a Microsoft precisaria dominar essa nova abordagem de design de produtos.

Em terceiro lugar, teríamos de ser ótimos na criação dos "mercados de dois lados" (*two-sided markets*), que regem os fatores econômicos fundamentais de um novo negócio on-line. De um lado temos os consumidores, que entram na internet para buscar alguma coisa, e do outro temos os anunciantes, que querem que seus produtos ou serviços sejam encontrados. Os dois lados são necessários. Essa dinâmica cria o efeito de leilão que descrevi acima. Os dois lados do negócio são igualmente importantes e é crucial projetar uma boa experiência para ambos. Atrair mais consumidores naturalmente facilita atrair mais anunciantes. E exibir os anúncios certos é fundamental para proporcionar resultados relevantes. Desse modo, criar um leilão "autossuficiente" on-line e melhorar a relevância dos resultados das buscas teria o poder de definir a vida ou a morte do negócio.

Por fim, precisaríamos dominar o aprendizado de máquina aplicado. O aprendizado de máquina é uma modalidade muito complexa de análise de dados, fundamental para a inteligência artificial. Precisaríamos de um entendimento sofisticado de como fazer duas coisas ao mesmo tempo: identificar a intenção de uma pessoa que faz uma busca na internet e corresponder a essa intenção com um conhecimento preciso, obtido do rastreamento da web, ingerindo e digerindo informações.

Em última análise, o Bing seria um ótimo campo de treinamento para criar os serviços de nuvem em hiperescala que hoje permeiam a Microsoft. Não estávamos apenas construindo o Bing: estávamos construindo as tecnologias fundamentais que embasariam o futuro da Microsoft. No processo de criação do Bing aprendemos sobre escala, sobre design orientado pela experimentação, sobre aprendizado de máquina aplicado e sobre estrutura de preços baseada em leilão. Essas competências não só são vitais para a missão da empresa como contam com uma altíssima demanda no universo tecnológico dos dias de hoje.

Porém, levamos muito tempo para entrar no setor de busca e ainda precisávamos lançar um produto capaz de competir com o Google. Em vista disso, resolvi cair na estrada e fazer reuniões com executivos do Facebook, da Amazon, do Yahoo e da Apple para divulgar o nosso novo mecanismo de busca. Eu queria fechar acordos, mas também queria saber como eles faziam para manter uma linha de produtos sempre renovados. Descobri que o segredo era agilidade: agilidade e mais agilidade. Precisávamos desenvolver a velocidade, a desenvoltura e a destreza para acertar a experiência do consumidor, não só uma vez, mas dia após dia. Teríamos de definir e atingir objetivos de curto prazo, seguidamente, produzindo códigos a uma velocidade mais moderna e acelerada.

Para tanto, seria necessário reunir periodicamente todos os tomadores de decisão em uma espécie de centro de comando de uma operação de guerra. Em setembro de 2008, reuni os engenheiros de busca para o primeiro desses encontros, que chamamos informalmente de Ponto de Verificação nº 1. (Teria sido bom se tivéssemos sido mais criativos ao bolar o nome, porque ele pegou e não conseguimos mais nos livrar dele, a ponto de hoje estarmos com centenas de pontos de verificação.) Tínhamos decidido lançar o Bing (um novo mecanismo de busca e uma nova marca) em junho de 2009. Aprendi muito sobre como criar um senso de urgência e mobilizar líderes com diferentes competências e formações para atingir um objetivo compartilhado em uma área que, na época, era nova para a Microsoft. Percebi que, em uma empresa de sucesso, é tão importante desaprender velhos hábitos quanto aprender novas competências.

Meu aprendizado nesse período foi muito acelerado em virtude da contratação do dr. Qi Lu para liderar todos os serviços on-line da Microsoft. Qi tinha sido um executivo do Yahoo, e todas as empresas do Vale do Silício queriam tê-lo em seu quadro de funcionários. Steve, Harry Shum (hoje, nosso líder de inteligência artificial e pesquisa) e eu fomos à baía de São Francisco para conversar com Qi. No voo de volta, Steve me disse: "Acho que a gente deveria contratá-lo, mas você sabe que ele seria o seu chefe. Espero que não seja um problema". Eu tinha acabado de conhecer Qi e sabia que poderia aprender muito com ele, e que a Microsoft também poderia ganhar muito. Por isso não hesitei em apoiar a contratação de Qi, apesar de saber que eu teria de abrir mão de uma promoção por enquanto. Percebi que eu poderia crescer muito profissionalmente, aprendendo com ele sobre negócios on-line.

Qi viria a se tornar um membro importante da minha equipe de liderança sênior, nos meus primeiros anos como CEO. Ele acabou saindo da empresa, mas continua sendo um bom amigo e conselheiro.

Com o tempo, o Yahoo integrou o Bing como seu mecanismo de busca e juntos realizamos um quarto de todas as buscas nos Estados Unidos. O mecanismo de busca, que começou com dificuldades, e muitos disseram que deveria ser abandonado, continuou a conquistar uma participação cada vez maior do mercado e hoje é um lucrativo negócio multibilionário para a Microsoft. E, o que foi ainda mais importante, o Bing acelerou a nossa entrada na nuvem.

Como costuma acontecer na Microsoft, outros experimentos estavam sendo conduzidos na empresa para tentar resolver o mesmo problema, levando a uma concorrência interna e até mesmo à formação de feudos. Desde 2008, Ray Ozzie vinha incubando um produto de infraestrutura de nuvem ultrassecreto, apelidado de Red Dog. Uma repórter que cobria a Microsoft já de longa data, Mary Jo Foley, viu por acaso o anúncio de uma vaga de engenheiro para a equipe da Red Dog e escreveu um artigo, especulando que o projeto devia ser a resposta da Microsoft à AWS da Amazon.

Quando eu trabalhava no Bing, conversei com a equipe da Red Dog para ver como poderíamos colaborar. Não demorei a perceber que a divisão de servidores e ferramentas da Microsoft, onde produtos como o Windows Server e o SQL Server tinham sido inventados e construídos e que abrigava a equipe da Red Dog, era um universo completamente diferente do Bing.

A divisão de servidores e ferramentas (STB, na sigla em inglês) era o terceiro maior grupo da Microsoft em termos de receita, perdendo apenas para o Office e o Windows. Eles eram grandes especialistas em sistemas distribuídos. Mas, quando comparei a divisão de servidores e ferramentas com o Bing, alguns fatos ficaram claros. Eles não tinham o ciclo de feedback necessário para as operações de um serviço de nuvem em escala. Percebi que estavam presos à ideia de atender sua base de clientes existente e que não estavam aprendendo com rapidez suficiente sobre o novo mundo dos serviços em nuvem. E a equipe da Red Dog não passava de uma iniciativa paralela, em grande parte ignorada pela liderança da divisão de servidores e ferramentas e pela empresa como um todo.

No fim de 2010, Ray Ozzie anunciou em um extenso memorando interno que sairia da Microsoft. Em seu e-mail de despedida ele escreveu: "A única verdade irrefutável é que, em qualquer grande organização, qualquer transformação deve vir de dentro, se for para 'pegar'". Apesar de, na ocasião, a Red Dog ainda estar em estágio de incubação, gerando bem pouca receita, ele estava certo ao dizer que a transformação da Microsoft viria de dentro. Steve já tinha proclamado que a empresa tinha entrado com tudo na nuvem, tendo investido 8,7 bilhões de dólares em pesquisa e desenvolvimento, com grande foco em tecnologias nessa área. Mas, embora tivéssemos engenheiros trabalhando em tecnologias relacionadas à nuvem, a Microsoft ainda não tinha uma visão clara de como seria a sua plataforma de computação em nuvem (sem mencionar como seria o fluxo de receita).

Mais ou menos naquela época, Steve me pediu para liderar a divisão de servidores e ferramentas, que hoje evoluiu e se transformou na divisão de nuvem e negócios corporativos. Fui informado da minha nova função menos de uma semana depois de assumir o cargo. Steve percebeu que precisávamos entrar com mais rapidez na nuvem. Ele mesmo tinha encabeçado, com agressividade, a entrada do Office na nuvem. Queria essa mesma ousadia na criação da nossa infraestrutura de nuvem.

Quando assumi nossa recém-nascida divisão de nuvem, em janeiro de 2011, analistas estimaram que as receitas geradas pela nuvem já chegavam aos bilhões de dólares, com a Amazon na liderança e a Microsoft ainda nem despontando no horizonte. Enquanto isso, as receitas provenientes dos nossos serviços na nuvem podiam ser contadas aos milhões, não bilhões. Embora a Amazon não reportasse suas receitas da AWS na época, ninguém duvidava que a empresa estivesse na liderança, tendo criado um negócio enorme sem nenhuma oposição da Microsoft.

Em sua carta anual aos acionistas, em abril de 2011, mais ou menos quando eu estava assumindo minha nova função, Jeff Bezos, o CEO da Amazon, deu uma breve aula sobre ciência da computação e sobre os fatores econômicos que sustentavam o crescente negócio da empresa na nuvem. Ele abordou estimadores bayesianos, aprendizado de máquina, reconhecimento de padrões e tomada de decisão probabilística. "Os avanços no gerenciamento de dados desenvolvidos pelos engenheiros da Amazon foram o ponto de partida para as arquiteturas que fundamentam os serviços de gerenciamento de dados e armazenamento na nuvem oferecidos pela Amazon Web Services (AWS)", ele escreveu. A Amazon estava liderando uma revolução e nós ainda nem tínhamos montado nosso exército. Anos antes, eu tinha saído da Sun Microsystems para ajudar a Microsoft a conquistar a liderança no mercado empresarial, e agora estávamos para trás de novo.

Todo mundo sabia que a Microsoft tinha perdido o trem da revolução dos dispositivos móveis e estávamos decididos a não deixar a revolução da nuvem passar. Eu sentiria falta de trabalhar com meus colegas do Bing, mas estava empolgado para liderar o que acreditava ser a maior transformação da Microsoft na presente geração: a nossa jornada para a nuvem. Eu tinha passado três anos, de 2008 a 2011, aprendendo sobre a nuvem (testando sua infraestrutura, operações e fatores econômicos), mas como usuário, não como uma empresa da área. Essa experiência me possibilitaria entrar com tudo no meu novo cargo.

O que não seria fácil. A divisão de servidores e ferramentas estava no auge de seu sucesso comercial, mas ainda não tinha entrado no futuro. Não havia um consenso sobre a importância do negócio da nuvem. Forças divergentes criavam um atrito constante. Por um lado, os líderes da divisão diziam: "É mesmo, tem essa coisa de nuvem" e "É verdade, é importante a gente entrar nesse negócio", mas, por outro lado, eles logo se punham a advertir: "Mas não esqueçam que precisamos focar os servidores". Os servidores, que tinham feito da divisão de servidores e ferramentas uma verdadeira potência tanto na Microsoft como no setor como um todo (mais especificamente o Windows Server e o SQL Server), estavam se transformando num impedimento, desencorajando os líderes de inovar e se voltar ao futuro para crescer.

Logo depois de eu assumir o cargo, a empresa emitiu esta declaração: "Nadella e sua equipe foram encarregados de liderar a transformação empresarial da Microsoft rumo à nuvem e elaborar uma visão e um plano para o futuro da computação empresarial". Steve já tinha dito que a transformação não aconteceria da noite para o dia, mas o nosso tempo estava se esgotando.

Eu tinha uma boa ideia do que precisaríamos fazer, mas sabia que a minha tarefa era motivar os líderes da divisão de servidores e ferramentas para chegar lá. Eu tinha as minhas opiniões, é claro, mas também sabia que aquela equipe se preocupava muito com os clientes empresariais, exigentes e sofisticados em suas demandas de computação. Eu não queria descartar todo o conhecimento institucional que eles tinham acumulado e me propus a aprender com a equipe que eu tinha sido encarregado de liderar e, assim eu esperava, conquistar seu respeito. Só depois é que teríamos condições de adentrar com ousadia um novo e melhor território.

Liderar significa tomar decisões e empolgar a equipe para executá-las. Uma lição que aprendi com a experiência do meu pai como alto funcionário do governo indiano foi que poucas tarefas são mais difíceis do que construir uma instituição *duradoura*. A escolha de liderar pelo consenso e não por decreto é uma escolha falsa. Toda instituição resulta de uma visão clara e de uma cultura que se empenha para estimular o progresso tanto de cima para baixo como de baixo para cima.

Na faculdade de administração, li *Young Men and Fire*, um livro de Norman Maclean (mais conhecido por *A River Runs through It*). O livro conta a história de um trágico incêndio florestal que matou 13 bombeiros paraquedistas em 1949 e a investigação que se seguiu. Nunca me esqueci da lição que aprendi com aquele livro: a necessidade urgente de criar um contexto compartilhado, confiança e credibilidade dentro da equipe. O chefe dos bombeiros, que acabou sobrevivendo ao incêndio, sabia que precisaria criar um pequeno incêndio para escapar do incêndio maior. Mas os outros se recusaram a segui-lo. Ele tinha a capacidade e o conhecimento para salvar sua equipe, mas não tinha criado o contexto compartilhado necessário para que sua liderança fosse eficaz. E sua equipe acabou pagando o preço.

Eu não queria cometer o mesmo erro.

Assim como o chefe dos bombeiros, eu tinha de convencer minha equipe a seguir uma estratégia que, à primeira vista, poderia parecer um contrassenso: tirar o foco da grande divisão de servidores e ferramentas, que pagava o salário de todos, e direcioná-lo para a minúscula divisão de nuvem, que praticamente não gerava receita. Para conquistar o apoio deles, eu precisaria criar um contexto compartilhado. Decidi não levar minha equipe do Bing comigo. Era importante que a transformação viesse de dentro. Era o único jeito de criar uma mudança sustentável.

O time que herdei era mais um grupo de pessoas do que uma equipe de fato. O poeta John Donne escreveu: "Nenhum homem é uma ilha". Acho que ele mudaria de opinião se participasse das nossas reuniões. Cada líder do grupo era, basicamente, o CEO de uma divisão autossustentável. Cada um deles vivia e trabalhava em um silo isolado, e a maioria tinha passado um bom tempo agindo assim. O meu histórico não tinha necessariamente o que poderíamos chamar de um "centro de gravidade" e, para piorar ainda mais as coisas, muitos ali se achavam mais qualificados do que eu para assumir meu cargo. Eles estavam frustrados. Afinal, estavam ganhando rios de dinheiro, mas se viam obrigados a lidar com essa coisinha insignificante chamada nuvem.

Para ajudar a equipe a sair desse impasse, conversei individualmente com todos os membros da equipe de liderança da divisão de servidores e ferramentas para sondar em que pé eles estavam e entender melhor o que estavam pensando. Precisávamos chegar juntos à conclusão de que o futuro da empresa estava na nuvem. Nossos produtos e tecnologias deveriam ser otimizados para a nuvem, e não restritos a servidores isolados nas instalações dos clientes. Embora o nosso plano fosse priorizar a nuvem, a nossa força no mercado de servidores permitiria que nos diferenciássemos, oferecendo uma solução híbrida aos clientes que quisessem tanto servidores privados, em seu próprio local de trabalho, como acesso à nuvem pública.

Esse novo modo de pensar ajudou a romper a resistência dos líderes a priorizar a nossa entrada na nuvem. Comecei a notar uma nova abertura a essa inovação e uma busca de maneiras criativas para atender às necessidades dos clientes empresariais.

Infelizmente, a Red Dog, que se tornara o Windows Azure, ainda estava com sérias dificuldades. Eles estavam tentando avançar rapidamente com uma nova abordagem à computação em nuvem, mas os clientes indicavam claramente que antes precisavam satisfazer suas necessidades atuais. Mark Russinovich, um dos primeiros integrantes da equipe original da Red Dog e o atual diretor de tecnologia do Azure, tinha um plano bem desenhado para garantir o avanço do Azure. Precisávamos injetar mais recursos na equipe para executar o plano de Russinovich.

Tinha chegado a hora de levar o Azure para o centro das atenções da divisão de servidores e ferramentas e deixar de relegá-lo a um projeto paralelo. As pessoas, o fator humano de todo empreendimento, sempre são seu ativo mais importante e, sabendo disso, me empenhei para montar a equipe certa, a começar por Scott Guthrie, um exímio engenheiro da Microsoft. Ele já tinha liderado uma série de tecnologias bem-sucedidas da empresa voltadas aos desenvolvedores. Eu o recrutei para liderar a engenharia do Azure em seu processo de se tornar a plataforma de computação em nuvem da Microsoft (a nossa resposta à Amazon Web Services).

Com o tempo, muitas outras pessoas, tanto de dentro como de fora da empresa, se uniram à nossa empreitada. Jason Zander, outro importante líder que ajudou a criar o .Net e o Visual Studio, se encarregou de criar a infraestrutura central do Azure. Do Yahoo, recrutamos Raghu Ramakrishnan, um pesquisador de *big data* altamente conceituado, e James Phillips, cofundador da empresa de banco de dados Couchbase. Além disso, a expertise de Joy Chik e Brad Anderson foi fundamental para desenvolver nossas soluções de gerenciamento de dispositivos para o mundo móvel. Sob a liderança deles, fizemos as nossas primeiras e importantes incursões no fornecimento, aos nossos clientes empresariais, da tecnologia da qual precisavam para proteger e gerenciar dispositivos rodando com Windows, iOS e Android. Julia Liuson assumiu as nossas ferramentas do Visual Studio para desenvolvedores, que acabaram sendo adotadas como padrão por desenvolvedores trabalhando em qualquer plataforma ou aplicativo.

Além dessa equipe de estrelas, pudemos contar com um excelente plano de negócios e modelagem. Takeshi Numoto foi transferido da equipe do Office à divisão de servidores e ferramentas. Ele tinha sido um membro importante da equipe que criou a estratégia e executou a transformação do Office em um modelo de assinatura baseado na nuvem. E, na liderança dos negócios da divisão de servidores e ferramentas, ele se pôs a criar um novo modelo comercial baseado na criação de métricas para medir o consumo de serviços na nuvem, além de bolar novas maneiras de entregar nossos produtos aos clientes.

Uma das primeiras decisões que tomei foi diferenciar o Azure dos concorrentes, usando as nossas competências em armazenamento e processamento de dados e inteligência artificial. Raghu e sua equipe projetaram e construíram a plataforma de dados que ajudaria a armazenar e processar dados na escala de exabytes. A Microsoft estava desenvolvendo suas competências em aprendizado de máquina e inteligência artificial para incluí-las em produtos como o Bing, o Xbox Kinect e o Skype Translator. Eu queria disponibilizar essas competências a desenvolvedores terceirizados como parte do Azure.

Joseph Sirosh, que recrutei da Amazon, acabaria se revelando um membro importantíssimo da equipe do Azure. Joseph tinha passado toda a sua carreira trabalhando com aprendizado de máquina e levou essa paixão ao seu novo cargo na Microsoft. Agora, a nossa nuvem não só podia armazenar e processar enormes volumes de dados, como também podia analisar e aprender com esses dados.

O valor prático do aprendizado de máquina é imenso e incrivelmente variado. Vejamos, por exemplo, um cliente da Microsoft como a ThyssenKrupp, uma fabricante de elevadores e escadas rolantes. Usando o Azure e o Azure ML (o aprendizado de máquina do Azure), hoje eles são capazes de saber antecipadamente quando um elevador ou escada rolante vai precisar de manutenção, praticamente eliminando interrupções e gerando um novo valor para seus clientes. Uma seguradora como a MetLife pode acessar a nossa nuvem com recursos de aprendizado de máquina para processar, da noite para o dia, montanhas gigantescas de dados e obter respostas às suas questões financeiras mais importantes de amanhã, permitindo que a empresa se adapte rapidamente a grandes mudanças, como uma epidemia inesperada de gripe ou uma temporada de furacões mais violenta do que o normal.

Não importa se você está na Etiópia ou nos Estados Unidos, se tem ou não um doutorado em informática: todo mundo deveria ter acesso a essa capacidade de aprender com os dados. Com o Azure, a Microsoft democratizaria o aprendizado de máquina do mesmo modo como tinha feito com a computação pessoal na década de 1980.

Na minha opinião, conversar com os clientes para descobrir suas necessidades (tanto as expressas como as tácitas) é fundamental para qualquer iniciativa de inovação de produto. Gosto de levar outros líderes e engenheiros às minhas conversas com os clientes para podermos aprender juntos. Em uma visita à região da baía de São Francisco, tivemos reuniões com várias startups. Eles queriam que déssemos suporte ao seu sistema operacional Linux, e com o Azure já tínhamos dado alguns passos, ainda que rudimentares, nessa direção. Porém, quando Scott Guthrie e a nossa equipe saíram daquelas reuniões naquele dia, ficou mais do que claro que precisávamos dar um excelente suporte ao Linux no Azure. Quando chegamos ao estacionamento, já tínhamos tomado a decisão.

Pode parecer um dilema puramente técnico, mas também representava um profundo desafio cultural. Na Microsoft, o software de código aberto do Linux era considerado um grande inimigo. Não era possível nos dar ao luxo de nos ater a essa atitude por mais tempo. Tínhamos de fazer o que os clientes queriam e, ainda mais importante, precisávamos dar um jeito de ver as oportunidades não pelo espelho retrovisor, mas com uma perspectiva orientada para o futuro. Mudamos o nome do produto de Windows Azure para Microsoft Azure a fim de deixar claro que a nossa nuvem não se limitaria ao Windows.

Para aumentar a escala do nosso negócio da nuvem, não só precisaríamos criar a tecnologia certa como precisaríamos oferecer um serviço para atender às exigentes necessidades de alguns dos maiores clientes do mundo. Já estávamos executando serviços em escala, como o Bing, o Office 365 e o Xbox Live. Mas, com o Azure, estaríamos atendendo a milhares de empresas, todos os minutos de todos os dias.

A nossa equipe precisava adotar o que chamei de cultura do "primeiro, o site ao vivo". A cultura operacional era tão importante quanto qualquer avanço tecnológico. Teríamos, em uma única conferência do Skype, dezenas de engenheiros bem como as nossas equipes de campo trabalhando com os clientes, todos reunidos para coordenar e resolver qualquer problema. E todos os incidentes levariam a uma rigorosa análise de suas causas para garantir o aprendizado e uma melhoria contínua. De tempos em tempos, eu participava dessas ligações para acompanhar os nossos engenheiros em ação. É importante que os líderes não promovam o medo nem o pânico, mas ajudem a promover as ações necessárias para resolver o problema e aprender com ele.

Hoje, a Microsoft está a caminho de ter seu próprio negócio na nuvem, com um valor da ordem de 20 bilhões de dólares. Fomos além dos pacotes de produtos que fizeram da Microsoft uma das empresas mais valiosas do mundo para encontrar oportunidades ainda mais interessantes na nossa plataforma de computação em nuvem, no Azure, e em nossos serviços na nuvem, como o O365, a versão on-line do nosso pacote de produtividade extremamente popular, o Office. Estamos investindo para melhorar esses novos produtos, reforçando nossa competência como prestadores de serviços, abarcando o Linux e outras iniciativas de código aberto, ao mesmo tempo que mantemos nosso foco nos clientes.

Trabalhar com a nuvem me ensinou uma série de lições das quais eu viria a me beneficiar muito nos próximos anos. Uma das lições mais importantes que aprendi foi a seguinte: um líder deve ser capaz de enxergar as oportunidades externas bem como a cultura e as competências internas (e todos os pontos de ligação entre elas) e fazer alguma coisa a respeito, antes que se tornem "carne de vaca". É uma forma de arte, não uma ciência. E o líder nem sempre vai acertar. Mas sua média de acertos vai decidir quanto tempo ele vai conseguir sobreviver no mundo dos negócios. Essa lição viria a ser muito útil para mim quando tive de enfrentar desafios ainda maiores no cargo de CEO.

CAPÍTULO 3

Uma nova missão e um novo ímpeto

Redescobrindo a alma da Microsoft

Na manhã do dia 4 de fevereiro de 2014, o dia em que eu seria formalmente apresentado como CEO, fui mais cedo para a empresa, ensaiando as mensagens que eu queria transmitir aos colaboradores no meu primeiro dia. No feriado de Ação de Graças, em novembro, eu tinha escrito um memorando de dez páginas respondendo a várias perguntas levantadas pelo Conselho de Administração durante o processo de seleção. Aproveitei uma longa viagem de visita à Dell, no Texas, e à Hewlett Packard, no Vale do Silício, para lapidar o texto.

Tive de fazer uma profunda autoanálise para responder às perguntas: qual é a minha visão? Qual seria a melhor estratégia para concretizar essa visão? Qual era a minha definição de sucesso para a empresa e por onde começar? E, alguns meses depois, refleti sobre o que tinha escrito e sobre o processo que me havia levado até aquele dia.

Encontrar o próximo CEO representou uma longa jornada. Steve pegou todos de surpresa, em agosto, quando anunciou que se aposentaria, logo depois de ter liderado uma importantíssima reorganização da empresa e às vésperas de anunciar o acordo de 7,2 bilhões de dólares com a Nokia, a fabricante finlandesa de celulares. Os jornalistas passaram os três meses seguintes especulando quem seria nomeado seu substituto. Seria alguém de fora, como Alan Mulally, o CEO da Ford Motor Company? Ou um executivo de uma empresa adquirida pela Microsoft, como Tony Bates, do Skype, ou Stephen Elop, da Nokia? Vários executivos foram convidados a colocar suas ideias no papel para apresentar ao Conselho de Administração, numa espécie de ensaio para o cargo.

No meu memorando para o Conselho, usei meus mais de 20 anos de experiência na empresa, mas também me baseei em uma coisa que Steve Ballmer, o CEO de saída, me disse um dia. Ele disse que era importante eu ser eu mesmo. Em outras palavras, não deveria tentar agradar Bill Gates ou qualquer outra pessoa. "Seja ousado, seja correto", ele me aconselhou. Bill e Paul Allen fundaram a Microsoft. Bill e Steve desenvolveram a Microsoft. Bill recrutou Steve na faculdade de administração de Stanford, em 1980, para atuar como seu primeiro gestor de negócios. Steve era o vendedor, o marqueteiro e um líder fervoroso. E Bill era o visionário da tecnologia, cujo hábito de fazer retiros pessoais para refletir e ler ajudou a manter a Microsoft à frente dos concorrentes, que morriam de inveja. Juntos eles forjaram uma das parcerias mais emblemáticas da história, que faria da Microsoft a empresa mais valiosa do planeta. Não só criaram produtos espetaculares como educaram centenas de executivos que hoje lideram empresas multinacionais ao redor do mundo, eu inclusive. Eles foram me atribuindo responsabilidades cada vez maiores ao longo dos anos e me ensinaram que o nosso software tem o poder de transformar não só a vida dos fanáticos por computador como também sociedades e economias inteiras.

Apesar da minha devoção por tudo o que tinham feito, Steve não queria que eu fosse levado pelo meu deslumbramento. Ele esperava que eu jogasse o dogma pela janela. Mais do que ninguém, ele sabia que a empresa precisava mudar e foi grandioso a ponto de abrir mão de seu cargo de CEO para garantir uma mudança profunda.

Apesar de ser um *insider* consumado, eu estava sendo instruído a apertar o F5 e carregar uma nova página, a próxima página da história da Microsoft. E foi por isso que, no meu memorando ao Conselho, defendi uma "renovação da Microsoft". Seria necessário promover uma computação mais amplamente disseminada, bem como a inteligência ambiental. Em outras palavras, os seres humanos vão interagir com experiências que passarão a incluir uma profusão de dispositivos e sentidos. Todas essas experiências serão possibilitadas pela inteligência na nuvem e também por onde os dados são gerados e onde ocorrem as interações com pessoas. No entanto, também escrevi que essa renovação só seria possível se priorizássemos a cultura da organização e reconquistássemos a confiança, tanto dentro como fora da empresa. Seria fácil demais continuar a viver dos nossos sucessos do passado. Fomos reis, mas de um reino que hoje está ameaçado. Seria possível continuar ordenhando as nossas vacas tendo em vista um retorno imediato, mas eu acreditava que seríamos capazes de gerar um valor mais duradouro se nos mantivéssemos fiéis à nossa identidade e nos voltássemos à inovação.

Parei meu carro no estacionamento do Studio D, o lar da nossa equipe de desenvolvimento do Xbox. Essa parte do campus nem sequer existia quando entrei na Microsoft, em 1992, e agora o estacionamento estava cercado de várias dúzias de prédios de escritório, até onde os olhos conseguiam ver. Na próxima hora, o átrio transparente de três andares de altura do Studio D estaria repleto de funcionários convidados a participar de uma reunião da empresa toda, que seria transmitida por webcast. Eu sabia que eles estavam esperançosos, mas também céticos. Bastava dar uma olhada em algumas estatísticas do setor para entender por quê. Depois de décadas de crescimento das vendas globais de PCs, as vendas tinham atingido o pico e agora estavam em declínio. As vendas trimestrais de PCs eram de cerca de 70 milhões, enquanto as vendas de smartphones ultrapassavam a marca dos 350 milhões. A situação não era nada animadora para a Microsoft. Cada PC vendido significava um pagamento de royalties para a Microsoft. Para piorar ainda mais as coisas, não só as vendas de PCs estavam mornas como o Windows 8, lançado 18 meses antes, fora recebido com muito pouco entusiasmo. Enquanto isso, os sistemas operacionais Android e iOS estavam em alta, refletindo a explosão dos smartphones que a Microsoft não conseguiu liderar e da qual a empresa mal conseguiu participar. O que acabou acontecendo é que as ações da Microsoft no mercado financeiro, que no passado tinham sido um investimento de primeira linha, estavam estagnadas há anos.

Internamente, a situação também era sombria e desanimadora. Naquele ano, o nosso levantamento anual dos funcionários revelou que a maioria deles não achava que a empresa estava seguindo na direção certa e questionava a nossa capacidade de inovar. Jill Tracie Nichols, minha gerente-geral na época, me enviou o feedback de centenas de funcionários, coletados em grupos focais, para eu poder ter uma ideia, em tempo real, de como o nosso pessoal estava reagindo à situação. A empresa estava doente. Os funcionários estavam exaustos, frustrados e fartos de perder e ficar para trás, apesar de seus planos grandiosos e ideias excelentes. Tinham entrado na Microsoft com grandes sonhos, mas parecia que tudo o que realmente faziam era lutar contra a alta administração, submeter-se a processos ineficientes, e bater boca com os colegas nas reuniões. Eles acreditavam que só uma pessoa de fora poderia colocar a empresa de volta nos trilhos. Não botavam fé em nenhum dos candidatos da Microsoft ao cargo de CEO, eu inclusive.

Em uma intensa sessão de preparação dois dias antes do anúncio, Jill e eu conversamos sobre como seria possível inspirar esse desalentado grupo de pessoas talentosas. Em certa medida, eu me irritava com o que via como hesitação em bancar os próprios atos e uma tendência a culpar os outros. Ela me interrompeu enquanto eu falava para dizer: "Você não está entendendo. Na verdade, tudo o que eles querem é fazer mais, mas não conseguem avançar porque vivem topando com obstáculos". Minha primeira tarefa seria dar esperança a essas pessoas. Aquele era o primeiro dia da nossa transformação e eu sabia que precisaríamos começar de dentro para fora.

Alguns minutos depois, fui para o palco para tirar a foto que, em pouco tempo, iria viralizar na internet. A foto mostrava o rosto sorridente de Bill Gates, Steve Ballmer e eu, os únicos CEOs da história de 40 anos da Microsoft. Contudo, a imagem que ficou gravada na minha memória foi olhar nos olhos de centenas de funcionários da Microsoft na plateia, à espera da minha apresentação, cheios de esperança, entusiasmo e energia, misturados com uma certa ansiedade e um toque de frustração. Como eu, eles tinham entrado na Microsoft para mudar o mundo, mas estavam frustrados com a estagnação no crescimento da empresa. Muitos ali estavam sendo cortejados pelos concorrentes e o mais triste de tudo era que muitos achavam que a empresa estava perdendo sua alma.

Steve deu o chute inicial com um discurso tocante e encorajador. Bill falou em seguida, com seu senso de humor sarcástico. Passando os olhos pela plateia, ele fingiu se surpreender com o número de Windows Phones que viu na sala. Feita a piada, Bill fez um breve resumo dos desafios e das oportunidades que nos aguardavam: "A Microsoft foi fundada porque acreditávamos na magia do software e eu diria que nunca tivemos uma oportunidade maior do que hoje de ver essa magia em ação. A magia do que podemos fazer pelas pessoas, no trabalho e em casa, com o nosso software está diante do nosso nariz. Temos alguns pontos fortes fantásticos na plataforma Windows, nas coisas que estamos fazendo na nuvem, no Office. E também enfrentaremos alguns desafios. Muita gente lá fora está fazendo coisas interessantíssimas na nuvem. Muito está sendo feito na indústria de smartphones, da qual temos uma fatia... uma fatia que precisamos aumentar". Dito isso, cedeu a palavra a mim.

Quando os aplausos silenciaram, fui direto ao ponto e convoquei todos a agir: "Nosso setor não respeita as tradições. O que nosso setor respeita é inovação. Todos nós estamos diante do desafio de levar a Microsoft ao sucesso no mercado de dispositivos móveis e na nuvem". Eu queria deixar claro que cabia a nós descobrir o que o mundo perderia se a Microsoft simplesmente desaparecesse do mapa. Nós tínhamos de responder à questão nuclear: qual é a essência desta empresa? O que justifica nossa existência? Também disse que era a hora de redescobrirmos nossa alma, aquilo que nos tornava especiais.

Um dos meus livros preferidos é *The Soul of a New Machine*, de Tracy Kidder, sobre outra empresa de tecnologia, a Data General, na década de 1970. Kidder nos ensina que a tecnologia nada mais é do que a alma coletiva das pessoas que a criaram. A tecnologia é fascinante, mas ainda mais fascinante é a profunda obsessão de seus designers e arquitetos. Pensando assim, qual seria a alma de uma empresa? Não me refiro à alma no sentido religioso, mas ao que nos é mais natural. A nossa voz interior. O que nos motiva e nos mostra onde aplicar nossos talentos. Aquela sensibilidade especial que só nós temos. A alma da Microsoft impulsiona a empresa a empoderar as pessoas. Não só as pessoas individualmente, mas também as instituições que elas criam, instituições como escolas, hospitais, empresas, órgãos públicos, organizações sem fins lucrativos.

Steve Jobs sabia que toda empresa tem uma alma. Ele chegou a dizer que "o projeto é a alma fundamental de uma criação humana que acaba se expressando em sucessivas camadas externas do produto ou serviço". Eu concordo. A Apple sempre permanecerá fiel à sua alma, contanto que sua voz interior, sua motivação, gire em torno de um projeto fabuloso para produtos voltados ao consumidor.

A alma da nossa empresa é diferente. Eu sabia que a Microsoft precisava recuperar sua alma, sua essência de empresa dedicada a disponibilizar a tecnologia a todas as pessoas e todas as organizações: a democratização da tecnologia. Quando usei pela primeira vez a HoloLens, o computador holográfico da Microsoft, pensei em como aquela tecnologia poderia ser utilizada por grandes empresas, escolas e hospitais, e não só em como seria divertido jogar *Minecraft* interagindo com hologramas.

Não que tivéssemos perdido nossa alma, mas precisávamos de uma renovação, um renascimento. Na década de 1970, Bill e Paul Allen fundaram a Microsoft com o objetivo de ajudar a colocar um computador em todas as mesas de escritório e em todos os lares. Era um objetivo ambicioso, inspirador e audaz, e um objetivo que eles conseguiram atingir. Democratizar e personalizar a tecnologia. Quantas organizações podem dizer que conseguiram atingir sua missão original? Eu jamais teria me tornado o CEO de uma empresa da *Fortune 500* se não fosse pela força democratizante da Microsoft ao redor do mundo. Mas o mundo mudou e tinha chegado a hora de mudarmos nossa visão de mundo.

Visão de mundo é um termo interessante, com raízes na filosofia cognitiva. Em poucas palavras, o termo se refere a como a pessoa vê o mundo, em termos políticos, sociais e econômicos. Quais são as experiências que todos temos em comum? A pergunta que eu já me fazia antes mesmo de me tornar o CEO (por que existimos?) me forçou a mudar minha visão do mundo tecnológico e agora todos os líderes da Microsoft também estavam mudando a visão de mundo deles.

Não vivíamos mais em um mundo centrado em PCs. A computação podia ser vista por toda parte. Dispositivos podiam observar, coletar dados e transformar esse feedback em insights. Estávamos vendo uma onda cada vez maior de digitalização da nossa vida, do nosso trabalho e do nosso mundo. Essas mudanças foram possibilitadas por uma rede crescente de dispositivos conectados, uma incrível capacidade computacional proporcionada pela nuvem, insights provenientes da análise de *big data* e informações resultantes do aprendizado de máquina.

Fiz um resumo desse cenário e encorajei a Microsoft a se voltar aos dispositivos móveis e à nuvem. Não a PCs, nem a smartphones. Precisávamos vislumbrar um mundo onde o que importa é a mobilidade da experiência humana em todos os dispositivos, e a nuvem possibilita essa mobilidade, disponibilizando toda uma nova geração de experiências inteligentes. A transformação que viríamos a realizar em todas as divisões da empresa ajudaria a Microsoft e nossos clientes a se destacar nesse novo mundo.

Poderia ser fácil usar a inveja para se motivar a mudar. Poderíamos invejar o que a Apple fez com seus iPhones e iPads ou o que o Google realizou com seus celulares e tablets Android de baixo custo. Mas a inveja é negativa e voltada para fora e eu sabia que ela não nos levaria muito longe no caminho de uma verdadeira renovação.

Também poderíamos usar o espírito competitivo como fonte de motivação. A Microsoft é conhecida por congregar suas tropas com um fogo competitivo. A imprensa adora isso, mas esse tipo de coisa não tem nada a ver comigo. Prefiro liderar em prol de uma missão, com orgulho do que fazemos, não com base na inveja ou na combatividade.

A nossa equipe de liderança sênior viu, no cenário competitivo, uma lacuna que a Microsoft estava numa posição ímpar para preencher. Enquanto nossos concorrentes definiam seus produtos como dispositivos móveis, nós poderíamos nos voltar à mobilidade das experiências humanas, experiências possibilitadas pelas nossas tecnologias de nuvem. Essas duas tendências juntas, dispositivos móveis e nuvem, foram fundamentais para nossa transformação. Com efeito, nosso diretor de marketing, Chris Capossela, chegaria a fazer um comercial da Microsoft Cloud baseado num discurso meu sobre o tema. No comercial, o time espanhol de futebol Real Madrid é visto atacando, avançando com rapidez em direção ao gol, enquanto Common, o cantor de hip hop vencedor do Grammy, diz ao público: "Vivemos num mundo de tecnologia móvel, mas não é o dispositivo que é móvel. É você".

O anúncio, embora voltado ao nosso público mais amplo, também nos ajudou a relembrar nossa essência, a alma que quase perdemos. A Microsoft tinha liderado a Revolução dos PCs possibilitando a produção de dispositivos de computação mais acessíveis e em maior volume. Mas o Google, com seu sistema operacional Android gratuito, encontrou um jeito de contornar o Windows e nós demoramos a reagir. Em 2008, o smartphone Android, baseado no Linux, arrebatou uma enorme participação de mercado e hoje roda em mais de 1 bilhão de dispositivos ativados.

Olhando para trás agora, o acordo com a Nokia, anunciado em setembro de 2013, cinco meses antes de eu assumir o cargo como CEO, acabou se tornando outro doloroso exemplo dessa perda. Estávamos desesperados para recuperar o atraso depois de deixar passar a ascensão da tecnologia móvel. A Nokia, que tinha ultrapassado a Motorola na década de 1990, assumindo a liderança como fabricante de celulares, tinha perdido terreno para o iPhone da Apple e os celulares Android do Google. A Nokia saiu da liderança do mercado de celulares, caindo para o terceiro lugar.

Em 2012, em uma manobra arriscada para recuperar o terreno perdido, o CEO da Nokia, Stephen Elop, anunciou que adotaria o Windows como o principal sistema operacional dos smartphones da Nokia. A Nokia e a Microsoft fizeram alguns progressos (chegando a atingir uma participação de mercado de dois dígitos em alguns países europeus), mas continuávamos no terceiro lugar, bem atrás dos dois primeiros colocados. A esperança da aquisição era que combinar as equipes de engenharia e design da Nokia com a equipe de desenvolvimento de software da Microsoft aceleraria nosso crescimento com o

Windows Phone e fortaleceria nosso ecossistema de dispositivos móveis. A fusão poderia ser a grande e dramática manobra que levaria o Windows a alcançar o iOS e o Android nos dispositivos móveis.

A imprensa criticou a ideia e o Conselho de Administração da Microsoft resistiu. Em meio às negociações para comprar a Nokia, Steve Ballmer pediu à sua equipe de liderança, seus subordinados diretos, para decidir por meio de uma votação se deviam ir em frente ou não com a aquisição. Ele queria que os votos fossem abertos, para saber a opinião de cada membro da sua equipe sobre a questão. Eu votei por não ir em frente com a aquisição. Embora respeitasse Steve e entendesse a ideia de aumentar nossa participação de mercado para construir um terceiro ecossistema, eu não entendia por que o mundo precisaria de um terceiro ecossistema nos celulares, a menos que mudássemos as regras.

Alguns meses depois de eu ter me tornado o CEO da Microsoft, o negócio da Nokia foi fechado e nossas equipes se empenharam para relançar o Windows Phone com novos dispositivos e um novo sistema operacional que possibilitaria novas experiências. Mas era tarde demais para recuperar o terreno que tínhamos perdido. Estávamos comendo a poeira dos nossos concorrentes. Meses depois, eu teria de anunciar uma amortização total da aquisição bem como planos para eliminar quase 18 mil empregos, a maioria deles devido à aquisição dos dispositivos e serviços da Nokia. Foi de partir o coração saber que tantos talentos que se dedicaram tanto ao trabalho perderiam o emprego.

Um líder pode aprender muitas lições com a aquisição da Nokia. É sempre arriscado comprar uma empresa com uma participação de mercado fraca. O que a Microsoft mais precisava era de uma abordagem nova e distintiva à computação móvel. De cara, nós erramos ao deixar de reconhecer que nossas maiores forças já faziam parte da alma da nossa empresa: inventar um novo hardware para o Windows, tornar a computação mais pessoal, e levar os nossos serviços na nuvem a qualquer dispositivo e a qualquer plataforma. Só deveríamos ter entrado no mercado de smartphones se tivéssemos um verdadeiro diferencial.

No fim, acabamos seguindo por esse caminho. Direcionamos o nosso foco a desenvolver o Windows Phone, tendo em vista os clientes empresariais. Por exemplo, hoje esses clientes corporativos adoram o Continuum, uma funcionalidade que permite que o celular substitua um PC. Para entrar ainda mais nos dispositivos móveis, adaptamos o Office para rodar em diferentes dispositivos. É com remorso que penso em como aquelas demissões afetaram a vida de tantos talentos da nossa divisão de celulares.

□ □ □

Pouco tempo depois de eu ter assumido o cargo de CEO, Bill Gates e eu caminhávamos de um prédio para outro a fim de conversar com um repórter da *Vanity Fair.* Bill decidiu permanecer no Conselho de Administração, mas não como presidente do Conselho. Ele se concentraria principalmente na fundação que tinha criado com a esposa, Melinda, apesar de ser um eterno apaixonado por software e pela Microsoft. Enquanto caminhávamos, ele falou com entusiasmo sobre um novo produto que eliminaria as fronteiras entre um documento e um site. Falamos sobre como desenvolver uma arquitetura que possibilitaria funcionalidades interessantes para elaborar um relatório, mas, em vez de uma página estática, contaria com todos os recursos de um site interativo. De repente, estávamos mergulhados nos detalhes da proposição, entrando em questões como estruturas de visualização de dados e sistemas de armazenamento. Em certo ponto, Bill olhou para mim, sorriu e disse que estava feliz de poder conversar sobre engenharia de software.

Eu sabia que parte desse processo de redescoberta da alma da empresa incluía trazer Bill de volta, com um envolvimento mais profundo nos elementos técnicos dos nossos produtos e serviços. As conversas com Bill sobre produtos de software são simplesmente lendárias na Microsoft.

Em seu romance cômico de 1994, *Micro Servos*, Douglas Coupland escreveu uma descrição humorística da influência de Bill sobre um programador da Microsoft. Um desenvolvedor chamado Michael se tranca em sua sala às 11 da manhã, depois de receber um e-mail furioso de Bill, que tinha analisado alguns códigos que o desenvolvedor tinha escrito. Nenhum outro funcionário daquele andar tinha sido insultado pessoalmente por Bill antes: "O episódio foi cercado de deslumbramento e ficamos um tanto invejosos". Às 2 e meia da manhã, preocupados com Michael, seus colegas de equipe vão a uma loja de conveniência em busca de alimentos "achatados", como uma pizza, que eles poderiam passar por baixo da porta. Embora essa lenda exagerada não represente exatamente a cultura que eu esperava criar, eu sabia que convencer o nosso fundador a voltar a se envolver no desenvolvimento de produtos inspiraria nosso pessoal e aumentaria nossa capacidade de competir no mercado.

Nos dois primeiros meses do meu mandato, dediquei muito tempo a ouvir, como tinha prometido ao Conselho fazer, naquele memorando de Ação de Graças. Conversei com todos os nossos líderes e fiz questão de continuar saindo do escritório para me encontrar com parceiros e clientes. Enquanto ouvia, tentava encontrar respostas para duas perguntas. A primeira era: por que estamos aqui? A resposta a essa pergunta seria vital para definir a trajetória da empresa nos próximos anos. A segunda pergunta era: o que fazer em seguida? Em uma excelente cena do filme *O candidato*, quando Robert Redford finalmente vence as eleições, ele puxa seu assessor para uma sala e pergunta: "E agora, o que a gente faz?". Para começar, decidi ouvir.

Comecei conversando com centenas de funcionários de todos os níveis e de todas as partes da empresa. Realizamos grupos focais para as pessoas terem a chance de dar sua opinião, sem se identificar. Ouvir era a minha tarefa mais importante do dia porque as informações que eu estava coletando formariam as bases para a minha liderança nos próximos anos.

À minha primeira pergunta, por que a Microsoft existe, a resposta não poderia ter sido mais clara: existimos para criar produtos voltados a empoderar pessoas e empresas. Esse é o sentido que todos nós buscamos incutir no nosso trabalho. Também ouvi muitas ideias e sugestões. Os funcionários queriam um CEO disposto a fazer mudanças importantes, mas que também respeitasse os ideais originais da Microsoft, que sempre envolveram mudar o mundo. Eles queriam uma visão clara, concreta e inspiradora. Queriam ter notícias mais frequentes sobre o progresso da empresa, com transparência e simplicidade. Os engenheiros queriam voltar a liderar, e não apenas seguir. Queriam voltar a trabalhar em uma empresa badalada. Nós já tínhamos uma tecnologia que chamaria muito a atenção da imprensa no Vale do Silício, como uma inteligência artificial de ponta, mas não ostentávamos o que tínhamos. O que eles realmente queriam era um plano para a empresa sair da paralisia. Por exemplo, o Google ganhou manchetes com demonstrações chamativas dos experimentos que a empresa estava fazendo com inteligência artificial, enquanto nós já contávamos com um excelente mecanismo de reconhecimento de fala e de visão, e um avançado aprendizado de máquina, que preferíamos não divulgar. O maior problema que eu tinha identificado, contudo, era como aplicar nossas tecnologias para fazer coisas que representassem nossa identidade e agregar um valor sem igual para nossos clientes.

No que se refere à minha segunda pergunta, o que fazer em seguida, me convenci de que o novo CEO da Microsoft precisaria começar fazendo várias coisas muito bem, já no primeiro ano:

- comunicar com clareza e com frequência nossa missão, nossa visão de mundo e nossas ambições em termos de resultados e inovação;

- promover as mudanças culturais de cima para baixo e colocar a equipe certa no lugar certo;
- firmar novas e surpreendentes parcerias de modo que todos pudessem crescer e encantar os clientes;
- preparar a empresa para se beneficiar da próxima onda de inovação e mudanças na plataforma;
- repensar nossas oportunidades de entrar em dispositivos móveis e na nuvem, e inculcar um senso de urgência na nossa execução;
- defender valores atemporais e recuperar a produtividade e o crescimento econômico para todos.

A lista acima não tem a pretensão de ser uma fórmula para o sucesso, já que a Microsoft ainda está em meio a seu processo de mudança. Ainda vai levar um tempo para sabermos os efeitos das mudanças que estamos realizando.

Entretanto, passamos o período entre meados de 2014 e de 2015 promovendo ativamente as mudanças. Depois de passar os primeiros meses ouvindo com grande intensidade e curiosidade, era hora de agir... e agir com confiança e convicção. Eu tinha entrado na Microsoft para atuar como um "catequizador", que, no setor da tecnologia, é alguém que trabalha para que um padrão ou um produto atinja uma massa crítica. E lá estava eu, anos depois, promovendo a ideia de que precisávamos redescobrir nossa alma. A missão de uma empresa, em muitos aspectos, é uma descrição de sua alma, de modo que decidi começar esclarecendo nossa missão.

Para mostrar que estávamos falando sério e garantir a uniformidade das ideias através de toda uma organização de mais de 100 mil pessoas espalhadas por mais de 190 países, nos empenhamos para fazer a ponte entre nossa missão e nossa cultura. Destilamos nossa missão, nossa visão de mundo, nossas ambições e nossa cultura em uma única página, uma grande façanha para uma empresa que adora enormes apresentações de PowerPoint. Mas aquela foi a parte mais fácil. O mais difícil foi não cair na tentação de fazer ajustes intermináveis. Meu primeiro impulso era querer mudar uma palavra aqui ou ali, incluir uma coluna e fazer pequenas alterações antes de cada apresentação, mas eu me forçava a lembrar que "a uniformidade é melhor do que a perfeição".

A equipe executiva tinha passado muito tempo tentando explicar aquela enorme empresa e a nossa estratégia. Precisávamos desenvolver uma cultura única por toda a organização. O modelo simples que criamos destinou-se a mobilizar as pessoas para concretizar essas ideias.

Meu trabalho nos primeiros anos do meu mandato se concentrou em manter o ímpeto das mudanças na empresa. Para isso, a equipe de liderança sênior e eu tivemos de nos comunicar com frequência e com muita disciplina e coerência. Precisávamos inspirar e impulsionar as mudanças. Lançamos o seguinte desafio: "No fim do próximo ano, se fôssemos julgados em um tribunal de justiça sob a acusação de não termos conseguido concretizar nossa missão, eles teriam provas suficientes para nos condenar?". Mas não bastava dizer coisas interessantes. Todos nós precisávamos arregaçar as mangas e partir para a ação. E nossos funcionários precisavam ver que tudo o que fazíamos reforçava nossa missão, nossas ambições e a nossa cultura. E eles precisavam começar a fazer o mesmo.

As nossas três ambições definiram a maneira como organizamos as equipes e reportamos os resultados. Com base na nossa missão, eu decidia quais empresas e instituições eu visitaria e com quem faria mais sentido conversar. Eu costumava abrir meu roteiro de viagem com uma visita a uma escola ou um hospital da comunidade. Gostei especialmente da chance de comparecer a cerimônias de tribos indígenas da Colômbia e da Nova Zelândia, que me mostraram como usavam a tecnologia da Microsoft para preservar sua história e tradições por gerações e quais eram suas ideias sobre crescimento. Além disso, estávamos dando carta branca para reativar produtos e projetos engavetados, firmando novas parcerias com concorrentes, marcando presença em locais surpreendentes, dando destaque à acessibilidade no design dos nossos produtos, e viajando pelo mundo para engajar nosso pessoal, nossos parceiros e clientes.

Numa quinta-feira, dia 10 de julho de 2014, apenas alguns dias após o início do novo ano fiscal da Microsoft, enviei um e-mail para a empresa inteira, uma espécie de manifesto, às 6h02 da manhã, de modo que a mensagem entrou na caixa postal dos funcionários norte-americanos no começo do dia e antes do fim de semana para os funcionários de outros países. Éramos uma empresa global e precisávamos pensar de acordo: "Para acelerar nossa inovação, devemos recuperar nossa alma, a essência que só nós temos. Há algumas coisas que só a Microsoft pode fazer para o mundo, e todos nós devemos saber quais são essas coisas e nos empenhar para concretizá-las. Com essa atitude, teremos a chance de mudar o mundo mais uma vez. O trabalho que temos diante de nós será mais ousado e mais ambicioso do que qualquer coisa que já fizemos. A Microsoft é uma empresa de produtividade e plataformas, com foco em dispositivos móveis e na nuvem. Vamos reinventar a produtividade para empoderar todas as pessoas e todas as organizações do planeta a fazer mais e chegar a mais realizações".

Escrevi que, para nós, a produtividade vai muito além de documentos, planilhas eletrônicas e slides de apresentação; que deveremos ser obcecados por ajudar as pessoas, mergulhadas num oceano cada vez maior de dispositivos, aplicativos, dados e redes sociais; que criaremos um software mais preditivo, mais pessoal e mais útil; que veremos os clientes como "usuários duais", pessoas que usam a tecnologia no trabalho, nos estudos e em sua vida digital pessoal. No e-mail, incluí a imagem de um alvo e, em seu centro, as palavras "experiências digitais no trabalho e na vida" rodeadas da nossa plataforma de computação em nuvem e dispositivos informatizados. Em breve, o mundo terá três bilhões de pessoas conectadas à internet, a sensores e à Internet das

Coisas. Era verdade que as vendas de PCs estavam desacelerando e era por isso mesmo que precisávamos converter a "coragem em face da realidade" (de Nietzsche) em "coragem em face das oportunidades". Precisávamos conquistar os bilhões de dispositivos conectados, e não ficar nos preocupando com um mercado em retração.

A reação dos funcionários foi imediata. Nas primeiras 24 horas, centenas de funcionários espalhados por todas as partes da empresa e por todo o mundo responderam ao meu clamor, dizendo que tinham ficado inspirados com a ideia de empoderar todas as pessoas do planeta a fazer mais e a chegar a mais realizações, e que conseguiam ver como essa missão se aplicava ao seu trabalho no dia a dia, fossem eles programadores, designers, profissionais de marketing ou técnicos de suporte ao cliente.

Muitos contribuíram com sugestões e ideias. Uma das sugestões de que mais gostei foi questionar a mentalidade rotineira, o jeito convencional de pensar. Por que o Xbox é uma caixa (*box*, em inglês), considerando que o aparelho de TV tradicional e as caixas de TV a cabo estão desaparecendo? E se equipássemos o Kinect, a nossa tecnologia de sensor de movimentos usada em videogames e na robótica, com asas ou rodas para poder procurar chaves ou carteiras perdidas? Muitos me escreveram para dizer que, depois de anos de frustração, finalmente estavam sentindo uma nova energia no ar. Decidi não deixar passar a oportunidade.

Meu e-mail foi enviado à imprensa, que logo se pôs a opinar sobre o futuro da Microsoft sob minha liderança. O *The New York Times* destacou a mudança cultural que estava sendo promovida na empresa. O *Washington Post* elogiou meu "jeito de injetar referências literárias nas entrelinhas". A *Bloomberg* advertiu que, para a Microsoft ter sucesso no mercado corporativo e de consumo, "a empresa vai precisar entregar produtos que façam jus ao discurso". Eles tinham razão. Nós queríamos que os clientes não apenas usassem nossos produtos, mas os adorassem.

Expressar claramente nossa maior razão de ser e nossas ambições foi um bom primeiro passo. Mas eu também precisava montar a equipe certa para me ajudar a orientar essas mudanças. Algumas semanas depois, anunciei que Peggy Johnson, uma executiva de longa data da Qualcomm, entraria na Microsoft para encabeçar o desenvolvimento de negócios, fazendo ofertas para adquirir e firmar parcerias com empresas dedicadas a criar novos e empolgantes produtos e serviços. Em poucas semanas, compramos o *Minecraft*, o popular game on-line, a fim de estimular o engajamento das pessoas na nossa nuvem e nos nossos dispositivos. Algumas semanas depois, anunciei que Kathleen Hogan, que liderava nossa divisão global de consultoria e suporte, com passagens pela McKinsey, uma empresa global de consultoria de gestão, e a Oracle, entraria na Microsoft para assumir os recursos humanos e seria o meu braço direito na promoção da transformação cultural que estava por vir. Convenci Kurt Delbene, que tinha liderado a nossa divisão do Office no passado, a voltar como diretor de estratégia depois de ter sido escolhido a dedo pelo ex-presidente Obama para resolver os problemas da Health.org, o site oficial do Programa de Saúde Pública. Tínhamos duas pessoas encabeçando o Marketing e decidi concentrar as funções em Chris Capossela. Scott Guthrie, que tinha liderado o lado técnico da nossa divisão de nuvem, foi escolhido para liderar a divisão de nuvem e negócios corporativos, nossa divisão de mais rápido crescimento.

Essas mudanças na liderança levaram alguns executivos a sair da empresa. Todos eram talentos brilhantes, mas a liderança sênior precisava ser uma equipe coesa, com uma visão de mundo em comum. Qualquer coisa monumental (um excelente software, um hardware inovador ou até uma instituição sustentável) requer uma grande mente ou um grupo de mentes trabalhando em conjunto. Não estou falando de pessoas que nunca discordam dos chefes. Discussões e questionamentos são fundamentais. É importantíssimo aprimorar e lapidar as ideias uns dos outros. Eu queria que as pessoas se manifestassem e apresentassem suas sugestões e opiniões: "Ah, tem este estudo de segmentação de clientes que eu fiz...", "Existe uma abordagem de fixação de preços que contradiz essa ideia". Nada como um bom e tradicional debate para lapidar as ideias. Mas também é preciso chegar a um acordo. Precisávamos de uma equipe de liderança sênior eficaz, aberta a ouvir e resolver os problemas das pessoas e capaz de promover o diálogo. Precisávamos que todos vissem a equipe de liderança sênior como sua principal equipe, e não apenas como outra reunião da qual tinham de participar. Precisávamos nos alinhar com a missão, a estratégia e a cultura da empresa.

Gosto de pensar na equipe de liderança sênior como uma espécie de Liga de Super-Heróis, em que cada líder do time contribui com um superpoder especial para o bem comum. Amy é a nossa consciência, nos ajudando a manter o rumo e a assumir a responsabilidade por fazer o que nos comprometemos a fazer. Kurt nos força a incluir rigor na estratégia e nas operações. Líderes de produtos, como Terry, Scott, Harry e, mais recentemente, Rajesh Jha e Kevin Scott, se empenham para manter o alinhamento dos planos de produtos, sabendo que, quando a estratégia se desvia alguns centímetros no nível da liderança, as nossas equipes de produtos acabam a quilômetros de distância umas das outras no estágio da execução. Brad nos ajuda a navegar pelo cenário legal e político cada vez mais complexo, sempre encontrando o melhor posicionamento para a empresa em questões nacionais e globais. Kathleen está sempre canalizando a voz dos nossos funcionários. Peggy faz o mesmo para os parceiros da empresa, e Chris, Jean-Philippe Courtois e Judson Althoff levam a bandeira dos nossos clientes. Eles são os verdadeiros heróis da nossa transformação contínua.

Uma coisa que todos nós sabíamos com clareza é que, além da equipe de liderança sênior, precisávamos de um grupo mais amplo de líderes aliados para concretizar nossa missão e criar a cultura necessária. A Microsoft já tinha a tradição de reunir os

150 executivos mais seniores em um retiro anual. Saíamos do escritório e viajávamos para uma região remota e montanhosa, a mais ou menos duas horas da nossa sede. Lá, nos instalávamos em um hotel tranquilo e confortável, onde trabalhávamos para alinhar todas as pessoas ao redor de uma estratégia comum. Esses retiros sempre foram bastante produtivos. As equipes apresentavam planos de produtos e faziam demonstrações dos últimos avanços tecnológicos antes de apresentá-los ao público. E todo mundo gosta da chance de conversar pessoalmente com os colegas durante uma refeição ao lado de uma lareira quentinha.

Havia, porém, um aspecto daqueles retiros que me incomodava muito. Lá estávamos nós, com todo esse talento acumulado, toda essa inteligência reunida em um só local, apenas conversando, numa montanha no meio do mato. Mas, para ser sincero, parecia que a maior parte das conversas se voltava a derrubar as ideias dos outros. Eu não queria mais aquilo. Era hora de apertar o F5 e fazer alguns experimentos. Naquele ano, fizemos várias atividades para simbolizar a mudança e para botar todos os líderes da empresa no mesmo barco. Eu precisava que eles acreditassem na nossa missão e ajudassem a empresa a chegar lá.

A primeira mudança no retiro foi convidar fundadores de empresas que tínhamos adquirido no ano anterior. Esses novos líderes da Microsoft eram orientados à missão, inovadores, e já nascidos no mundo dos dispositivos móveis e da nuvem. Eu sabia que tínhamos muito a aprender com a perspectiva deles, jovem, original e diferente da nossa tradição. O único problema era que a maioria desses líderes não se "qualificava" oficialmente para os retiros executivos da empresa, considerando o nível hierárquico que ocupavam na organização. Para piorar ainda mais as coisas, nem o chefe ou o chefe do chefe deles se qualificava para participar do retiro – lembrando que o retiro era só para os líderes mais seniores da empresa. Posso dizer que minha decisão de convidar esses jovens fundadores não ajudou muito a reforçar a minha popularidade entre os altos executivos da Microsoft, mas os jovens compareceram, deslumbrados, e sem fazer ideia da tradição que estavam ajudando a romper. Chegaram fazendo perguntas. Contando sobre sua jornada. E nos impelindo a melhorar sempre.

Outra decisão que tomei e que não foi recebida de braços abertos por todos foi agendar visitas aos clientes durante o retiro. Muita gente revirou os olhos e rangeu os dentes. Para que nos reunir com clientes durante o retiro? Nós já conversamos com eles no nosso dia a dia: "Você está achando que a gente desconhece as necessidades dos nossos clientes?". Mas rompemos a barreira do ceticismo e marcamos um encontro em uma sala de reuniões, na primeira manhã do retiro. Dividimos o grupo em mais ou menos 12 equipes e depois cada uma embarcou numa van. Cada grupo, liderado por um nervoso gestor de contas, era composto de uma amostra de pesquisadores, engenheiros, vendedores, profissionais de marketing, de finanças, RH e um pessoal operacional; acrescente-se a isso que essas pessoas não estavam acostumadas a trabalhar em equipes multidisciplinares. As vans se dirigiram a locais diferentes por toda a região para ir ao encontro de nossos clientes (escolas, universidades, grandes empresas, organizações sem fins lucrativos, startups, hospitais, pequenas empresas e por aí vai). Os executivos ouviram o que os clientes tinham a dizer. Aprenderam juntos. Tiveram a chance de se conhecer. Tiraram a armadura, livraram-se das armas, descobriram novas maneiras pelas quais a Microsoft poderia cumprir sua missão no mundo. Sentiram o poder de participar de uma equipe diversificada e multidisciplinar, resolvendo juntos os problemas do cliente.

Acho que a coisa mais importante que fizemos naquele retiro experimental foi engajar os líderes num diálogo mais aberto e franco sobre a evolução da nossa cultura. Kathleen Hogan, nossa diretora de RH e meu braço direito naquela empreitada, sabia que precisávamos coletar feedback e conquistar a adesão desse grupo. Depois de um longo dia visitando clientes na região de Seattle, voltamos ao hotel na montanha e dividimos os participantes em 17 grupos aleatórios de umas dez pessoas cada. Uma mesa de jantar foi alocada a cada grupo, que foi encarregado de conversar sobre a cultura da empresa e compartilhar ideias para ajudar a cultura a avançar na direção certa. Alguns executivos acharam que o exercício não levaria a nada e não passava de uma tentativa inútil de engajar os líderes. Afinal, as pessoas estariam cansadas depois de um dia cheio. Elas iam querer relaxar um pouco na companhia de amigos e conhecidos. E diriam que eu e o RH é que deveríamos nos encarregar da cultura.

Contudo, os executivos que pensaram assim não podiam estar mais errados. A conversa acabou se estendendo até tarde da noite, enquanto a equipe executiva trocava figurinhas sobre suas experiências, liderando as próprias equipes e pensando em maneiras de criar a cultura que todos ambicionávamos ter.

No dia seguinte, Kathleen e o líder de cada mesa tomaram o café da manhã comigo para me contar o que tinham aprendido e compartilhar as ideias que haviam tido nas conversas da noite anterior. Estavam empolgados, ansiosos para ajudar, e a energia era simplesmente contagiante. Saí inspirado com todas aquelas ideias e, o que foi ainda mais importante, inspirado com o profundo engajamento e comprometimento que vi naqueles líderes. Sabíamos que não poderíamos desperdiçar aquele ímpeto e montamos uma espécie de comitê cultural, composto dos líderes das mesas, que atuaria como um grupo de assessores de confiança, comprometidos a ajudar a direcionar e liderar a mudança cultural em todas as partes da nossa empresa. A mudança estava vindo de dentro.

Em meados de 2015, nossa equipe de liderança já estava no mesmo barco e remando na mesma direção, e a empresa estava começando a ver nosso progresso. O Windows 10, que seria nossa versão mais ambiciosa de todos os tempos, estava prestes a ser lançado. O lançamento do Surface Pro 3 provaria que tanto as pessoas como as empresas queriam um tablet que pudesse substituir o laptop. Passamos a oferecer o Office para todos os dispositivos, inclusive o iPhone, e nosso O365 baseado na nuvem conquistou quase 10 milhões de assinantes. O Azure, a plataforma de computação em nuvem da Microsoft que competia com a Amazon, crescia rapidamente. Nos meses que se seguiram ao meu e-mail a todos os funcionários, nossa equipe de liderança trabalhou para elaborar as ideias do memorando e decidiu que seria interessante mudar a declaração de missão da empresa. Nossa transformação estava em andamento, embora ainda tivéssemos um longo caminho a percorrer.

Pouco depois do retiro, eu partiria para uma viagem de uma semana pela Ásia, começando em uma importante conferência na China. Eu tinha o hábito de ligar para minha mãe todo fim de semana. Como eu viajaria no sábado, decidi ligar para ela antes de embarcar no avião. Era o *Ugadi*, o dia de ano-novo na nossa região da Índia. Eu tinha me esquecido e minha mãe me desejou um Feliz Ano Novo. Não tive muito tempo para falar porque eu estava atrasado e conversamos rapidamente sobre os eventos da semana e sobre tudo o que estava acontecendo. Como de costume, minha mãe me perguntou se eu estava feliz com o que estava fazendo e lhe garanti que sim. Foi uma bênção, porque, duas horas antes de pousar, recebi um e-mail preocupante de Anu perguntando se eu já tinha desembarcado. Percebi que tinha alguma coisa errada e, após alguma hesitação, fui informado de que minha mãe tinha falecido inesperadamente. Abaladíssimo com a notícia, cancelei minha viagem e fui para Hyderabad. Com o tempo, me dei conta de que, mesmo com todo o pesar resultante da morte de um pai ou de uma mãe, nunca deixei de sentir a proximidade da minha mãe. Ela sempre estará comigo. Sua tranquilidade e presença de espírito continuam até hoje a orientar meus relacionamentos com as pessoas e com o mundo.

Passei um bom tempo refletindo sobre o papel da minha mãe na minha vida e seus incentivos constantes para eu encontrar satisfação no meu viver e um sentido em tudo o que eu fizesse. Foi imbuído desse espírito que me preparei para compartilhar nossa nova missão e cultura com os funcionários da empresa do mundo todo.

Em julho, embarquei num avião para Orlando, Flórida, com um novo otimismo. Todos os anos, em julho, cerca de 15 mil funcionários da Microsoft que trabalham em contato direto com o cliente se reúnem em um encontro global para se informar das últimas estratégias e iniciativas e assistir a demonstrações dos novos produtos de tecnologia sendo desenvolvidos. Aquele encontro seria a minha oportunidade de atualizar os funcionários sobre o nosso progresso e conquistar sua adesão para as mudanças que estavam por vir.

Com a energia de milhares de colegas pulsando na plateia, ensaiei, nos bastidores, como eu apresentaria nossa nova missão e a necessidade de transformar nossa cultura. O pessoal da Microsoft é famoso por fazer intermináveis apresentações de PowerPoint, mas não gosto muito de usar slides ou anotações quando falo. Achei melhor simplesmente dizer o que se passava na minha cabeça e no meu coração e deixar a coisa fluir.

"Um computador em todas as mesas de escritório e em todos os lares", a missão que Bill e Paul tinham apresentado 40 anos antes, na verdade era mais uma meta (e uma meta profundamente inspiradora na época). Quanto mais eu pensava a respeito, mais me convencia de que não havia sido aquela meta que nos motivara a criar computadores pessoais. Qual fora a ideia por trás da primeiríssima linha de código escrita para o Basic naquele computador primitivo, o Altair? Empoderar as pessoas. E era essa ideia que continuava orientando e motivando todas as nossas ações: *empoderar todas as pessoas e todas as organizações do planeta a fazer mais e chegar a mais realizações.*

"Nosso principal negócio é empoderar as pessoas", eu disse quando subi ao palco, "não só empoderar startups e usuários experientes no uso da tecnologia nos Estados Unidos, mas todas as pessoas do planeta. Nossa missão é ajudar pessoas e suas organizações a *fazer mais e chegar a mais realizações.* E é essa ideia que orienta todas as nossas decisões e motiva a nossa paixão. É também o que nos diferencia das outras empresas. Existimos para fazer coisas que ajudam as pessoas a fazer as coisas e a fazer as coisas acontecerem".

Essa é a essência da nossa missão, mas os nossos funcionários e os nossos parceiros de negócio, desde a Accenture até a Best Buy, desde a Hewlett Packard até a Dell, queriam saber mais. Eles queriam conhecer as nossas prioridades. Para cumprir essa promessa de empoderamento, eu disse que precisaríamos concentrar todos os nossos recursos em três propósitos interligados.

Em primeiro lugar, devemos reinventar a produtividade e os processos de negócios. Precisamos ir além de apenas criar ferramentas de produtividade individual e evoluirmos para criar uma plataforma de computação inteligente baseada em quatro princípios: colaboração, mobilidade, um bom sistema de informação, confiança. Não que as pessoas não trabalhem mais individualmente, mas a colaboração é a nova norma, de modo que criamos ferramentas para empoderar equipes. Queremos ajudar todas as pessoas a ser produtivas em qualquer lugar do mundo e com qualquer dispositivo. Dados, aplicativos e configurações (todo o conteúdo) precisam fluir em diferentes dispositivos e plataformas. Um bom sistema de informação é um extraordinário multiplicador de forças.

Para ter sucesso em meio a uma explosão de dados, as pessoas precisam de ferramentas analíticas, serviços e assistentes capazes de usar os sistemas de informação para ajudá-las a administrar seu recurso mais escasso: o tempo. Por fim, tudo deve se basear na confiança. É por isso que investimos pesado em recursos de segurança e conformidade, criando um padrão para as empresas.

Em segundo lugar, criaremos uma plataforma inteligente de computação em nuvem, uma ambição intimamente ligada ao primeiro propósito. Hoje em dia, todas as organizações precisam de novas aplicações e infraestruturas na nuvem capazes de converter grandes volumes de dados em poder preditivo e analítico, aplicando ferramentas analíticas avançadas, aprendizado de máquina e inteligência artificial.

Do ponto de vista da infraestrutura, queremos cumprir a promessa de criar uma plataforma de computação em nuvem global e de grande escala, com dezenas de centros de dados exclusivos espalhados pelo mundo. Ao longo dos anos, vamos investir bilhões de dólares ao ano para construir uma infraestrutura cada vez maior a fim de que nossos clientes possam escalar suas soluções sem se preocupar com a capacidade de sua plataforma na nuvem ou com as complexas demandas de transparência, confiabilidade, segurança, privacidade e conformidade. Nossa nuvem será aberta e oferecerá opções para possibilitar uma ampla gama de plataformas e ferramentas de desenvolvimento de aplicativos. Criaremos nossos produtos de servidores para ocupar as fronteiras da nossa nuvem, dando suporte a uma verdadeira computação híbrida. E o crescimento não será impulsionado apenas pela infraestrutura, mas também pela inteligência que incluiremos nos aplicativos. Vamos oferecer serviços cognitivos cobrindo visão, fala, texto, recomendações e reconhecimento facial, de expressões e emoções. Os desenvolvedores poderão simplesmente utilizar seus APIs para estender as experiências dos usuários, permitindo que as soluções vejam, ouçam, falem e interpretem o mundo ao seu redor. A nossa nuvem inteligente democratizará essas possibilidades tanto para startups e microempresas como para grandes organizações.

Em terceiro lugar, vamos conduzir as pessoas do nível de precisar do Windows ao nível de optar pelo Windows e depois a adorar o Windows, criando uma computação mais pessoal. Assim como transformaremos as empresas e a sociedade por meio da computação em nuvem, também precisaremos revolucionar o local de trabalho para ajudar as organizações e as pessoas a serem mais produtivas.

Lançamos o Windows 10 com base em um novo conceito: transformar o Windows em um serviço, continuamente entregando valor por meio de todos os nossos produtos. Criamos o Windows 10 para possibilitar maneiras inovadoras e mais naturais de interagir e nos engajar com os nossos dispositivos (fazendo uma pergunta em voz alta, desenhando com uma caneta e guardando as nossas coisas mais importantes num cofre que só pode ser destrancado com o nosso sorriso ou o nosso toque). Essas experiências colocam os usuários no centro para que eles possam passar tranquilamente de um dispositivo a outro (do PC, Xbox, celular e Surface Hub ao Microsoft HoloLens ou ao Windows Mixed Reality).

Precisaremos de funcionários e parceiros comprometidos com a transformação que temos pela frente, e também temos de contar com o apoio do mercado financeiro. Amy Hood, nossa diretora financeira, compreendeu muito bem a mudança cultural pela qual precisaríamos navegar. Ela contribuiu para o processo de mudança com uma atenção precisa aos detalhes quantitativos dos nossos negócios. O trabalho dela estava longe de ser fácil.

Antes da minha primeira reunião com os analistas financeiros, Amy me ajudou a traduzir a missão e as ambições da Microsoft usando um linguajar adequado e pontuando objetivos que os investidores precisavam ouvir. Ela me ajudou, por exemplo, a definir a meta de criar um negócio de nuvem de 20 bilhões de dólares, uma meta que os investidores passaram a monitorar a cada trimestre. Essa nova meta nos tirou da defensiva, diante de uma participação cada vez menor nos mercados de PCs e smartphones, e nos colocou na ofensiva. Deixamos de contornar as perguntas e assumimos as rédeas do nosso futuro.

Redescobrir a alma da Microsoft, redefinir nossa missão e delinear os propósitos que ajudariam os investidores e os clientes a expandir nossa empresa, essas eram minhas maiores prioridades. Desde o primeiríssimo dia, a partir do momento em que assumi o cargo de CEO, me preocupei em elaborar a estratégia certa, mas, como disse o guru da administração Peter Drucker, "a cultura deixa a estratégia no chinelo". Concluí minha apresentação daquele dia em Orlando falando da nossa maior façanha e do nosso maior obstáculo: transformar a cultura da Microsoft.

□ □ □

É surpreendente quando uma plateia totalmente lotada, com 15 mil pessoas, cai no mais completo silêncio. E também é estranho não conseguir enxergar nada, cego pelos holofotes. Foi como me senti naquele palco em Orlando. Sentia um nó se formando na minha garganta. Eu estava prestes a falar sobre um tema que seria vital para a Microsoft acertar, mas que também era profundamente pessoal para mim. "Vou concluir falando sobre a nossa cultura. Para mim, nossa cultura é tudo", eu disse.

Ao longo dos anos, Bill e Steve tinham se dirigido muitas vezes aos funcionários. Bill costumava se voltar para o futuro, prevendo as tendências da tecnologia, e descrevendo como a Microsoft pretendia liderar essas tendências. Steve gostava de motivar as pessoas, levando os funcionários a um frenesi de empolgação. Eu tinha usado a primeira parte da minha apresentação para expor nossa nova missão, fundamentada em redescobrir a alma da nossa empresa. Descrevi uma série de novas ambições para a organização. Mas, como eu tinha anunciado naquele memorando de Ação de Graças ao Conselho de Administração, a verdadeira mudança dependia de uma mudança cultural.

"Cultura" pode ser um termo vago e genérico. Em seu excelente livro *A ideia de cultura*, o teórico literário Terry Eagleton escreveu que a ideia de cultura é multifacetada, "uma espécie de inconsciente social". Com a precisão de um bisturi, ele divide a cultura em quatro significados diferentes, mas o mais relevante para uma organização são os valores, os costumes, as crenças e as práticas simbólicas que as pessoas colocam em ação todos os dias. A cultura é composta de atos que se transformam em hábitos e que se acumulam para formar um todo coerente e importante. Eagleton, que mora na Irlanda, observa que uma caixa de correio em seu país evidencia a civilização, mas o fato de todas as caixas de correio serem pintadas de verde evidencia a cultura. Penso na cultura como um sistema complexo, composto de mentes individuais (a mente das pessoas sentadas na plateia). A cultura é o modo de pensar e agir de uma organização, mas são as pessoas que formam a cultura.

Na vida pessoal, foram a linguagem, as rotinas e a mentalidade dos meus pais na Índia e da minha família nos Estados Unidos que fizeram de mim quem eu sou e me orientam até hoje. Tudo o que aquele grupo diversificado de colegas aprendeu na escola em Hyderabad os impulsionou a assumir cargos de liderança no governo, em empresas, nos esportes e no entretenimento. Em todas essas experiências, fui encorajado a ser levado pela minha curiosidade e a expandir as fronteiras da minha capacidade, e estava começando a ver como essa abordagem seria fundamental para a Microsoft, diante de todo o peso de seus sucessos passados.

No início daquele ano, Anu tinha me dado o livro *Mindset: a nova psicologia do sucesso*, de Carol Dweck. A pesquisa da dra. Dweck investiga como superar os fracassos acreditando no nosso potencial: "A opinião que você tem de si mesmo afeta profundamente a maneira como você leva sua vida". Ela divide o mundo em pessoas que gostam de aprender e pessoas que não gostam de aprender, demonstrando que uma mentalidade fixa nos limita e uma mentalidade de crescimento nos impele a avançar. As circunstâncias da nossa vida não passam do ponto de partida. Paixão, empenho e educação podem nos ajudar a decolar e alçar às alturas. (Dweck inclusive escreve sobre o que ela chama de "a doença do CEO", que aflige líderes que não conseguem ter uma mentalidade de crescimento).

Minha esposa não estava pensando no meu sucesso quando me deu aquele livro. Ela estava pensando no sucesso de uma das nossas filhas, que tem problemas de aprendizagem. O diagnóstico da nossa filha nos colocou em uma jornada de descobertas destinadas a ajudá-la. Começamos com a jornada interior, a nossa preocupação com ela, a necessidade de conhecer melhor suas dificuldades. Em seguida veio a ação. Encontramos uma escola em Vancouver, no Canadá, especializada em problemas de aprendizagem como os dela. Passamos cinco anos viajando entre Vancouver, no Canadá, e Seattle, nos Estados Unidos, para reforçar a educação dela em Vancouver e garantir a continuidade dos tratamentos de Zain em Seattle.

Tudo isso impôs vários tipos diferentes de separação: marido e mulher; pai e filhas; mãe e filho. Tínhamos duas vidas, uma em cada país. Anu e eu dirigimos milhares de quilômetros entre Seattle e Vancouver debaixo de chuva, neve e na escuridão, em fins de semana alternados, no decorrer de cinco anos. Foi uma época difícil, mas Anu e as meninas fizeram algumas amizades espetaculares no Canadá. Aprendemos que não éramos as únicas famílias a enfrentar esse tipo de dificuldade. Famílias da Califórnia, da Austrália, da Palestina e da Nova Zelândia convergiam para aquela escola de Vancouver, com variados problemas e dificuldades. Descobri que reconhecer que todo mundo tem suas dificuldades leva a uma empatia universal, uma empatia voltada a crianças, adultos, pais e professores. Aprendemos que a empatia era um valor universal e indivisível. E aprendemos que a empatia é vital para enfrentar os problemas em qualquer lugar, seja na Microsoft ou em casa, seja nos Estados Unidos ou em qualquer país do mundo. E pensar assim também forma um tipo de mentalidade, de cultura.

Ao fazer meu discurso na conferência global de vendas, pensei na empatia que eu tinha pelos meus filhos e na empatia que tinha por todas as pessoas na plateia. "Podemos ter todas as ambições mais ousadas. Podemos ter todos os objetivos mais ousados. Podemos ambicionar concretizar nossa nova missão. Mas tudo isso só vai acontecer se colocarmos em prática a nossa cultura e se ensinarmos a nossa cultura. E, para mim, esse modelo de cultura não é estático. Nossa cultura deve ser dinâmica, de aprendizagem. Na verdade, descrevemos nossa nova cultura com o termo 'mentalidade de crescimento'... porque todas as pessoas, cada um de nós, precisam ter essa atitude, essa mentalidade de sermos capazes de superar qualquer restrição, de enfrentar qualquer obstáculo. Essa atitude é que vai possibilitar o nosso crescimento e o crescimento da nossa empresa."

Expliquei que não estava me referindo ao crescimento dos resultados financeiros. Estava falando do nosso crescimento individual. A nossa empresa vai crescer se todos nós, individualmente, conseguirmos crescer no trabalho e na vida pessoal. Minha esposa, Anu, e eu fomos abençoados com filhos maravilhosos e tivemos de aprender a lidar com as necessidades especiais deles. E esse aprendizado mudou tudo para nós. "Embarquei nesta jornada de desenvolver mais empatia. E minha vida hoje faz mais sentido em virtude dessa nova capacidade de pegar as novas ideias e pegar a minha empatia pelas pessoas, juntar esses dois elementos e poder deixar uma marca maior no mundo. Essa é a minha maior fonte de satisfação na vida. É por isso que eu trabalho na Microsoft. E é isso que eu desejo que todos vocês possam ter, trabalhando nesta empresa."

Nossa cultura precisava se voltar para realizar nossas paixões pessoais e para usar a Microsoft como uma plataforma para concretizar essas paixões. No meu caso, a minha maior satisfação vem da minha paixão de ajudar a disponibilizar tecnologia para pessoas com deficiências, e ajudar a melhorar a vida delas de várias maneiras.

Como meu antecessor, Steve Ballmer, costumava fazer nesses encontros, concluí meu discurso com um chamado à ação, mas dentro de um espírito e de um propósito bem diferentes. Eu estava basicamente pedindo aos funcionários para identificar suas paixões mais profundas e associá-las de alguma maneira à nova missão e cultura da empresa. Com isso, seríamos capazes de transformá-la e mudar o mundo. Pode ser fácil para um CEO vislumbrar essas metas, mas uma missão como essa pode parecer distante e impossível para um profissional de

UMA NOVA MISSÃO E UM NOVO ÍMPETO   103

marketing na Malásia ou um técnico de suporte no Texas, por exemplo. Eu sabia que o desafio que propus no meu discurso poderia ser assustador. Fiquei sem saber se tinha conseguido criar um vínculo com os funcionários ou se eles só estavam perplexos, sem ter ideia do que fazer.

Para não ser totalmente tomado pela emoção, resolvi pular para o último slide e saí rapidamente do palco. Jill me conduziu ao auditório, não ao camarim, e sugeriu: "Assista com eles". Enquanto um vídeo apresentava o nosso progresso naquele ano e as empolgantes oportunidades adiante, possibilitadas pela concretização da nossa missão, entrei no auditório por uma porta lateral. Ninguém me viu ali, o recinto estava escuro. Todos os olhos estavam cravados na tela enquanto eu os observava, tentando sentir a reação deles. Pude sentir o fascínio na sala e vi algumas pessoas enxugando as lágrimas. Foi então que eu soube que estávamos no caminho certo.

CAPÍTULO 4

Renascimento cultural

Dos "sabe-tudo" aos "aprende-tudo"

Alguns dias depois, eu estava em Nanyuki, no Quênia, num cyber-café instalado dentro de um contêiner usando energia solar. A Mawingu ("nuvem", em suaíli) Networks, uma de nossas parceiras no Quênia, fornece serviços de internet a preços acessíveis a comunidades rurais, o que abriu o acesso ao conhecimento tanto para os filhos como para os pais. Para você ter uma ideia, em apenas um ano as notas das crianças na escola subiram acentuadamente.

No cybercafé, parei para bater papo com Chris Baraka, que usa a internet para ganhar a vida escrevendo e ensinando. Também vi lavradores passando por lá para checar os preços de suas culturas agrícolas. Contando com a participação de apenas uma dúzia de gatos-pingados, ninguém poderia adivinhar que eu estava celebrando o lançamento global do Windows 10, um produto da Microsoft que ocupava o centro da nossa estratégia.

Duas décadas antes, o lançamento do Windows 95, com sua dispendiosa música-tema, "Start Me Up", dos Rolling Stones, festas noturnas em lojas de varejo e histeria da mídia, tinha ajudado a criar

105

um fenômeno de lançamentos de software cada vez mais pomposos. Concorrentes começaram a tentar superar os opulentos eventos de lançamento uns dos outros, na esperança de convencer os clientes a comprar. Mas a realidade agora era outra. Precisávamos de uma nova estratégia de lançamento de produtos que refletisse o novo contexto e a nossa nova missão e cultura como empresa. Nosso diretor de comunicações, Frank Shaw, apresentou um plano de lançamento de primeira classe, incluindo espetáculos visuais pomposos e caros, como iluminar a Ópera de Sydney com as luzes coloridas do logo do Windows. Ele achava que o produto precisava desse tipo de imagem inspiradora e, de preferência, que chamasse a atenção da imprensa em cidades como Paris, Nova York e Tóquio para gerar maior cobertura na mídia.

Entretanto, senti que tinha alguma coisa de errado naquela proposta. Eu achava que aquele era o momento de mostrar ao mundo uma Microsoft diferente. Não estávamos conseguindo decidir o que fazer e sugeri um breve intervalo na reunião para tomarmos um café. No intervalo, ouvi por acaso uma conversa entre alguns membros da equipe de liderança: "Acho que a gente deveria lançar o Windows 10 no Quênia". Nós temos clientes, parceiros e funcionários no Quênia. É uma nação muito promissora, onde a transformação digital tinha o potencial de ultrapassar os outros países, com infraestrutura e know-how adequados.

O lançamento do Windows 10 não deveria se centrar em um produto, mas na nossa missão. E, se queríamos mesmo empoderar todas as pessoas do planeta, por que não ir para o outro lado do mundo executar essa missão? Fui para a sala de Frank e propus: "Por que a gente não vai em frente e vê no que dá?".

Eu sabia que tínhamos criado uma solução de conectividade à internet de baixo custo e alta velocidade, que utiliza uma tecnologia inovadora chamada "espaço em branco de TV" (frequências não utilizadas entre canais de televisão) para conectar à internet áreas rurais e pobres como Nanyuki, no Quênia. Poderíamos demonstrar não só o Windows 10, mas também sua relevância para todas as pessoas do planeta, independentemente de onde elas vivem ou de seu status socioeconômico.

Frank parou para refletir e concordou. Afinal, não dava para pensar num jeito melhor de demonstrar nossa nova missão e nossa nova cultura do que no leste da África, uma região que exemplifica tanto os desafios como as oportunidades para a tecnologia transformar e criar crescimento econômico. Tudo bem que não íamos conseguir toda a atenção da mídia com a qual estávamos acostumados, mas estaríamos demonstrando o nosso desejo de levar em conta o contexto de todos os clientes, inclusive os lavradores de uma aldeia africana no meio do nada, para quem as ferramentas tecnológicas podem fazer a diferença entre a miséria e a esperança de uma vida melhor. Ao acolher essa nova mentalidade cultural, poderíamos começar a ouvir, aprender mais e falar menos.

Uma das lições que aprendemos com essa mentalidade de crescimento foi que é simplista demais rotular um país como o Quênia como "economia em desenvolvimento", ou os Estados Unidos como "economia desenvolvida". Os dois países têm clientes instruídos e tecnologicamente experientes, capazes de usar nossos produtos mais sofisticados, e os dois países têm clientes potenciais com pouco ou nenhum conhecimento.

É verdade que um ou outro grupo pode ser mais concentrado em um ou outro país, mas é uma falsa distinção rotular os países simplesmente como "em desenvolvimento" ou "desenvolvidos". O lançamento do Windows 10 no Quênia demonstrou a autêntica globalização da empresa e nos ensinou valiosas lições.

Gosto de pensar que o *C* de CEO representa a *cultura*. O CEO é o curador da cultura de uma organização. Como eu disse aos funcionários em Orlando, tudo é possível para uma empresa quando sua cultura se concentra em ouvir, aprender e mobilizar as paixões e os talentos das pessoas para concretizar a missão da empresa. Criar esse tipo de cultura é o meu principal trabalho como CEO. Eu planejava usar todas as oportunidades à minha disposição (eventos públicos, como o lançamento do Windows 10, ou discursos, e-mails, tuítes, memorandos internos, sessões mensais de perguntas e respostas com os funcionários) para incentivar a nossa equipe a colocar em prática essa cultura de aprendizagem dinâmica.

É claro que não bastam as exortações de um CEO para levar a mudanças culturais concretas, especialmente numa organização enorme e bem-sucedida como a Microsoft. Uma cultura organizacional não é algo que podemos simplesmente descongelar, transformar e voltar a congelar em um formato ideal. É preciso uma ação deliberada e algumas ideias específicas sobre a cultura vislumbrada. Também é preciso ações drásticas e concretas capazes de chamar a atenção da equipe e tirar as pessoas de sua zona de conforto.

Nossa cultura até então tinha sido bastante inflexível. Todos os funcionários precisavam provar a todos que sabiam tudo e eram as pessoas mais espertas da sala. O mais importante era entregar o trabalho no prazo e atingir as metas quantitativas. As reuniões eram formais. Tudo tinha de ser planejado à perfeição, até o último detalhe, antes da reunião. E era difícil fazer reuniões com múltiplos níveis de pessoal (*skip level*), entre a alta administração e os funcionários. Se um líder sênior quisesse mobilizar a energia e a criatividade dos níveis mais baixos na hierarquia, ele não podia se dirigir diretamente a essas pessoas e era forçado a falar com o chefe delas primeiro. A hierarquia dominava a organização e a espontaneidade e a criatividade estavam sendo prejudicadas.

A mudança cultural que eu vislumbrava tinha raízes na Microsoft da época em que eu havia entrado na empresa. Minha visão girava em torno de exercitar todos os dias a mentalidade de crescimento de três maneiras distintas.

Para começar, precisávamos ser obcecados com nossos clientes. Tínhamos de colocar no centro de tudo a curiosidade e o desejo de satisfazer as necessidades não verbalizadas e não satisfeitas dos clientes, oferecendo a eles uma excelente tecnologia. E é simplesmente impossível fazer isso sem buscar conhecer com mais profundidade e empatia suas necessidades. Para mim, não se trata de um ideal abstrato, mas algo que podemos colocar em prática diariamente. Quando conversamos com os clientes, precisamos ouvir. Esse não é um exercício vazio. Precisamos ser capazes de nos adiantar e criar soluções que os clientes vão adorar. Assim é a mentalidade de crescimento. Usamos a mente do iniciante para conhecer nossos clientes e seus negócios e lhes apresentar soluções destinadas a satisfazer suas necessidades. Precisamos ser insaciáveis no nosso desejo de sair pelo mundo para aprender e levar esse aprendizado à Microsoft enquanto inovamos para surpreender e encantar nossos usuários.

Em segundo lugar, atingimos nosso máximo potencial quando buscamos ativamente a diversidade e a inclusão. Se quisermos ajudar o planeta, como declara nossa missão, precisamos refletir o planeta. A nossa força de trabalho deve continuar se tornando cada vez mais diversificada, e precisamos incluir uma ampla gama de opiniões e pontos de vista em nossa forma de pensar e em nossos processos decisórios. Em cada reunião, não se limite a falar. Dê espaço para os outros exporem suas ideias e abra a cabeça para opiniões diferentes das suas. A atitude da inclusão nos tornará abertos a sabermos mais sobre os nossos preconceitos e a mudar nossos comportamentos para podermos mobilizar a energia coletiva de todas as pessoas da empresa. Não precisamos apenas valorizar as diferenças, mas também procurar incluí-las ativamente. E, no fim, o que vai acontecer é que nossas ideias serão melhores, nossos produtos serão melhores e nossos clientes receberão um atendimento melhor.

Por fim, fazemos parte de uma única empresa, uma única Microsoft, e não uma confederação de feudos. A inovação e a concorrência não respeitam os nossos silos, as nossas fronteiras organizacionais, por isso precisamos aprender a superar essas barreiras. Somos uma família de pessoas unidas por uma única missão em comum.

Precisamos agir de acordo com os limites da nossa organização, mas também precisamos sair da nossa zona de conforto e nos empenhar para satisfazer as principais necessidades dos nossos clientes. Algumas empresas fazem isso naturalmente. Por exemplo, as empresas de tecnologia, que já nascem com uma mentalidade de código aberto, compreendem automaticamente essa ideia. Um grupo pode criar um código patenteado, mas pode se manter aberto a sugestões de melhoria vindas de outros grupos, dentro e fora da empresa. Gosto de dizer aos meus colegas que eles não são donos do código. Nosso código pode precisar ser adaptado de um jeito para uma microempresa e de outro jeito para um órgão do governo. É a nossa capacidade de trabalhar em colaboração que faz com que os nossos sonhos sejam dignos de crédito e possíveis. Precisamos aprender a desenvolver as ideias dos outros e a colaborar, cruzando fronteiras, para levar o melhor do que temos aos nossos clientes, atuando como uma única Microsoft.

Quando exercitamos a mentalidade de crescimento tornando-nos obcecados pelos clientes, diversificando-nos e garantindo a inclusão de todos, quando agimos como uma única Microsoft, estamos praticando nossa missão e fazendo uma verdadeira diferença no mundo. Juntos, esses conceitos representam o crescimento baseado na cultura que me propus a inculcar na Microsoft. Fiz questão de falar sobre essas ideias em todas as oportunidades que tive. E busquei ativamente oportunidades de mudar nossas práticas e nossos comportamentos a fim de concretizar e esclarecer a mentalidade de crescimento. Parte da mudança de cultura incluiu dar às pessoas uma abertura, um espaço para elas contribuírem com sua própria voz e suas próprias experiências. A última coisa que eu queria era que os funcionários achassem que a cultura não passava de "uma coisa do Satya". Eu queria que eles vissem a cultura como algo deles, da Microsoft.

Para encorajar a transição para uma cultura de aprendizagem, criamos um hackathon anual, que batizamos de "One Week", no qual os funcionários podiam se reunir no campus para fazer networking, se informar sobre o que os outros estão fazendo, se inspirar e colaborar. Pensando na ideia da mentalidade de crescimento, o encontro fazia todo o sentido. Na subcultura dos programadores de computador, hacking é uma tradição consagrada de contornar limitações e usar a criatividade para resolver um problema difícil ou aproveitar uma oportunidade complexa. No primeiro ano, mais de 12 mil funcionários de 83 países participaram de mais de 3 mil hackings, incluindo ideias para abolir o machismo nos videogames, tornar a computação mais acessível a pessoas com necessidades especiais e melhorar as operações das cadeias de fornecimento industrial.

Foi montada uma equipe com pessoas de diferentes grupos da Microsoft, espalhados por toda a empresa. Essas pessoas queriam ajudar crianças com dislexia a aprender. O hackathon da Microsoft tornou-se um espaço para pessoas com profundidade e paixão, pessoas que trabalhavam em produtos tão variados quanto o OneNote e o Windows, ou no departamento de pesquisa, poderem se reunir e lançar um movimento. Elas começaram pesquisando os avanços científicos envolvendo a dislexia e decidiram se concentrar em um problema conhecido como *visual crowding* (ou "aglomerado visual").

Liderada por um engenheiro de software, a equipe encontrou maneiras de deixar mais espaço entre as letras para aumentar a legibilidade das palavras, mas não pararam por aí. Eles também encontraram maneiras de criar uma função de leitura mais imersiva, com a funcionalidade de realçar textos e a conversão de texto em fala, melhorando ainda mais a compreensão da leitura. Também criaram uma ferramenta para dividir palavras em sílabas e para destacar o verbo e o objeto das frases. Então, pediram o feedback de estudantes e professores. Uma professora chegou a escrever contando o progresso que constatou em sua turma, inclusive de um menino disléxico que só conseguia ler seis palavras por minuto. Mesmo quando conseguia um pouco mais de fluência, ele não conseguia sustentá-la por muito tempo. Quando ele começou a usar as ferramentas que nossa equipe tinha criado, ela notou um progresso imediato. O menino se mostrou mais disposto a tentar fazer as tarefas e sua fluidez na leitura decolou. Ele passou de seis para 27 palavras por minuto em questão de semanas. Outro aluno melhorou tanto que foi transferido para uma turma de leitura mais avançada. A funcionalidade que começou como um projeto do hackathon foi incorporada a alguns dos nossos produtos mais importantes, como o Word, o Outlook e o navegador Edge.

E o hackathon anual de crescimento se transformou em uma tradição da Microsoft. Todos os anos, funcionários (engenheiros, profissionais de marketing, pessoas de todas as áreas) se preparam para o hackathon One Week em seu país de origem, como estudantes que se preparam para uma feira de ciências, trabalhando em equipes para hackear problemas que consideram importantes e criando apresentações destinadas a conquistar os votos dos colegas. Reunidos em tendas batizadas com nomes esquisitos, como Hacknado e Codapalooza, eles consomem milhares de quilos de rosquinhas, frango frito, barras de cereais, café e uma ou outra cerveja para estimular a criatividade. Programadores e analistas de repente se transformam em feirantes de rua, anunciando suas ideias aos brados para quem estiver por perto. As reações variam de perguntas educadas a discussões vigorosas e desafios. No fim, os votos enviados por smartphones são computados, os projetos são avaliados e os vencedores são celebrados. Alguns projetos chegam a receber fundos para serem desenvolvidos como negócios na empresa.

Como coloquei as mudanças culturais na Microsoft no topo da lista de prioridades, as pessoas costumam me perguntar sobre o avanço da iniciativa de transformação. Bem, suponho que minha resposta seja bastante oriental: estamos progredindo muito, mas nunca vamos chegar ao fim. Não é um programa com uma data de início e de término. É um modo de ser. Sinceramente, é assim que eu sou. Adoro ser informado de alguma deficiência ou problema. A pessoa que apontou o problema me deu a dádiva do conhecimento.

Precisamos nos questionar dia após dia: em quais momentos hoje eu demonstrei uma mentalidade fixa? Em quais momentos tive uma mentalidade de crescimento?

Também no meu trabalho como CEO, preciso me fazer essas perguntas. Cada uma das minhas decisões no trabalho pode passar pelo mesmo crivo: a decisão ajudou ou não a Microsoft a se aproximar da mentalidade de crescimento à qual aspiramos?

As decisões de mentalidade fixa são aquelas que reforçam a tendência de continuar fazendo o que sempre fizemos. Sempre que lançávamos uma nova versão do Windows, os usuários existentes do Windows nos pagavam para fazer a atualização. Terry Myerson, o executivo encarregado do Windows e dos dispositivos da Microsoft, usou sua mentalidade de crescimento e propôs abrir mão dessa receita por algum tempo, oferecendo atualização gratuita aos consumidores. Em pouco mais de um ano, o Windows 10 tornou-se a atualização mais popular do Windows, com centenas de milhões de usuários, e esse número continua crescendo. Nós queríamos que os clientes passassem a adorar o Windows e tivessem os dispositivos mais pessoais e seguros do planeta.

Pensando bem, aprendemos muito com a Nokia, apesar de a nossa incursão no mercado de smartphones ter resultado em um doloroso prejuízo. A aquisição da empresa finlandesa de smartphones levou a um crescimento numérico em termos de pessoas e receita, mas acabamos não conseguindo avançar naquele mercado altamente competitivo. Mas o mais importante foi que aprendemos muito sobre os processos de criação de design e produção de hardware.

A aquisição da Mojang, sediada na Suécia, e seu videogame *Minecraft* também refletiu uma mentalidade de crescimento porque renovou a energia e o engajamento das pessoas que trabalhavam nas nossas tecnologias móveis e de nuvem, abrindo novas oportunidades no espaço de software educativo.

A história da aquisição do *Minecraft* ilustra algumas importantes características de uma mentalidade de crescimento, incluindo a prontidão para empoderar e se abrir a pessoas que apresentam insights e paixões com os quais o resto da organização precisa aprender. Neste caso, a pessoa foi Phil Spencer, que lidera o Xbox. Phil sabia que precisávamos ser a plataforma mais atraente do mundo para os jogadores de videogame e sabia que o *Minecraft* tinha uma comunidade gigantesca de jogadores que inventavam e construíam novos mundos nesse jogo virtual que remete ao Lego.

É raro um videogame ser convidado a uma sala de aula, e o *Minecraft* não só era convidado, como era cobiçado. Os professores adoram o jeito como o jogo encoraja a construção, a colaboração e a exploração. É uma espécie de caixa de areia em 3D num parquinho infantil. Se o currículo escolar inclui a construção de um ecossistema fluvial com pântanos, o *Minecraft* pode fazer isso. Se o rio precisar fluir, a função lógica do *Minecraft* pode fazer isso acontecer. Ele ensina a cidadania digital por ser um jogo com múltiplos jogadores. Doze alunos em uma sala de aula podem ser instruídos a construir uma casa e, em poucos minutos, eles formam equipes e colocam as mãos na massa, em um prenúncio de como será o trabalho no futuro.

Phil e sua equipe desenvolveram um excelente relacionamento com o estúdio sueco de games e conseguiram expandir a franquia do *Minecraft* para vários dispositivos, incluindo celulares e consoles de games. No começo do relacionamento da Microsoft com a Mojang, antes de eu ser nomeado CEO, Phil tinha apresentado a oportunidade de comprar o *Minecraft*, mas o chefe de Phil na época optou por não seguir em frente. Uma rejeição de tamanha visibilidade nos altos escalões da empresa teria desanimado alguns, mas Phil não desistiu. Ele sabia que aquele game tinha chances de se expandir e ter muito sucesso. Ele também sabia que, para a Microsoft, trazer o *Minecraft* para o nosso ecossistema poderia levar a um engajamento mais profundo da próxima geração de gamers. Ele sabia que nossa nuvem poderia ajudar o jogo a se expandir e atingir todos os cantos do planeta.

Phil manteve um excelente relacionamento com a Mojang, trabalhando para conquistar a confiança da empresa, e um dia a equipe de Phil recebeu uma mensagem de texto anunciando que a empresa estava à venda novamente. Eles poderiam ter procurado qualquer um dos nossos concorrentes, mas voltaram a procurar a Microsoft. Phil tinha sido nomeado para liderar o Xbox e eu tinha acabado de assumir como CEO da empresa. Ele me reapresentou a proposta para consideração. Achei que poderíamos aplicar os pontos fortes da Microsoft ao produto, preservando a integridade e a criatividade do pequeno grupo independente que tinha inventado o game. Batemos o martelo em uma aquisição de 2,5 bilhões de dólares. Hoje, o *Minecraft* é um dos games mais vendidos da história, para PC, Xbox e celular. O jogo conta com um enorme e duradouro engajamento de seus usuários. Bill Gates e Steve Ballmer, que ainda estavam no Conselho quando o acordo foi apresentado, depois deram risada e disseram que demoraram a perceber a lógica da manobra. Agora, todos nós percebemos.

A aquisição refletiu a mentalidade de crescimento e destacou o empoderamento individual, mostrando o que uma pessoa ou uma equipe pode fazer, apesar de todos os obstáculos.

Embora eu não saiba exatamente o que pensar quando pessoas de fora me perguntam sobre o progresso das mudanças culturais da empresa, não é difícil ver que a Microsoft está mudando. Se você quiser conhecer a cultura de uma empresa de software, basta comparecer a uma reunião que inclui engenheiros de diferentes divisões da empresa. São pessoas brilhantes e apaixonadas pela criação de excelentes produtos, mas será que estão alinhados com o que os clientes precisam e querem? Eles contribuem com diferentes opiniões e competências ao escrever o código? E agem como se estivessem na mesma equipe, apesar de trabalhar em divisões diferentes? As respostas a perguntas como essas nos ajudam a avaliar em que pé a nossa cultura está. Podemos ver com clareza se estamos demonstrando uma mentalidade de crescimento. Se realmente estamos centrados no cliente. Se somos diversificados e inclusivos. Se agimos como uma empresa única.

Isso me lembra um encontro, em 2012, dos principais engenheiros de toda a Microsoft. O encontro fazia parte da série WHiPS (sigla de Windows High-Powered Summits, algo como Encontros Dinâmicos do Windows), concebida para criar oportunidades de melhorar os produtos e resolver problemas que dependem da colaboração de engenheiros de diferentes bases de codificação. Muita gente se sentia dona dos códigos e se orgulhava muito deles. E, para minha consternação, o encontro degringolou e se transformou numa sessão de lamúrias e queixas. Um desenvolvedor anunciou ter feito uma melhoria na base de codificação do Windows que ajudaria a resolver um problema que os clientes tinham encontrado num aplicativo que rodava no Windows. Apesar de ele ter resolvido o problema, os desenvolvedores do Windows não estavam aceitando o novo código. A conversa rapidamente se transformou em uma briga, chegando a ofensas pessoais. Não era o tipo de cultura que queríamos para nossa empresa.

Quando compareci a outro WHiPS alguns anos depois, vi uma cultura bem diferente. Um desenvolvedor anunciou que tinha encontrado um jeito de fazer uma captura de tela de uma imagem em movimento, uma grande melhoria em relação à nossa ferramenta existente, que só conseguia capturar imagens estáticas. Era um pequeno código capaz de representar uma grande diferença para um designer ou editor. Em 2012, porém, essa correção ainda não tinha sido integrada ao código do Windows. No que diz respeito a uma mentalidade de crescimento, esse "ainda" faz uma enorme diferença.

Terry Myerson, o líder do Windows, interferiu antes de as pessoas começarem a brigar e apontar culpados. "Mande o código de novo e vamos cuidar disso."

Mesmo em 2012, já tínhamos a energia para realizar a mudança cultural, mas precisávamos criar um canal para viabilizar a transformação. Precisávamos derrubar a barragem e deixar a mudança fluir. E isso estava começando a acontecer.

A chave para a mudança cultural foi o empoderamento individual. Às vezes, subestimamos o que cada um de nós pode fazer para que as coisas aconteçam e superestimamos o que os outros precisam fazer por nós. Era necessário deixar de presumir que os outros têm mais poder sobre nós do que nós mesmos. Em certa ocasião, numa sessão de perguntas e respostas com os funcionários, me irritei quando alguém me perguntou: "Por que não tenho como imprimir um documento do meu celular?". Respirei fundo e respondi: "Faça acontecer. Você tem carta branca".

Em outra ocasião, em um grupo de bate-papo no Yammer, nosso serviço corporativo de mídia social para discussões internas, as pessoas reclamaram que alguém estava deixando caixinhas de leite meio vazias na geladeira do escritório. Parece que alguém estava abrindo caixas individuais de leite, usando um pouco e deixando o resto para os outros usarem. Mas ninguém queria correr o risco de usar o leite de uma caixa individual aberta que podia estar começando a estragar. A discussão estava bombando no Yammer e mandei uma mensagem de vídeo tirando sarro e observando que a situação era um bom exemplo da mentalidade fixa.

Não é fácil mudar uma cultura. Dá muito trabalho. A maior fonte de resistência à mudança é o medo do desconhecido. Questões importantes, sem uma resposta clara, podem ser assustadoras.

Pense numa das perguntas que vivemos tentando responder: qual é a plataforma de computação do futuro? O Windows passou décadas sendo a plataforma dominante nos PCs, mas agora precisamos vislumbrar uma nova era. A nuvem e suas fronteiras, com experiências multissensoriais e multidispositivos, possibilitarão novos computadores e novos recursos computacionais sensíveis à presença humana e capazes de reagir a preferências individuais. Estamos dando duro para criar a melhor experiência possível de computação, combinando realidade mista, inteligência artificial e computação quântica. Ainda não sabemos qual dessas tecnologias vai dominar o mundo da computação em 2050. E nada impede que surja um novo avanço revolucionário com o qual ainda nem sonhamos...

Qualquer pessoa que alegue ser capaz de prever com precisão a trajetória futura da tecnologia não é confiável. No entanto, com uma mentalidade de crescimento, podemos nos adiantar às incertezas e reagir a elas. O medo do desconhecido pode nos fazer atirar para todos os lados e talvez até acabemos atolados na inércia e na paralisia. Líderes precisam ter a coragem de inovar diante do medo e da inércia. Precisamos abraçar a incerteza, correr riscos e avançar rapidamente quando cometemos erros, reconhecendo que os fracassos são inevitáveis se quisermos dominar alguma coisa. Às vezes, podemos ser como um pássaro aprendendo a voar. Passamos um bom tempo correndo e batendo as asas em falso. Aprender a voar não é muito elegante, mas voar é lindo.

Se você quiser ver como é bater as asas em falso na tentativa de voar, entre em qualquer ferramenta de busca e procure o meu nome, "Satya Nadella", e a palavra "carma". Num dia de outono em Phoenix, no Arizona, eu estava participando de uma homenagem às mulheres na informática, o maior encontro mundial de tecnólogas. Diversidade e inclusão são dois fatores fundamentais para a construção da nossa cultura na Microsoft, mas tanto a empresa quanto o setor como um todo ainda estavam bem longe de chegar lá.

De acordo com um relatório, as mulheres nos Estados Unidos constituíam 57% da força de trabalho em 2015, mas apenas 25% trabalhavam nos setores de informática e computação. O problema é real e só tende a piorar se nada for feito, já que o número de empregos no setor de tecnologia não para de crescer. Sou líder de uma empresa, marido e pai de duas adolescentes, e acho que essa incapacidade de atrair e reter mulheres no setor de informática e computação não é um bom negócio, além de ser errado. O que torna o que eu disse naquele dia em Phoenix ainda mais desconcertante, para não dizer embaraçoso.

No começo da entrevista, fui muito aplaudido quando disse que não podemos nos contentar com justificativas do tipo "mas fazer o quê, se as mulheres não se candidatam aos empregos do setor?". O maior problema que precisa ser resolvido é como levar mais mulheres às organizações. Mas, perto do fim da entrevista, a dra. Maria Klawe, cientista da computação, presidente da faculdade Harvey Mudd College e ex-membro do conselho da Microsoft, me perguntou o que eu recomendaria às mulheres que acham que merecem um aumento salarial, mas têm medo de pedir. A pergunta é excelente porque sabemos que as mulheres saem do setor quando não são devidamente reconhecidas e remuneradas. Eu só queria poder voltar no tempo e ter dado uma resposta à altura. Mas a minha resposta foi horrenda. Parei por um momento e me lembrei de um ex-presidente do Conselho da Microsoft que me disse que os sistemas de recursos humanos são eficientes no longo prazo, mas ineficientes no curto prazo. Em outras palavras, com o tempo as pessoas são remuneradas e reconhecidas por seu bom trabalho, mas nem sempre em tempo real. "A questão na verdade não é pedir o aumento, mas ter fé que o sistema vai acabar dando os aumentos certos com o tempo", foi a minha resposta. "E esse pode ser um superpoder adicional para as mulheres que não pedem aumento, porque elas estarão criando um bom carma. Tudo volta. A eficiência do sistema no longo prazo resolve automaticamente o problema."

A dra. Klawe, por quem tenho um profundo respeito, retrucou com gentileza. "Essa é uma das poucas questões nas quais discordo de você", ela disse, provocando alguns aplausos na plateia. E então usou a oportunidade como um momento para nos instruir, dirigindo seus comentários às mulheres na plateia, mas claramente me dando uma lição da qual jamais me esquecerei. Ela falou de uma ocasião na qual lhe perguntaram qual salário seria suficiente e ela respondeu apenas "o que for justo". Mas, por não se defender, acabou não recebendo um salário justo. Tendo aprendido essa lição da maneira mais difícil, ela encorajou a plateia a pesquisar e se informar sobre o salário adequado. No fim da entrevista nos abraçamos e saí do palco com aplausos pouco efusivos. Mas já era tarde demais. Foi uma verdadeira enxurrada de críticas, merecidas e mordazes, varrendo as mídias sociais e o rádio, a TV e jornais do mundo inteiro. Minha gerente-geral leu para mim o seguinte tuíte: "Espero que a diretora de comunicações de Satya seja uma mulher e esteja pedindo um aumento, neste exato momento".

Na verdade, saí da conferência inspirado e energizado, mas fiquei furioso comigo mesmo por ter perdido uma oportunidade tão importante de mostrar o meu comprometimento e o da Microsoft de aumentar o número de mulheres que contratamos em todos os níveis do setor. Fiquei frustrado, mas também decidido a usar o incidente para tentar demonstrar na prática a mentalidade do crescimento sob pressão. Poucas horas depois, mandei um e-mail a todos os funcionários da empresa. Sugeri que assistissem ao vídeo e fiz questão de observar que eu tinha dado uma resposta terrível. "Apoio de corpo e alma qualquer programa da Microsoft e da indústria voltado a incluir mais mulheres no setor e a reduzir a diferença salarial entre homens e mulheres. Acredito que homens e mulheres devam receber o mesmo salário pelo mesmo trabalho. E, quanto a pedir um aumento salarial, se você achar que o aumento é merecido, esqueçam o que eu disse e sigam o conselho da Maria. Se vocês acham que merecem aumento, não fiquem esperando de braços cruzados: peçam." Alguns dias depois, em uma sessão de perguntas e respostas com todos os funcionários, eu me desculpei e expliquei que tinha ouvido esse conselho de um mentor e que sempre segui sua recomendação. Mas o conselho subestimava a exclusão e o preconceito, tanto conscientes como inconscientes. Qualquer conselho que defenda a passividade diante do preconceito está equivocado.

Os líderes precisam agir e direcionar a cultura para erradicar os preconceitos e criar um ambiente onde todos possam defender os próprios interesses. Eu tinha ido àquela conferência em Phoenix para aprender e aprendi uma lição inesquecível. Mas posso dizer que aprendi ainda mais com as histórias de mulheres que respeito profundamente, histórias sobre os preconceitos que enfrentaram no início da carreira. Aquelas mulheres, hoje poderosas, me contaram que foram orientadas a sorrir mais, impedidas de entrar no "Clube do Bolinha", e tiveram de tomar a difícil decisão de escolher entre dar um tempo na carreira depois de ter um filho ou galgar implacavelmente pela hierarquia. E também me vi pensando sobre os sacrifícios que minha mãe fez por mim e a difícil decisão que Anu tomou de abandonar sua promissora carreira como arquiteta para passar mais de duas décadas dedicada a cuidar de Zain e das nossas duas filhas. Foi ela que possibilitou meu avanço na Microsoft.

Desde aquela conferência em Phoenix, a Microsoft se comprometeu a promover mudanças concretas na área, vinculando a remuneração dos executivos a avanços na diversificação da equipe, investindo em programas de diversidade, e divulgando ao público informações sobre igualdade salarial para minorias sexuais, raciais e étnicas. De certa maneira, foi bom ter pisado na bola naquela conferência porque a gafe me ajudou a confrontar um preconceito inconsciente que eu não sabia que tinha e me ajudou a desenvolver uma nova empatia pelas mulheres da minha vida e da empresa.

Aquele incidente me levou a refletir sobre a minha própria experiência como imigrante. Nunca me incomodei muito com as piadinhas racistas contra os indianos que fui forçado a ouvir quando me mudei para os Estados Unidos. Eu simplesmente não dava muita atenção, o que admito não ser muito difícil para um homem pertencente a uma maioria racial e que teve uma criação privilegiada na Índia.

Mesmo quando algumas pessoas em cargos de poder observavam que o setor da tecnologia tem CEOs asiáticos demais, eu apenas dava de ombros quando ouvia esses comentários ignorantes. Mas, à medida que envelheço e observo a segunda geração de indianos (meus filhos e os amigos deles) crescendo como parte de uma minoria racial nos Estados Unidos, não posso deixar de pensar nas diferenças entre as nossas experiências. Fico furioso só de pensar nos comentários racistas e na ignorância que serão forçados a enfrentar na vida.

Quando entrei na Microsoft, os engenheiros e os programadores indianos sabiam que, apesar das nossas contribuições, nenhum de nós ainda tinha sido promovido a vice-presidente, uma posição que reconhece um líder como alto executivo da empresa. Nós até conseguíamos avançar, mas o limite era claro. Um executivo sênior que saiu há muito tempo da empresa chegou a dizer a um colega indiano que o problema era o nosso sotaque, uma ideia tão depreciativa quanto antiquada. Eram os anos 1990 e me surpreendi ao ver tanto preconceito numa empresa de vanguarda, especialmente uma empresa liderada e fundada por líderes tão abertos. Mas era verdade que a empresa não tinha nenhum vice-presidente indiano, apesar do alto desempenho de tantos engenheiros e gestores indianos. Foi só em 2000 que eu e alguns outros indianos fomos promovidos para o escalão executivo.

Não sei se foi devido à nossa cultura ou a alguma lição que aprendemos pelo caminho, mas acreditávamos que, se trabalhássemos duro e evitássemos nos indispor ou chamar muita atenção, acabaríamos sendo recompensados. Um dos meus colegas na época, Sanjay Parthasarathy, tornou-se uma grande influência na minha vida pessoal e profissional. Não nos conhecemos na Índia, mas Sanjay tinha jogado críquete sob o comando do capitão da minha escola, no campeonato internacional U-19, representando a região Sul do país. Na Microsoft, nós simpatizamos imediatamente um com o outro. Entre nossa paixão pelo críquete e pela tecnologia, nunca ficávamos sem assunto. Ele me disse que eu precisava botar na minha cabeça que o céu é o limite.

Eu precisava me empenhar... não para subir na hierarquia, mas para fazer um trabalho importante. Olhando para trás agora, sei que qualquer pessoa que se sente como um peixe fora d'água pode atingir o sucesso, mas o sucesso requer tanto um chefe esclarecido quanto um subordinado dedicado. Um chefe pode ser exigente, mas também deve ter empatia para saber o que motiva seus funcionários. E um funcionário pode evitar conflitos, não chamar atenção e trabalhar duro, mas também tem o direito de esperar um plano de carreira que o leve a cargos de maior responsabilidade e reconhecimento. É importante ter um equilíbrio.

Pensando na minha própria experiência e em tudo o que aprendi com os colegas, sei como é difícil trabalhar numa empresa na qual todos são diferentes de você e viver numa comunidade onde você é diferente da maioria dos vizinhos. Como encontrar exemplos com os quais você pode se identificar? Como encontrar mentores, orientadores e patrocinadores que podem ajudá-lo a ter sucesso sem esconder quem você realmente é?

O setor da tecnologia, inclusive a Microsoft, simplesmente não é tão diversificado quanto deveria ser. E, fora do trabalho, as minorias também podem se sentir isoladas. Por exemplo, em King County, no estado de Washington, um condado que inclui Redmond, Bellevue e Seattle, 70% da população é branca. Apenas 7% são afro-americanos, e os latinos e hispânicos constituem menos de 10%. Para ajudar a criar comunidades de pessoas com formações e interesses similares, a empresa tem uma longa tradição de grupos sub-representados se organizando em grupos de funcionários, como o grupo de negros – Blacks at Microsoft (BAM) – e o grupo de mulheres – Women at Microsoft. No total, temos sete grandes grupos de minorias e 40 redes sociais específicas. Esses grupos promovem conversas on-line, organizam encontros, fornecem serviços de mentoria e desenvolvimento profissional, promovem ações de envolvimento com a comunidade, e conectam as pessoas com a comunidade dentro e fora do trabalho. E, o que é mais importante, eles se ajudam. Quando nossos colegas afro-americanos se viram diante dos trágicos episódios de violência e morte de vítimas inocentes nos Estados Unidos, em 2016, a comunidade BAM foi uma grande fonte de contato e apoio. Após o massacre na casa noturna de Orlando, o grupo de discussão por e-mail da GLEAM, o grupo de funcionários da comunidade LGBTQ da Microsoft, proporcionou um espaço seguro para seus integrantes expressarem seus temores e preocupações. Todo mundo precisa de uma cultura na qual seja ouvido e apoiado.

□ □ □

Como eu disse anteriormente, "cultura" pode ser um termo vago e genérico. É por isso que tomamos o cuidado de definir muito bem a cultura desejada. E é por isso que mensuramos tudo. Quando se trata de seres humanos, os dados não são perfeitos, mas não temos como monitorar o que não podemos mensurar. Pensando assim, conduzimos levantamentos frequentes com os funcionários para saber o que eles estão pensando e como estão se sentindo.

Depois de três anos mantendo um foco intenso no desenvolvimento da cultura, começamos a testemunhar alguns resultados animadores. Os funcionários nos disseram que achavam que a empresa estava avançando na direção certa, que estávamos tomando as decisões certas para garantir o sucesso da empresa, e que grupos diferentes por toda a empresa estavam colaborando mais. Era exatamente o que esperávamos.

Contudo, também vimos algumas tendências pouco animadoras. Quando perguntamos aos funcionários se seu vice-presidente ou líder de grupo priorizava o desenvolvimento de talentos, os resultados foram piores do que antes do início do nosso projeto de transformação da cultura. Até os funcionários mais otimistas vão desanimar se não tiverem oportunidades de crescer na empresa. Eu tinha definido uma missão clara e vislumbrado uma cultura de empoderamento. Os funcionários e os líderes seniores tinham aderido à ideia, mas tínhamos um elo perdido: a gestão de nível médio.

Foi um pouco desanimador, mas, pensando bem, dava para entender por quê. Como eu disse, nossa missão poderia parecer distante e impossível para os funcionários naquela plateia escura em Orlando. A visão da cultura organizacional para um gerente de nível médio – que corre de um lado para outro para apagar incêndios no dia a dia – é como espiar pelo buraco de uma fechadura, em comparação com a visão panorâmica de um CEO. Um levantamento conduzido pela *Harvard Business Review* constatou que os líderes seniores das empresas empregam menos de 10% do seu tempo no desenvolvimento de líderes de alto potencial. Se nem os executivos mais seniores conseguem achar tempo para ajudar seus subordinados a atingir seu máximo potencial, a trajetória de crescimento para a maioria dos funcionários pode ser bastante estática.

Depois de analisar os resultados do nosso levantamento, usei o próximo encontro, com cerca de 150 dos líderes mais seniores da empresa, para contar algumas histórias e esclarecer as minhas expectativas. Comecei falando sobre um gestor anônimo da Microsoft que tinha me procurado outro dia para me dizer que estava adorando a nova mentalidade de crescimento da empresa e tinha arrematado o comentário dizendo: "Ah, falando nisso, Satya, conheço cinco pessoas na empresa que não têm mentalidade de crescimento". O sujeito só estava usando mentalidade de crescimento para encontrar um novo jeito de se queixar dos outros. Não era o que a gente tinha em mente.

Eu disse àqueles líderes de alto potencial que, assim que eram promovidos à vice-presidência e passavam a ser considerados parceiros na iniciativa, perdiam todo direito de se lamuriar. Eles não podiam mais reclamar do café do escritório, que ninguém sabe trabalhar direito, ou que não ganharam o bônus.

"O trabalho de um líder desta empresa é encontrar pérolas na lama."

Pode não ter sido a declaração mais poética do mundo, mas eu queria que aqueles executivos parassem de focar os problemas e voltassem seu olhar para o que estava certo na empresa, ajudando as pessoas a também ver isso. As restrições são reais e sempre nos acompanharão, mas os líderes precisam se dedicar a superar as restrições. Eles precisam fazer as coisas acontecer. Cada organização vai usar um vocabulário diferente, mas eu tenho três expectativas (três princípios de liderança) para todos os líderes da Microsoft.

A primeira é esclarecer as coisas para os subordinados. Essa é uma das tarefas básicas que os líderes executam todos os dias, a cada minuto que passa. Para esclarecer, é preciso saber sintetizar o complexo. Os líderes pegam os ruídos internos e externos e os empregam para sintetizar uma mensagem, identificando o verdadeiro sinal em meio à barafunda. Eu não quero saber se fulano ou sicrano é o sujeito mais inteligente da sala. Quero saber que eles pegaram essa inteligência e usaram para ajudar sua equipe a entender a situação a fundo e definir um plano de ação.

Em segundo lugar, os líderes devem energizar não só a própria equipe como a empresa toda. Não basta se concentrar exclusivamente na sua própria unidade. Os líderes precisam inspirar otimismo, criatividade, comprometimento e crescimento em épocas de vacas gordas e magras. Eles devem criar um ambiente onde todos possam dar o melhor de si. E devem criar organizações e equipes que serão mais fortes amanhã do que hoje.

Em terceiro e último lugar, eles precisam encontrar uma maneira de atingir o sucesso, de fazer acontecer. Eles precisam levar os funcionários a se empolgar com as inovações; encontrar um equilíbrio entre o sucesso no futuro e os ganhos imediatos; e buscar soluções sem se deixar restringir por fronteiras, mantendo uma visão global.

Eu adoro esses três princípios de liderança. O núcleo da minha mensagem é: mudar a cultura da Microsoft não depende de mim, nem do punhado de líderes com os quais eu trabalho em estreito contato. Depende de todas as pessoas da empresa, inclusive o nosso vasto quadro de gerentes de nível médio, que devem se dedicar a melhorar todas as pessoas com quem trabalham, dia após dia.

Posso dizer que tenho uma enorme empatia pelos outros líderes e acho que o meu trabalho é ajudá-los a melhorar ainda mais. A liderança pode ser solitária. E também pode ser uma posição tumultuada. Quando um líder entra na arena, especialmente na ruidosa câmara de ressonância das mídias sociais de hoje em dia, ele pode se ver diante da tentação de tomar decisões para obter gratificação imediata. Mas nosso olhar deve se voltar para o longo prazo, e não devemos levar em consideração o que alguém vai tuitar neste momento ou escrever no jornal amanhã. Espero, de mim mesmo e dos líderes que trabalham comigo, decisões criteriosas e um profundo senso de convicção. Tome a decisão, mas não suponha que a sua equipe vai chegar a um consenso.

A Microsoft precisava de robustas parcerias entre os líderes de toda a empresa e entre as equipes. Mas essa mesma mentalidade de crescimento também era necessária externamente. O cenário competitivo tinha mudado muito na década anterior e passou a ser necessário firmar novas e surpreendentes parcerias tanto com amigos como com ex-inimigos.

CAPÍTULO 5

Amigos ou inimigos?

Estabeleça parcerias antes de precisar delas

Algumas pessoas engasgaram e outras mal disfarçaram o riso na plateia quando enfiei a mão no bolso do paletó e tirei um iPhone. Ninguém jamais tinha visto um CEO da Microsoft ostentando um produto da Apple. Principalmente na conferência de vendas de um concorrente.

"Este é um iPhone muito especial", eu disse à plateia no encontro anual de marketing da Força de Vendas, quando a multidão se acalmou. A Força de Vendas ao mesmo tempo concorre e atua em parceria com a Microsoft no mercado de serviços on-line. "Gosto de chamá-lo 'iPhone Pro', porque está equipado com todos os softwares e aplicativos da Microsoft."

Na enorme tela atrás de mim, o smartphone apareceu em close. Um a um, os ícones dos aplicativos foram sendo apresentados: algumas versões para o iPhone de clássicos da Microsoft como Outlook, Skype, Word, Excel e PowerPoint, além de aplicativos móveis mais recentes, como Dynamics, OneNote, OneDrive, Sway e Power BI. A plateia aplaudiu efusivamente.

Ver o CEO da Microsoft demonstrar aplicativos da empresa em um iPhone criado e fabricado pela Apple, um de nossos maiores e mais antigos concorrentes, foi surpreendente e até revigorante. A rivalidade entre a Microsoft e a Apple tem sido tão proeminente – inclusive litigiosa – que as pessoas esquecem que nossa empresa cria software para o Mac desde 1982. Hoje, uma das minhas maiores prioridades é garantir que nossos clientes, que totalizam mais de 1 bilhão de usuários, não importa qual celular ou plataformas optem por usar, tenham suas necessidades satisfeitas para que possamos continuar a crescer. Para atingir esse objetivo, às vezes temos de fazer as pazes com antigos rivais, buscar novas e surpreendentes parcerias e retomar relacionamentos de longa data. Com os anos, amadurecemos a ponto de nos tornar obcecados com as necessidades dos clientes, e aprender a coexistir e competir ao mesmo tempo.

No capítulo anterior, escrevi sobre a importância de fomentar a cultura certa. Parcerias saudáveis (muitas vezes difíceis, mas sempre mutuamente benéficas) são um produto natural e extremamente necessário da cultura que estamos promovendo. Steve Ballmer me ajudou a internalizar essa lição com seus três Cs. Imagine um alvo com três círculos concêntricos. O círculo externo representa os *conceitos*. A Microsoft, a Apple ou a Amazon podem ter uma ideia empolgante para um produto empolgante, mas será que basta ficar no mundo das ideias? Uma organização pode ter uma visão conceitual (um sonho repleto de novas ideias e novas abordagens), mas será que tem o segundo círculo, as *competências*? Será que detém os conhecimentos de engenharia e design necessários para concretizar sozinha esse conceito? E, por fim, no centro do alvo, temos uma *cultura* capaz de abarcar os novos conceitos e as novas competências sem sufocá-los. Uma empresa precisa de parcerias inteligentes para garantir os três Cs e criar e manter produtos inovadores capazes de encantar os clientes. Os conceitos são melhores e as competências são mais abrangentes quando a cultura se abre a parcerias. Duas ou mais cabeças realmente pensam melhor do que uma.

Alguns anos atrás, a Apple criou um conceito segundo o qual acreditava poder se beneficiar de uma nova parceria com as competências e a cultura da Microsoft. Pouco depois de eu me tornar CEO da Microsoft, decidi que precisávamos levar o Office a todos os lugares, incluindo o iOS e o Android. Já estávamos trabalhando nessas versões há algum tempo, esperando o momento certo para o lançamento. Eu queria declarar, sem sombra de dúvida, tanto interna como externamente, que a estratégia concentraria as nossas iniciativas de inovação nas necessidades dos usuários e não no dispositivo que eles decidissem usar. Anunciamos que levaríamos o Office ao iOS em março de 2014, dois meses após eu assumir o cargo.

Pouco depois, a Apple enviou uma mensagem enigmática à nossa equipe do Office, pedindo a presença de um engenheiro da Microsoft para comparecer a uma reunião em Cupertino e assinar um contrato de confidencialidade. Trata-se de um procedimento-padrão no nosso setor, cheio de segredos, no qual é importante que as empresas protejam sua propriedade intelectual. Após algumas reuniões, ficou claro que a Apple queria que a Microsoft trabalhasse com eles para otimizar o Office 365 para seu novo iPad Pro. A Apple nos disse que estava notando uma nova abertura na Microsoft: confiavam em nós e queriam que participássemos do evento de lançamento.

Na Microsoft, as pessoas discutiram acaloradamente para decidir se seria ou não uma boa ideia aceitar o convite da Apple. Alguns líderes de produtos da Microsoft inicialmente se incomodaram com a ideia de trabalhar em parceria com o concorrente, e eu sem dúvida senti uma grande resistência por trás de portas fechadas. Um modo de explicar a resistência é recorrendo à teoria dos jogos, que usa modelos matemáticos para explicar a cooperação e o conflito. Uma parceria costuma ser vista como um jogo de soma zero: o que um participante ganha é necessariamente perdido pelo outro. Eu não acho que seja assim. Uma boa parceria aumenta as oportunidades para todos, para os clientes e também para todos os parceiros. No fim, decidimos que a parceria com a Apple ajudaria a disponibilizar o valor do Office para todos e a Apple se comprometeu a adaptar seu iOS para exibir todas as incríveis funcionalidades do Office, o que consolidaria a Microsoft como um importante desenvolvedor da Apple.

No dia do lançamento, o vice-presidente sênior de marketing global da Apple, Phil Schiller, instigou a plateia ao anunciar a próxima demonstração no lançamento do iPad Pro. "Tivemos a sorte de contar com alguns desenvolvedores para trabalhar conosco em produtividade profissional. E quem conhece produtividade melhor do que a Microsoft?"

Risadas nervosas encheram o local.

"É isso aí, esses caras sabem tudo sobre produtividade."

Kirk Koenigsbauer, diretor de marketing do Office, subiu ao palco para proclamar que, mais do que nunca, estamos fazendo um excelente trabalho para o iPad.

Mas o valor publicitário de trabalhar com antigos rivais estava bem longe do topo na minha lista de motivações. É bem verdade que as pessoas gostam de histórias de rivais se dando as mãos, mas é muito difícil forjar grandes parcerias de negócios se o único objetivo for a publicidade. Para mim, as parcerias (especialmente parcerias com concorrentes) precisam se concentrar em fortalecer o negócio central da empresa, cujo foco, por sua vez, deve ser criar um novo valor para o cliente. Para uma empresa de plataforma, esse objetivo implica aliar-se aos concorrentes para tomar medidas que possam gerar valor para uma das plataformas.

Para tanto, pode ser preciso trabalhar com antigos rivais ou forjar novas e surpreendentes parcerias. Trabalhamos com o Google, por exemplo, para disponibilizar o Office na plataforma Android. Firmamos uma parceria com o Facebook para que todas as suas aplicações possam funcionar nos produtos do Windows, e para ajudá-los a fazer com que o nosso game *Minecraft* rodasse no Oculus Rift deles, um dispositivo de realidade virtual que concorre com nossa HoloLens. Estamos trabalhando com a Apple para possibilitar aos clientes administrar melhor seus iPhones em uma empresa. E estamos trabalhando com a Red Hat, uma plataforma da Linux que concorre com o Windows, para que as empresas que usam a Red Hat possam usar nossa nuvem Azure para se expandir globalmente, beneficiando-se dos investimentos que fizemos em centros de dados locais ao redor do mundo. A nossa parceria com a Red Hat pode não ser tão surpreendente quanto o nosso trabalho com a Apple e o Google, mas, quando subi ao palco com um slide atrás de mim proclamando "A Microsoft ❤ o Linux", um analista concluiu que as vacas deviam ter acabado de criar asas e voar.

Parcerias como essas podem ser firmadas, às vezes com relutância, com concorrentes em categorias específicas de produtos ou serviços. Competimos vigorosamente com a Amazon no mercado da nuvem e ninguém duvida disso. Mas o que impede a Microsoft e a Amazon de unir forças em outras áreas? Por exemplo, o Bing é a ferramenta de busca dos tablets Amazon Fire.

É preciso encarar a realidade. Quando temos um excelente produto como o Bing, o Office ou a Cortana, mas outra empresa cravou um robusto posicionamento no mercado com seu serviço ou dispositivo, não podemos nos limitar a ficar nos bastidores só observando a movimentação. Precisamos encontrar maneiras inteligentes de firmar parcerias para que nossos produtos possam ser disponibilizados nas populares plataformas dos outros.

Na era atual de transformação digital, todas as organizações e todos os setores são parceiros potenciais. Vejamos, por exemplo, o mercado de táxis e a indústria de entretenimento. Noventa por cento dos usuários do Uber esperam menos de dez minutos por um motorista, em comparação com 37% dos motoristas de táxi que conseguem chegar nesse tempo. A Netflix custa a seus espectadores 21 centavos de dólar por hora de entretenimento em comparação com 1,61 dólar por hora com o antigo modelo de locação de vídeos da Blockbuster. Esses são apenas alguns exemplos mais claros da transformação digital, mas isso está acontecendo em todos os setores. Estimamos que o valor dessas transformações na próxima década será de cerca de 2 trilhões de dólares.

As empresas estão focadas em se manter relevantes e competitivas abrindo-se a essa transformação. E queremos que a Microsoft firme parcerias com todas elas. Para isso, todas as empresas deveriam priorizar quatro iniciativas. A primeira trata de engajar sua base de clientes, alavancando os dados para melhorar a experiência do usuário. A segunda significa empoderar os funcionários, possibilitando que produzam mais, com mais mobilidade, colaborando mais no novo mundo de trabalho digital. A terceira iniciativa requer otimizar as operações, automatizando e simplificando os processos de negócios em vendas, operações e finanças. E a quarta iniciativa requer transformar os produtos, os serviços e os modelos de negócio.

Todas as empresas estão migrando para o mundo digital e o processo começa com a injeção de inteligência nos produtos. Especialistas estimam que entre 20 e 50 bilhões de "coisas conectadas" estarão sendo utilizadas até 2020, representando uma grande oportunidade para as empresas promoverem a própria transformação digital. A GE tornou-se uma empresa totalmente digital com sua plataforma Predix, que, em parceria com a Microsoft, conecta equipamentos industriais, analisa dados dos equipamentos e elabora relatórios em tempo real. A Toyota possui uma divisão de automóveis conectados que transformou seus carros e caminhões em veículos digitais da próxima geração, verdadeiras plataformas digitais móveis que possibilitam que os carros se comuniquem com outros carros e até com a infraestrutura da cidade. A Rolls-Royce está projetando seus motores como grandes plataformas de dados para prever falhas mecânicas e reduzir panes.

A nossa ênfase nas parcerias estratégicas não é nova. Na verdade, não passa de outro exemplo de como estamos redescobrindo a alma da Microsoft. Pensando nos nossos fundadores, percebemos que Paul Allen viu com clareza o poder dos novos computadores e que Bill Gates viu o poder do software. Juntos, eles conseguiram fazer maravilhas e, o que foi ainda mais importante, democratizaram a computação. Às vezes, eu me pergunto: se Bill e Paul não tivessem tido sucesso com a Microsoft, como seria o mundo hoje? Será que teríamos fabricantes independentes de hardware, fornecedores independentes de software e integradores de sistemas? O nosso modelo de negócio original foi criado em um ecossistema de parceiros (empresas independentes de desenvolvimento de software como a Adobe e a Autodesk, produtoras de videogames como a EA Sports, fabricantes de hardware como a Dell, a HP e a Lenovo, e varejistas como a Best Buy). Eu não acho que o Google existiria se não fosse pelo navegador que vem instalado nos PCs. A Microsoft permitiu que o Google criasse uma barra de ferramentas no Internet Explorer, tornando os serviços do Google mais visíveis e acessíveis. Devido a essas e outras parcerias, a Microsoft e o PC possibilitaram o surgimento de uma série de empresas bilionárias, o que, por sua vez, possibilitou à Microsoft atrair milhões de clientes adicionais.

Quando me tornei CEO, percebi que tínhamos esquecido que nosso talento para firmar parcerias era vital para nosso sucesso. É o tipo de coisa que pode acontecer com qualquer grande empresa. O sucesso pode levar as pessoas a desaprender os hábitos que lhes possibilitaram esse mesmo sucesso. Sabíamos que precisávamos reaprender a firmar parcerias. Precisávamos ver nosso setor com novos olhos e encontrar maneiras de agregar valor para nossos clientes, independentemente de eles usarem um dispositivo da Apple, uma plataforma Linux ou um produto Adobe.

Por sorte, essa noção está incorporada no meu DNA. Meu primeiro trabalho na Microsoft, em 1992, se concentrou nas parcerias. Estávamos criando o Windows NT, um sistema operacional de 32 bits. Mas a maioria dos aplicativos de *backend* necessários para viabilizar o sistema operacional tinha sido criada para minicomputadores baseados em Unix, não para o Windows. Minha tarefa como jovem divulgador do Windows NT foi trazer esses aplicativos para a arquitetura dos PCs. Na época, sem poder contar com a credibilidade de uma fornecedora corporativa séria, a Microsoft tinha de fazer malabarismos só para ser levada em consideração. Criamos protótipos de aplicativos para nossa plataforma de PCs e os levamos à indústria manufatureira, ao varejo e ao setor de saúde para mostrar a possíveis clientes que seus grandes e robustos aplicativos de minicomputador poderiam rodar igualmente bem num PC, talvez até melhor. Eles se surpreendiam ao ver aplicativos vitais para a concretização de sua missão rodando com uma interface gráfica de usuário num dispositivo que consideravam um mero brinquedo.

Nunca vou me esquecer de uma das nossas primeiras vitórias em termos de design. No varejo, todas as lojas são equipadas com dispositivos de ponto de venda, que constituem um mercado lucrativo para o setor da tecnologia. Mas não existia um padrão de software para garantir que a caixa registradora, o escâner e outros periféricos do varejo pudessem rodar com os sistemas de contabilidade e estoque. Diante desse cenário, meus colegas e eu arregaçamos as mangas e elaboramos os padrões e as especificações que possibilitaram ao Windows entrar no mercado de pontos de venda. Começamos do zero e acabamos criando um enorme negócio empresarial.

É bem verdade que as parcerias também têm suas dificuldades, até com parceiros de longa data. Às vezes, precisamos restaurar antigos relacionamentos. Vejamos, por exemplo, a Dell, que, ao longo dos anos, produziu e vendeu centenas de milhões de computadores equipados com o Windows. Em 2012, quando a Microsoft decidiu pela primeira vez projetar e produzir sua própria linha de hardware, a série Surface, nos transformamos de parceiro em algo nebuloso... ao mesmo tempo parceiro e concorrente direto. E, para complicar ainda mais as coisas, a Dell decidiu entrar num dos mercados da Microsoft com a aquisição da EMC, um dos principais produtores de tecnologias na nuvem (manobra que continua sendo uma das maiores aquisições da história no setor da tecnologia). E, apesar disso tudo, a Dell e a Microsoft continuam se associando em áreas nas quais as duas podem se beneficiar: a Dell licencia o Windows para seus laptops e vende produtos Microsoft Surface usando sua gigantesca operação de distribuição global. Na verdade, a Dell, a HP e outras empresas viram a popularidade do Surface e criaram sua própria linha de computadores dois em um.

Apesar de tudo, a imprensa especializada se perguntou se a parceria de longa data entre nossas duas empresas não estaria com os dias contados. Pouco depois de assumir o cargo de CEO, fui convidado por Michael Dell a participar do encontro anual de estratégia da Dell em Austin, Texas, para responder com ele a perguntas da imprensa e de analistas do mercado financeiro. Em 2015, logo após a fusão com a EMC, uma intrigada Emily Chang, da Bloomberg News, pediu que Michael e eu descrevêssemos o relacionamento entre nossas duas empresas: "Vocês são amigos? Ou inimigos que se aliaram?". Foi uma pergunta simples e dei uma resposta simples: "Somos amigos de longa data que competem por muitos dos mesmos clientes e atendem muitos dos mesmos clientes". Mas a verdadeira resposta requer uma descrição mais aprofundada.

Nos anos 1990, a Microsoft ficou famosa por ser um parceiro difícil, para dizer o mínimo. Documentos e testemunhos do processo antitruste do Departamento de Justiça dos Estados Unidos contra a Microsoft (sem contar uma profusão de notícias e livros) estavam repletos de histórias muitas vezes condenáveis de uma empresa que avançava rapidamente, competindo com ferocidade e passando por cima de muitos parceiros. O governo tomou medidas, o cenário competitivo mudou e hoje nossa missão e nossa cultura sao diferentes. A empresa que no passado era conhecida por destruir os concorrentes hoje se volta a promover o crescimento de seus negócios, empoderando todas as pessoas do planeta.

Eu fazia parte da Microsoft feroz da década de 1990, mas não tive um envolvimento pessoal no processo antitruste. Pelo contrário, naquela época eu estava ocupado implorando a clientes e parceiros que trabalhassem conosco no nosso novo negócio de servidores, um trabalho que exigia uma atitude humilde, não de arrogância. Uma lição que aprendi com o processo antitruste (das várias lições aprendidas) foi que é preciso ser arrojado para competir, mas também é necessário celebrar as oportunidades que criávamos para todos. Não é um jogo de soma zero.

Essa foi uma lição que incorporei profundamente. Hoje em dia, o Google é uma empresa dominante no nosso setor. Passamos anos competindo no mercado ao mesmo tempo que gerávamos uma enxurrada interminável de queixas a legisladores nos Estados Unidos e em outros países. No cargo de CEO, decidi virar a página e abandonar essa estratégia, ponderando que era hora de acabar com nossas batalhas sobre regulamentação e concentrar toda a nossa energia em competir por clientes na nuvem. Sundar Pichai, CEO da Google, é um concorrente que também considero um amigo. Depois de uma série de conversas bastante produtivas e de negociações ponderadas entre nossas duas organizações, lideradas por Brad Smith, presidente e diretor jurídico da Microsoft, Sundar e eu surpreendemos os observadores da rivalidade entre as duas empresas com uma declaração conjunta: "Nossas empresas competem com vigor, mas queremos competir com base nos méritos dos nossos produtos, não em ações judiciais".

O simples fato de eu ser "sangue novo" me ajudou a promover essa mudança de atitude. É mais fácil para mim deixar de lado toda a bagagem da empresa e romper as antigas barreiras de desconfiança. Mas será que vai bastar?

□ □ □

No início do meu mandato como CEO, decidi que precisava conversar com Peggy Johnson, que vinha fazendo um incrível trabalho na gestão de parcerias e desenvolvimento de negócios na Qualcomm, uma empresa de semicondutores e telecomunicações sem fio sediada em San Diego. Liguei para a casa dela num sábado à tarde e perguntei se ela não se interessaria em trabalhar na Microsoft. Senti que ela hesitou, e que talvez pensasse que estava traindo a Qualcomm só de ter aquela conversa comigo. Consegui convencer Peggy a conversar pessoalmente comigo durante um jantar no Vale do Silício.

Quando entrei no Four Seasons Hotel para nossa reunião, vi que fui reconhecido por algumas pessoas. Escolhemos uma mesa isolada e logo estávamos empolgados, conversando sobre inteligência ambiental, a noção de que cada vez mais objetos em casa, no escritório e em outros ambientes reconhecerão automaticamente nossa presença humana e reagirão a nossas preferências. Para que a Microsoft liderasse essa transformação digital, precisaríamos de parcerias, investimentos e novas e surpreendentes aquisições. Vi que Peggy também se empolgava com essa visão. Depois fiquei sabendo que ela ligou imediatamente para o marido, depois do nosso jantar, para convencê-lo a se mudar para Redmond, no estado de Washington, onde fica a sede da Microsoft. Ela teria o emprego e o direcionamento certos para ajudar a "transformar o Vale do Silício no nosso melhor amigo".

Fiquei impressionado com a naturalidade, a humildade e a paixão pela tecnologia que Peggy demonstrou. Eram exatamente essas as qualidades que eu queria que a Microsoft transmitisse aos nossos potenciais parceiros de negócios. Mal sabia eu que esses atributos seriam necessários com urgência em pouquíssimo tempo.

Um dos nossos principais objetivos ao firmar parcerias era criar aplicativos da Microsoft para plataformas concorrentes, como o sistema operacional Android do Google e o iOS da Apple. Precisávamos que nossos aplicativos já viessem instalados em celulares rodando com diversos sistemas operacionais para disponibilizá-los aos consumidores.

Um dos parceiros mais importantes com os quais precisávamos trabalhar nessa frente era a Samsung, a fabricante coreana do smartphone Android mais popular do mundo. Firmaríamos uma parceria com a Samsung para mais de 30 anos. Mas, em meados de

2014, quando Peggy se preparava para mudar para Redmond, o relacionamento da Microsoft com a Samsung estava desmoronando. Vários anos antes, a Samsung tinha feito um acordo para licenciar alguns aplicativos da Microsoft, mas, com o tempo, as vendas de smartphones da empresa quadruplicaram e seus celulares Android passaram a ser os mais vendidos no mundo. Depois que a Microsoft anunciou que compraria a divisão de dispositivos e serviços da Nokia, a fabricante finlandesa de smartphones, a Samsung nos informou que cancelaria o contrato conosco. O presidente da Samsung, Jong-Kyun (J. K.) Shin, ficou tão contrariado que se recusava a receber qualquer pessoa da Microsoft para uma reunião. A parceria estava prestes a se transformar num litígio.

Corremos para atualizar Peggy sobre nosso relacionamento com a Samsung. Ela leu documentos dos dois lados, fez perguntas sagazes e deu ideias criativas para resolver as nossas diferenças. Para nossa sorte, Peggy tinha desenvolvido um excelente relacionamento com J. K. e ele concordou em recebê-la para uma reunião. Ela e uma equipe de desenvolvimento de negócios e jurídica foram até a sede da Samsung em Seul, onde encontraram a sala cheia de pessoas famosas por seu difícil estilo de negociação. Peggy e a equipe passaram a reunião inteira se empenhando para demonstrar respeito à Samsung. Em vez de fazer exigências, ela achou melhor ouvir, segurar as críticas e tentar entender o ponto de vista da Samsung.

Ela e a equipe voltaram a Redmond não como defensores de um lado ou de outro, mas motivadas a encontrar um meio-termo. Apesar de ser nova na empresa, Peggy já exemplificava a cultura que ambicionávamos ter. Ela se abriu às possibilidades, mantendo uma mentalidade de crescimento, e não uma mentalidade fixa voltada a encontrar os culpados pela situação. Ela e sua equipe abriram o diálogo para todos, demonstrando uma verdadeira cultura de diversidade e inclusão. E nos mostrou a importância de sair da nossa sede em Redmond, indo além do nosso mundo isolado e confortável e entrando no mundo dos nossos parceiros e clientes.

No fim, tivemos de resolver algumas das nossas diferenças nos tribunais, mas sempre demonstrando nosso respeito pela Samsung. "A Microsoft valoriza e respeita nossa parceria", escrevemos em um comunicado. "Infelizmente, até parceiros podem discordar às vezes."

Hoje, os aplicativos da Microsoft são populares nos smartphones da Samsung. Os tablets da Samsung vêm com o Windows 10, abrindo as portas para a empresa entrar na Internet das Coisas.

Mais ou menos na mesma época, estávamos às voltas com uma disputa litigiosa com o Yahoo, que tinha um contrato de exclusividade com nosso mecanismo de busca, o Bing. A Microsoft e o Yahoo compartilhavam a receita proveniente das buscas realizadas pelo Bing. Mas, como acontecia com a Samsung, nosso relacionamento com o Yahoo estava se deteriorando à medida que o Yahoo via seu modelo de negócio cada vez mais pressionado e enfrentava ameaças de ações judiciais. O Yahoo queria violar o contrato.

Trabalhamos para reparar o relacionamento, evitando apresentar uma lista de exigências, mas ouvindo, tentando entender a situação do parceiro e pesquisando alternativas. No fim, decidimos renunciar ao requisito de exclusividade para o Bing e manter nossa parceria com o Yahoo. A questão estava gerando muito atrito desnecessário entre as duas empresas e estávamos confiantes de que nossa tecnologia e nossa parceria sairiam vitoriosas. Evitamos litígios dispendiosos e hoje o Bing continua a fornecer a maioria das buscas feitas no Yahoo.

Aprendemos muito com essas experiências, que nos ajudaram a renovar nosso espírito de parceria. A Microsoft já tem o maior ecossistema de parceiros do mundo. Centenas de milhares de empresas ao redor do mundo criam e vendem soluções para nossos produtos e serviços. Além disso, milhões de clientes de todos os setores desenvolvem seus negócios e organizações usando as tecnologias da Microsoft. Meu principal objetivo é ser o maior provedor de plataforma para sustentar toda essa energia empreendedora, com um foco incansável na criação de oportunidades econômicas para nossos clientes.

Agora, se quisermos convencer milhões de novas empresas ao redor do mundo a apostar na nossa plataforma, precisamos começar conquistando sua confiança. No Capítulo 7, falarei especificamente da noção de que a confiança só pode ser conquistada com um comportamento coerente. Precisamos deixar claro que vamos competir em alguns setores para sermos os melhores da categoria e, em outros setores, vamos trabalhar em parceria para agregar valor aos clientes, tanto os nossos como os de nossos parceiros.

A confiança também se baseia em muitos outros fatores, como respeito, saber ouvir, transparência, foco e a disposição de apertar o F5 quando necessário. Temos de manter nossa integridade no que diz respeito a esses atributos.

As parcerias são jornadas de exploração mútua e precisamos nos manter abertos a sinergias inesperadas e formas originais de colaboração. A abertura começa com o respeito (respeito pelos outros e pelas experiências que eles trazem ao diálogo, respeito pelas outras empresas e sua missão). É claro que nem sempre concordamos, mas sempre procuramos ouvir o que o outro tem a dizer, buscando entender não apenas as palavras que estão sendo ditas, mas também as intenções mais sutis. Procuro não trazer uma bagagem desnecessária ao diálogo e não permito que as limitações do passado decidam o futuro.

Com o tempo, percebi que a abertura é o melhor jeito de dar conta do recado e garantir que o resultado seja satisfatório para todos. Em um mundo de inovações rápidas e contínuas, ninguém tem tempo para desperdiçar em ciclos desnecessários de trabalho. Ser simples e direto um com o outro é a melhor maneira de conseguir um bom resultado para todos, no menor tempo possível.

Quando as complicações ameaçam impedir a parceria, é interessante se manter focado nas metas para o futuro. Em vez de se deixar distrair pelas incontáveis oportunidades de colaboração e as infinitas dificuldades potenciais, gosto de começar com uma ou duas áreas de foco. Quando as empresas virem que podem trabalhar bem juntas, elas serão capazes de encarar o próximo conjunto de oportunidades e desafios.

Por fim, não tenha medo de fazer uma pausa. Mesmo quando os dois lados estão cheios de boas intenções, às vezes as coisas podem sair dos trilhos e até estagnar. Em algumas situações, é vital analisar o relacionamento com novos olhos. Uma estratégia que não deu certo no passado pode ser um sucesso no futuro. A tecnologia muda. O ambiente de negócios muda. As pessoas mudam. É um erro rejeitar um relacionamento considerando-o uma causa perdida. O dia de amanhã sempre começa com a chance de criar novas oportunidades.

Essa atitude levou a uma verdadeira revolução na nossa parceria com um verdadeiro criador de padrões no universo criativo, a Adobe, uma pioneira no desenvolvimento de fontes e criadora do Photoshop, do Illustrator, do Acrobat, do Flash e de muitos outros produtos adorados por artistas e designers. A Adobe desenvolveu-se na plataforma Windows, mas as duas empresas competiam em padrões de documentação e, com o tempo, apesar de termos muitos clientes em comum, acabamos nos distanciando.

Meu amigo da Escola Pública de Hyderabad, Shantanu Narayen, tinha sido nomeado CEO da Adobe e, quando assumi o cargo de CEO da Microsoft, nossas duas empresas começaram a se reconciliar. Continuamos competindo em algumas áreas de sobreposição, mas hoje temos uma parceria muito mais profunda, na qual as aplicações criativas da Adobe (programas para design gráfico, edição de vídeo, desenvolvimento de sites, fotografia) serviram de inspiração para novos dispositivos da Microsoft, como o Surface Studio e o Surface Hub. Juntos, estamos transformando o que os artistas podem fazer com um computador. E nos estendemos além da Creative Cloud (aplicações e serviços criativos da Adobe) para incluir o Marketing Cloud (soluções integradas de marketing digital) da Adobe, desenvolvido com base na nossa plataforma Azure.

Costumam me perguntar: "Quando é melhor firmar uma parceria do que adquirir uma empresa?". E costumo responder com outra pergunta: "Podemos criar mais valor para os clientes como uma única entidade ou como duas entidades trabalhando em conjunto?". Pela minha experiência, não importa se estivermos falando de uma aquisição gigantesca, como o nosso acordo para comprar a rede social LinkedIn, ou de aquisições menores, como as empresas de desenvolvimento de aplicativos Xamarin, Acompli e MileIQ: as melhores aquisições em geral começam como parcerias resultantes de uma análise ponderada das necessidades dos clientes.

Foi o que aconteceu com o LinkedIn, que a Microsoft adquiriu em 2016 por 26 bilhões de dólares, um dos maiores acordos da história. A Microsoft e o LinkedIn passaram mais de seis anos trabalhando juntos para permitir que o bilhão de usuários da Microsoft e o quase meio bilhão de membros do LinkedIn (o diagrama de Venn dos nossos clientes apresentava uma sobreposição de 100% com os clientes deles) pudessem sincronizar a agenda de contatos de tal modo que os contatos do Office fossem disponibilizados no LinkedIn e vice-versa. A Microsoft ajustou suas especificações técnicas para que o LinkedIn pudesse criar um belo aplicativo para o Windows e se integrasse ao Social Connector do Outlook, abrindo as portas para valiosas conexões e colaboração nas duas plataformas. Para possibilitar uma integração anda maior e criar valor e cenários mais atraentes para nossos clientes, seria melhor nos unir em uma empresa só.

Juntos, criamos não só um histórico em comum, mas também uma visão compartilhada e confiança mútua. Foi por isso que, no dia em que anunciamos a aquisição, o CEO do LinkedIn, Jeff Weiner, explicou o acordo para Kara Swisher, jornalista especializada em tecnologia, dizendo: "Todo mundo sabe que a Microsoft está cada vez mais ágil, mais inovadora, mais aberta e mais orientada por seu propósito. E isso foi crucial para nossa decisão".

Na época em que atuava como engenheiro, eu costumava usar o seguinte modelo mental para administrar meu tempo:

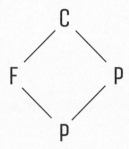

Funcionários. Clientes. Produtos. Parceiros. Cada um desses elementos requer tempo, atenção e foco para criar valor e monitorar o valor criado. Os quatro são importantes e, sem disciplina, até os melhores gestores podem deixar passar um ou mais desses elementos. Por estarem mais próximos, os funcionários e os produtos requerem a nossa atenção todos os dias; os clientes nos fornecem os recursos dos quais precisamos para fazer qualquer coisa, de modo que também requerem nossa energia. Mas os parceiros nos dão o impulso do qual precisamos para decolar. Eles nos ajudam a nos adiantar ao futuro e a identificar novas oportunidades que podemos não enxergar sozinhos. Já do ponto de vista de um CEO, passei a ver que essa constelação é composta de muitos outros fatores. Governos e comunidades, por exemplo, também são importantíssimos. É preciso uma abordagem disciplinada para que todos esses participantes possam reconhecer o valor de uma empresa, de seus produtos e serviços. Maximizar o valor resulta de maximizar o bem-estar e a vitalidade de todos eles.

CAPÍTULO 6

Além da nuvem

As três revoluções: realidade mista, inteligência
artificial e computação quântica

Minha ideia original para este livro era escrever uma coletânea
de reflexões de um CEO em meio a um processo de transformação. A minha meta era compartilhar minhas experiências, atravessando uma transformação corporativa e criando novas tecnologias em
tempo real, e não refletindo sobre elas anos depois. Naturalmente, a
transformação da Microsoft nunca chegará ao fim. Diante de incertezas econômicas e tecnológicas globais, atualizamos a nossa missão,
repensamos as prioridades da nossa cultura e criamos ou recriamos
parcerias estratégicas para fortalecer as bases do nosso negócio. Também precisamos acelerar nosso espírito inovador e fazer novas e arrojadas apostas. É esse tipo de atitude que vem fazendo da Microsoft
uma marca confiável há mais de 40 anos.

Fomos além de PCs e servidores para buscar o sucesso na nuvem.
E também precisaremos ir além da nuvem. As tendências da tecnologia podem ser enganosas. Dizem que tendemos a superestimar o que
podemos realizar no curto prazo e a subestimar o que podemos rea-

lizar no longo prazo. No entanto, estamos investindo para liderar em três importantes tecnologias que definirão o nosso setor e outros setores no futuro: a realidade mista, a inteligência artificial e a computação quântica. Essas tecnologias inevitavelmente levarão a mudanças gigantescas na nossa economia e na sociedade. Nos três últimos capítulos deste livro, vou abordar os valores, as questões éticas, as políticas e os fatores econômicos que precisamos levar em consideração para nos preparar para essa próxima onda.

Apresento aqui uma maneira de pensar sobre a convergência dessas grandes mudanças tecnológicas. Com a realidade mista, estamos criando a experiência definitiva da computação, na qual nosso campo de visão se transforma em uma superfície de computação e o mundo digital e o nosso mundo físico passam a ser uma coisa só. Dados, aplicativos e até colegas de trabalho e amigos que antes ficavam "presos" no nosso celular ou tablet passam a ficar disponíveis em qualquer lugar (no nosso escritório, visitando um cliente ou colaborando com colegas em uma sala de reunião). A inteligência artificial fundamenta todas as experiências, expandindo a capacidade humana com insights e um poder preditivo que jamais conseguiríamos ter por conta própria. E, por fim, a computação quântica nos permitirá transcender as fronteiras da Lei de Moore (a observação de que o número de transistores de um chip de computador dobra mais ou menos a cada dois anos), alterando as propriedades físicas da computação e fornecendo o poder computacional necessário para resolver os maiores e mais complexos problemas do mundo. A realidade mista, a inteligência artificial e a computação quântica podem ser campos independentes hoje, mas devem convergir em algum momento do futuro. Estamos apostando nisso.

Uma empresa de tecnologia que deixar passar essas tendências inevitavelmente ficará para trás. Ao mesmo tempo, é sempre perigoso apostar em tecnologias futuras não testadas, correndo o risco de negligenciar a essência do negócio atual. Trata-se de um dilema clássico enfrentado por qualquer inovador: arriscar o sucesso existente para ir atrás de novas oportunidades.

A Microsoft passou por dificuldades para acertar esse equilíbrio. Chegamos a ter um tablet antes do iPad e tínhamos tudo para criar um leitor de livros digitais antes do Kindle. Mas, em alguns casos, o nosso software estava à frente dos fatores necessários para o sucesso, como uma tela sensível ao toque ou conectividade de banda larga. Em outros casos, não tínhamos um projeto de design de ponta a ponta para entregar uma solução completa ao mercado. E também aconteceu de confiarmos demais na nossa capacidade de seguir e ultrapassar um concorrente inovador, e nos esquecemos do risco inerente a esse tipo de estratégia. Hesitamos um pouco em mexer num time que estava ganhando ou, mais especificamente, fazer alterações em modelos de negócio que estavam tendo sucesso. Mas acabamos aprendendo com tudo isso. Não existe uma receita de bolo para definir o futuro. Uma empresa precisa ter a visão completa do que só ela, e mais ninguém, pode fazer e precisa ter a convicção e a capacidade de fazer isso acontecer.

Eu tinha decidido, antes de me tornar CEO, que precisaríamos continuar investindo, e investindo com agressividade e foco, em novas tecnologias e novos mercados, mas só se pudéssemos satisfazer os nossos três Cs. Será que temos um *conceito* empolgante, as *competências* necessárias para atingir o sucesso e uma *cultura* aberta a novas ideias e abordagens?

Para evitar ficarmos presos no dilema do inovador (e para evitar gastar toda a nossa energia apagando os incêndios de hoje e nos voltar a pensar também no amanhã), decidimos rever nossa estratégia de investimento, considerando três frentes de crescimento: em primeiro lugar, trabalhar no crescimento dos nossos negócios centrais e nas tecnologias atuais; em segundo lugar, incubar novas ideias e produtos para o futuro; e, em terceiro lugar, investir em avanços revolucionários no longo prazo. Na primeira frente, nossos clientes e parceiros continuarão a ver inovações, a cada ano que passa, em todos os nossos negócios. Na segunda frente, já estamos investindo em algumas mudanças empolgantes nas nossas plataformas, como novas interfaces de usuário com recursos de fala ou tinta digital (*e-ink*), novas aplicações equipadas com assistentes pessoais, bots e experiências da Internet das Coisas espalhadas por toda parte, como fábricas, carros e eletrodomésticos. Na terceira frente, a Microsoft já está focada em áreas que, apenas alguns anos atrás, pareciam distantes, mas que hoje ocupam as fronteiras da inovação: realidade mista, inteligência artificial e computação quântica. A realidade mista será uma ferramenta essencial na medicina, na educação e nos processos de fabricação. A inteligência artificial ajudará a prever crises, como a epidemia de zika, e nos ajudará a focar o nosso tempo e a nossa atenção no que mais importa. A computação quântica nos dará o poder computacional necessário para curar o câncer e resolver de vez o problema do aquecimento global.

Sempre fui fascinado pela história de como os computadores expandem o intelecto humano e possibilitam o acúmulo da inteligência coletiva. Nos anos 1960, Doug Engelbart conduziu "a mãe de todas as demonstrações", apresentando o mouse, o hipertexto e a teleconferência em tela compartilhada. De acordo com a Lei de Engelbart, o desempenho humano é exponencial e, apesar de a tecnologia expandir nossa capacidade, só os seres humanos são capazes de melhorar essas melhorias. Ele basicamente fundou o campo da interação homem-computador. Muitos outros visionários influenciaram a mim e ao setor, mas, na época em que entrei na Microsoft, em 1992, dois romances futuristas eram lidos avidamente por todos os engenheiros da empresa. O livro *Snow Crash*, de Neal Stephenson, popularizou o termo *metaverso*, vislumbrando um espaço coletivo virtual e compartilhado. David Gelernter escreveu *Mirror Worlds*, antevendo um software que revolucionaria a computação e transformaria a sociedade, substituindo a realidade por uma imitação digital. Hoje essas ideias estão ao alcance dos olhos.

□ □ □

É uma sensação assombrosa, pelo menos para mim, a primeira vez em que vivenciamos uma tecnologia profundamente nova. Na década de 1980, quando aprendi a escrever algumas linhas de programação Basic para aquele computador Z80 que meu pai comprou para mim, uma lâmpada acendeu na minha cabeça. De repente, eu me vi me comunicando com uma máquina. Eu escrevia alguma coisa e a máquina gerava uma resposta. Eu podia mudar o programa e instantaneamente mudar a resposta. E foi assim que eu descobri o software, o recurso mais maleável que os humanos já criaram. Foi um verdadeiro momento eureca para mim. Lembro-me como se fosse ontem da empolgação que senti na primeira vez que vi uma planilha eletrônica. Hoje em dia, uma estrutura de dados formatada como uma tabela dinâmica é a coisa mais natural para quem lida com números.

Nosso setor está repleto desses momentos de descoberta. Para minha surpresa, meu momento mais assombroso foi na superfície do planeta Marte... só que eu estava no subsolo do Prédio 92 da Microsoft.

Foi lá que experimentei pela primeira vez o dispositivo Holo-Lens, um pequeno computador usado como óculos e completamente autocontido, chamado *head-mounted display*. De repente, a tecnologia HoloLens me transportou (virtualmente, é claro) à superfície do Planeta Vermelho, a 400 milhões de quilômetros de distância, graças a imagens transmitidas por um veículo da Nasa, o *Curiosity*. Através da HoloLens, olhei para baixo e me vi caminhando, com os meus tênis, numa planície poeirenta e rochosa de Marte, seguindo a trajetória do *rover*. A HoloLens me possibilitou ao mesmo tempo caminhar pela sala de verdade (ver uma mesa e interagir com as pessoas ao meu redor) e inspecionar rochas na superfície de Marte. Essa é a natureza incrível e totalmente inédita do que chamamos de "realidade mista". A experiência foi tão inspiradora, tão tocante, que um membro da minha equipe de liderança chegou a chorar durante o passeio virtual.

O que vi e vivenciei naquele dia foi um vislumbre do futuro da Microsoft. Aquele momento pode ficar para a história, marcando o advento de uma revolução da realidade mista, na qual todos poderão trabalhar e se divertir num ambiente imersivo que combina o mundo real com o virtual. Será que um dia teremos nativos da realidade mista (jovens que esperam que todas as suas experiências no computador sejam misturas imersivas do real com o virtual), assim como hoje temos os nativos digitais, pessoas que já nasceram com a internet?

As empresas estão adotando abordagens diferentes para os computadores *head-mounted*. A diferença é que a *realidade virtual*, proporcionada por nossos dispositivos de realidade mista do Windows 10 ou pelo Oculus Rift do Facebook, bloqueia em grande parte o mundo real, mergulhando o usuário em um mundo completamente digital. O Google Glass, por exemplo, projeta informações na tela do óculos. Os Snapchat Spectacles incluem conteúdo e filtros relevantes para o que a pessoa está vendo. Já a HoloLens dá acesso a uma *realidade mista* na qual os usuários podem navegar tanto em sua localização atual (por exemplo, interagir com pessoas na mesma sala) como num ambiente remoto, enquanto manipulam hologramas e outros objetos digitais. Os analistas da Gartner Inc., uma empresa de pesquisa do setor de tecnologia, transformaram numa forma de arte o estudo dos ciclos de badalação e euforia que se seguem às novas tecnologias à medida que elas passam da invenção à popularidade (ou ao desaparecimento), e acreditam que as tecnologias de realidade virtual devem estar a cinco ou dez anos de serem amplamente adotadas.

Enquanto isso, a Microsoft teve dificuldade até de chegar à linha de partida. Meu colega Alex Kipman tinha passado um tempo aperfeiçoando um protótipo da HoloLens. Alex e sua equipe já tinham criado uma grande inovação no passado: trata-se do Microsoft Kinect, a tecnologia de sensor de movimentos que hoje já foi incorporada em robôs de ponta (possibilitando movimentos mais humanos) e proporciona uma maneira divertida de usar o corpo para jogar games no Xbox. Mas o projeto da HoloLens de Alex tinha passado de uma divisão a outra da empresa com o chapéu na mão em busca de financiamento. Não estava claro se a Microsoft investiria na realidade mista, um novo negócio num mercado ainda não comprovado. Em algumas ocasiões, a busca por financiamento era tão ridícula que Alex sarcasticamente apelidou o projeto de Baraboo, em homenagem a uma cidade de Wisconsin que abriga um museu dedicado à história dos circos e dos palhaços.

Quando tive a chance de ver o que a HoloLens era capaz de fazer, não tive dúvidas. Embora a HoloLens tenha aplicações claras em videogames, logo compreendi o potencial da tecnologia em salas de aula, hospitais e, sim, até na exploração espacial. Na verdade, a Nasa foi uma das primeiras organizações a perceber o valor da HoloLens, usando uma versão inicial da tecnologia para os astronautas na Terra poderem colaborar com astronautas no espaço. Mesmo se alguém estivesse em cima do muro depois do passeio em Marte, o e-mail que Bill Gates mandou após experimentar essa tecnologia convenceu até os mais céticos.

> Fiquei impressionadíssimo com dois aspectos da demonstração de Marte. Para começar, a fidelidade era excelente. A imagem parecia real e, quando eu mexia a cabeça, a sensação era bem realista. Parecia que eu realmente estava lá. Em segundo lugar, a capacidade de andar fisicamente pelo espaço foi bastante natural e eu pude usar minha visão periférica para evitar trombar ou tropeçar nas coisas. Ainda não sei ao certo quais aplicações vão decolar, mas a última demonstra-

ção me deixou muito empolgado com o projeto e estou convicto de que vamos dar um jeito de transformar a tecnologia num sucesso. Posso dizer que fui convertido à causa.

Sim, Alex, pode ficar tranquilo que nós vamos investir no seu projeto.

Para conhecer a alma da HoloLens, é interessante saber um pouco mais sobre Alex e seu passado. Em alguns sentidos, a minha história e a dele têm muito em comum. Filho de um diplomata brasileiro, Alex morou em várias cidades diferentes na infância e descobriu que a matemática, a ciência e, mais tarde, os computadores eram seus únicos companheiros constantes. "Se você souber 'pintar' usando a matemática e a ciência, é capaz de fazer qualquer coisa", ele me disse em certa ocasião. Seus pais lhe deram de presente um console de videogame Atari 2600, que ele quebrou repetidamente, mas acabou aprendendo a programar. Sua paixão pela tecnologia o levou a estudar no Instituto de Tecnologia de Rochester, a fazer um estágio na NASA e, mais tarde, a encarar projetos de programação de computador cada vez mais complexos no Vale do Silício.

Mas ele ainda não tinha encontrado uma empresa que lhe possibilitasse criar software como uma forma de arte. Alex entrou na Microsoft para ajudar a criar o Windows Vista, o aguardado sucessor do Windows XP. Quando o Vista recebeu avaliações indiferentes apesar de suas funcionalidades avançadas, ninguém ficou mais desapontado do que Alex. Ele entendeu o incidente como um fracasso pessoal e voltou ao Brasil para refletir ou, em outras palavras, apertar o botão F5 em sua carreira. Alex é uma pessoa bastante filosófica e se voltou para Nietzsche em busca de uma direção para sua vida profissional: "O homem que tem um 'porquê' para viver é capaz de suportar praticamente qualquer 'como'". Alex estava descontente consigo mesmo porque ainda não tinha encontrado seu "porquê", um direcionamento geral para a computação.

Mais tarde ele contaria ao jornalista Kevin Dupzyk que fez um retiro numa fazenda isolada no litoral do Brasil, vagando com um notebook nas mãos e refletindo sobre a contribuição que gostaria de deixar para a computação. Começou a pensar sobre como a computação poderia mexer com nossa noção de tempo e espaço. Por que ficarmos presos a teclados e telas? Por que não usar o computador para interagir com quem quisermos, onde quer que as pessoas estejam? Alex acreditava que a evolução da computação só tinha chegado ao equivalente a pinturas rupestres pré-históricas. A realidade mista estava para se transformar em um pincel capaz de criar um paradigma computacional totalmente novo.

Alex definiu uma nova missão profissional para si: "Quero criar máquinas capazes de perceber o mundo real". A percepção (não um mouse, um teclado e uma tela) seria o protagonista da história dele. Máquinas capazes de nos perceber tornaram-se o "porquê" de Alex.

O "como", o plano geral, passou a ser criar uma nova experiência de computação projetada com base em sensores capazes de perceber os seres humanos, o ambiente e os objetos que os cercam. Essa nova experiência computacional deve possibilitar três tipos de interação: input de dados analógicos, output de dados digitais e a capacidade de sentir ou tocar os dados (conhecida como "tecnologia háptica").

O Kinect foi o primeiro passo nesta jornada, possibilitando a um ser humano fazer input de dados analógicos em um computador apenas movendo o corpo. De repente, ganhamos a capacidade de dançar com um computador. Agora, a HoloLens chega para possibilitar também outros tipos de interação entre homem e máquina. Com a tecnologia da HoloLens, pessoas, o ambiente e objetos podem dar e receber input e output, transcendendo fronteiras do tempo e do espaço. Um astronauta na Terra pode inspecionar uma cratera em Marte. E o elemento final, a tecnologia háptica, incluirá a capacidade de tocar e sentir. Quando dançamos usando o Kinect ou pegamos uma rocha usando a HoloLens, ainda não podemos sentir nosso parceiro de dança ou a sensação tátil da rocha na nossa mão. Mas um dia isso será possível.

Hoje, nosso foco na Microsoft é democratizar a realidade mista e disponibilizá-la a todos. O lançamento da HoloLens se baseou numa estratégia que a Microsoft já testou e comprovou: convidar desenvolvedores externos para nos ajudar a criar aplicações inovadoras para a plataforma HoloLens. Logo depois de anunciarmos o dispositivo, mais de 5 mil desenvolvedores apresentaram ideias de aplicativos que gostariam de criar. Lançamos um levantamento de 24 horas no Twitter, perguntando qual ideia deveríamos priorizar. Desenvolvedores e fãs escolheram o Galaxy Explorer, que nos possibilita olhar pela janela da nossa casa e navegar pela Via Láctea, avançando no nosso próprio ritmo, nos aproximando para ter uma visão mais detalhada, anotando o que vemos e armazenando a experiência para mais tarde. O aplicativo reproduz o ambiente de um planeta nas paredes do nosso quarto, incluindo tempestades de areia, plasma fervente e formações de gelo.

Hoje, outros desenvolvedores estão criando aplicações novas e incrivelmente úteis para a HoloLens. Por exemplo, a Lowe's, uma rede de lojas de material de construção, está usando a HoloLens para que os clientes possam sobrepor hologramas de novos armários, eletrodomésticos e acessórios na cozinha e nos banheiros de sua casa para poderem ver exatamente como ficará a reforma.

A trajetória dessa tecnologia começa meramente rastreando o que a máquina vê, mas um dia a tecnologia vai possibilitar tarefas mais complexas, com as quais aprenderemos à medida que incorporamos a inteligência artificial. O Kinect deu ao computador a capacidade de rastrear nossos movimentos, ver nosso corpo e interpretar nossas ações. É nesse ponto que a inteligência artificial, o aprendizado de máquina e a realidade mista estão hoje. A tecnologia é cada vez mais capaz de ver, falar e analisar, mas ainda é incapaz de sentir. A realidade mista, no entanto, pode ajudar as máquinas a desenvolver empatia pelos seres humanos. Por meio dessas tecnologias, será cada vez mais possível vivenciar a experiência de um refugiado ou da vítima de um crime, o que pode aumentar nossa capacidade de nos identificar com os outros, cruzando barreiras que hoje separam as pessoas. Inclusive, tive a oportunidade de conhecer vários desenvolvedores estudantis da Austrália que participaram do nosso concurso Imagine Cup. Eles criaram um aplicativo de realidade mista que ajuda cuidadores a aprender a ver o mundo pelos olhos de um autista.

□ □ □

A inteligência artificial tem sido retratada de incontáveis maneiras nos filmes de Hollywood, o que praticamente transformou a tecnologia em um subgênero à parte. Em *Westworld: onde ninguém tem alma*, um filme de 1973, Yul Brynner interpreta um robô (um caubói durão equipado com inteligência artificial) que entra em uma taverna do faroeste, louco para atirar em alguém. Anos mais tarde, a Disney propôs uma representação diferente da inteligência artificial. Na animação *Operação Big Hero*, um robô inflável gigante chamado Baymax ajuda seu dono de 14 anos a percorrer uma jornada cheia de suspense. "Ele vai mudar o seu mundo", proclama o filme.

E é isso mesmo. A inteligência artificial vai mudar o nosso mundo. A tecnologia aumentará nossa capacidade e ajudará os seres humanos, muito mais do que Baymax e Brynner.

A convergência de três avanços revolucionários (*big data*, um enorme poder de computação e algoritmos sofisticados) está acelerando a transformação da inteligência artificial, que deixa de ser mera ficção científica e torna-se realidade. Em velocidades sempre surpreendentes, dados são coletados e disponibilizados graças ao aumento exponencial do número de câmeras e sensores no nosso dia a dia. A inteligência artificial precisa de dados para aprender. A nuvem disponibilizou a todos um enorme poder de computação, e algoritmos complexos agora podem ser escritos para explorar montanhas de dados em busca de insights e informações.

Mas, bem diferente do que fizeram Baymax ou Brynner, hoje a inteligência artificial em alguns aspectos está longe de se tornar o que chamamos de inteligência artificial genérica (AGI, na sigla em inglês), o ponto no qual um computador corresponde às capacidades intelectuais humanas ou até as supera. Tal como a inteligência humana, a inteligência artificial pode ser categorizada por camadas. A camada inferior é um reconhecimento de padrões simples. A camada do meio é a percepção, capaz de sentir cenários cada vez mais complexos. Estima-se que 99% da percepção humana ocorre por meio da fala e da visão. Por fim, o nível mais elevado da inteligência é a cognição, a compreensão profunda da linguagem humana.

Esses são os elementos constitutivos da inteligência artificial e a Microsoft passou muitos anos investindo no avanço de cada uma dessas camadas, como ferramentas estatísticas de aprendizado de máquina, para interpretar dados e reconhecer padrões, e computadores capazes de ver, ouvir, se mover e até aprender e entender a linguagem humana. Sob a liderança do nosso diretor de tecnologias da fala, Xuedong Huang, e sua equipe, a Microsoft bateu o recorde de precisão com um sistema computadorizado capaz de transcrever o conteúdo de um telefonema com mais precisão do que um profissional humano treinado em transcrição. No âmbito da visão e do aprendizado de computador, no fim de 2015, nosso grupo de inteligência artificial arrebanhou o primeiro prêmio de cinco desafios, apesar de termos treinado nosso sistema apenas para um dos desafios. No desafio intitulado Objetos Comuns em Contexto, um sistema de inteligência artificial tenta realizar várias tarefas de reconhecimento visual. Treinamos nosso sistema para realizar apenas a primeira tarefa: olhar uma fotografia e rotular o que vê. No entanto, devido às formas iniciais de transferência de aprendizagem, a rede neural que construímos conseguiu aprender e realizar as outras tarefas por conta própria. O sistema não só conseguiu explicar a fotografia como também foi capaz de desenhar um círculo ao redor de cada objeto que aparecia na foto e produzir uma frase em inglês descrevendo a ação que ocorria na foto.

Acredito que, em dez anos, a fala e o reconhecimento visual da inteligência artificial superarão os seres humanos. Mas o fato de uma máquina poder ver e ouvir não significa que ela realmente seja capaz de aprender e entender. A compreensão da linguagem natural, a interação entre computadores e humanos, constitui a próxima fronteira.

Como a inteligência artificial poderá um dia fazer jus a toda a badalação que a cerca? Como a inteligência artificial poderá se expandir para beneficiar todas as pessoas? Também nesse caso, a resposta é: em camadas.

Sob medida. Hoje estamos mais ou menos no "térreo" da inteligência artificial. Ela é sob medida, personalizada. As empresas de tecnologia com acesso privilegiado a dados, poder de computação e algoritmos criam um produto de inteligência artificial e o disponibilizam para o mundo todo. Um punhado de pessoas pode criar uma inteligência artificial para multidões. É nesse ponto que a maioria das inteligências artificiais se encontra hoje.

Democratizada. O próximo nível é a democratização. A abordagem da Microsoft, uma empresa de plataforma que sempre criou tecnologias e ferramentas básicas que outras empresas podem usar para inovar, consiste em colocar as ferramentas necessárias para criar uma inteligência artificial nas mãos de todos. Democratizar a inteligência artificial implica possibilitar que todas as pessoas e todas as organizações vislumbrem incríveis soluções de inteligência artificial para atender a suas necessidades específicas e criem essas soluções. É algo análogo à democratização criada pela prensa de tipos móveis e pela prensa tipográfica. Estima-se que, na década de 1450, o total de livros na Europa não passava dos 30 mil exemplares, cada um deles feito à mão por monges. A Bíblia de Gutenberg foi o primeiro livro produzido com a utilização da tecnologia de tipos móveis e, em um intervalo de 50 anos, o número de livros cresceu para cerca de 12 milhões de unidades, desencadeando um verdadeiro renascimento no aprendizado, nas ciências e nas artes.

A inteligência artificial precisa seguir essa mesma trajetória. Para chegar lá, precisamos ser inclusivos e democráticos. Desse modo, nossa visão é criar ferramentas equipadas com uma verdadeira inteligência artificial e espalhadas entre diferentes assistentes virtuais, aplicativos, serviços e infraestruturas:

- Estamos mobilizando a inteligência artificial para mudar profundamente a maneira como as pessoas interagem com *assistentes virtuais* como a Cortana (a assistente pessoal do Windows 10), que se tornará cada vez mais comum na nossa vida.
- *Aplicativos* como o Office 365 e o Dynamics 365 serão equipados com inteligência artificial para ajudar a nos concentrar no que mais importa e aproveitar mais cada momento.
- Disponibilizaremos a inteligência artificial nos nossos *serviços* (o reconhecimento de padrões, a percepção e as capacidades cognitivas) a todos os desenvolvedores de *aplicativos* do mundo.
- E, por fim, estamos criando o supercomputador de inteligência artificial mais potente do mundo e disponibilizando essa *infraestrutura* a todos.

Vários setores já estão usando essas ferramentas de inteligência artificial. O McDonald's está criando um sistema de inteligência artificial para ajudar os funcionários a anotar nosso pedido na fila do drive-thru, dando mais simplicidade, eficiência e precisão à execução da tarefa. O Uber está usando nossas ferramentas de serviços cognitivos para evitar fraudes e melhorar a segurança dos passageiros, comparando a foto do motorista com seu rosto para garantir que o motorista certo esteja ao volante. E a Volvo está usando nossas ferramentas de inteligência artificial para identificar se os motoristas estão distraídos e alertá-los para prevenir acidentes.

Se você for um empresário ou gestor, imagine se tivesse em mãos um sistema de inteligência artificial capaz de ver sua operação toda, saber o que está acontecendo e notificá-lo sobre os eventos mais importantes. A Prism Skylabs inovou na utilização dos nossos serviços cognitivos e colocou computadores para monitorar câmeras de vigilância e analisar as imagens para os clientes da empresa. Se você tiver uma empresa de construção civil, o sistema o avisará quando vir um caminhão de cimento chegando num de seus canteiros de obras. Para os varejistas, o sistema pode monitorar o estoque ou ajudá-los a encontrar o gerente de uma de suas lojas. No futuro, num hospital, o sistema poderá observar o cirurgião e a equipe de apoio para alertá-los, antes que seja tarde demais, ao detectar algum erro médico.

Aprender a aprender. No fim, o último estágio da evolução da tecnologia ocorrerá quando os computadores aprenderem a aprender, gerando os próprios programas. Como os seres humanos, os computadores farão mais do que meramente imitar o que as pessoas fazem, e inventarão soluções novas e melhores para os problemas. Profundas redes neurais e a transferência de aprendizagem já estão levando a avanços revolucionários, mas a inteligência artificial é como uma escada, e ainda estamos apenas no primeiro degrau dessa escada. O que nos espera lá no topo é uma inteligência artificial genérica e o mais completo domínio da linguagem humana pela máquina. Quando atingirmos esse estágio, o computador exibirá uma inteligência igual ou indistinguível da de um ser humano.

Um dos mais proeminentes pesquisadores da inteligência artificial decidiu fazer um experimento para demonstrar como um computador pode aprender a aprender. Eric Horvitz, conceituado médico e cientista da computação, lidera o nosso laboratório de pesquisa em Redmond e sempre foi fascinado por máquinas capazes de perceber, aprender e raciocinar. Seu experimento consistiu em facilitar para os visitantes a tarefa de encontrá-lo e assim liberar sua assistente humana para se encarregar de um trabalho mais importante do que a tarefa trivial de ficar o tempo todo dando instruções para andar pelo prédio. Para ir à sala de Horvitz, o visitante entra pelo saguão do piso térreo, onde uma câmera e um computador imediatamente o percebe, calcula sua direção, velocidade e distância, e faz uma projeção para se adiantar e chamar o elevador que já estará à espera desse visitante. Ao sair do elevador, um robô o cumprimenta e pergunta se ele precisa de ajuda para encontrar a sala de Eric entre os corredores labirínticos e uma miríade de outras salas. Quando o visitante chega lá, um assistente virtual já se adiantou à sua chegada, sabe que Eric está terminando um telefonema e pergunta se o visitante não preferiria esperar sentado. O sistema recebeu um treinamento básico, mas, com o tempo, aprendeu a aprender por conta própria, dispensando os programadores. Por exemplo, o sistema foi treinado para saber o que fazer se o visitante parar no saguão de entrada para atender a uma ligação ou para pegar uma caneta que caiu no chão. Ele começa a inferir, a aprender e a se programar.

Peter Lee é outro talentoso pesquisador de inteligência artificial que trabalha na Microsoft. Um dia, ele começou a refletir sobre algo que o jornalista Geoffrey Willans disse numa ocasião: "Você nunca vai ser capaz de entender um idioma enquanto não conhecer pelo menos dois". Goethe foi ainda mais longe: "Quem desconhece línguas estrangeiras nada sabe de sua própria língua". Aprender ou melhorar uma habilidade ou função mental pode afetar positivamente outra habilidade ou função mental. O efeito é a transferência de aprendizagem, que pode ser vista não só na inteligência humana como também na inteligência de máquina. Por exemplo, nossa equipe descobriu que, se treinássemos um computador para falar inglês, a máquina levava menos tempo para aprender espanhol ou outro idioma.

A equipe de Peter decidiu inventar um tradutor de idiomas em tempo real que rompe as barreiras linguísticas, possibilitando que cem pessoas falem em nove idiomas ou troquem mensagens em 50 idiomas. O resultado foi uma enorme fonte de inspiração. Trabalhadores do mundo todo podem se conectar por Skype ou simplesmente falar ao celular e se entender instantaneamente. Um chinês pode apresentar um plano de vendas e de marketing em sua língua nativa e seus colegas de equipe, espalhados pelo mundo, podem ver ou ouvir o que é dito em suas respectivas línguas nativas.

Um colega, Steve Clayton, me contou uma história que mostra como essa tecnologia tem ajudado sua família multicultural. Ele disse que, assim que viu uma demonstração, soube que seus filhos pequenos, falantes do inglês, teriam, pela primeira vez, a oportunidade de conversar ao vivo com os parentes chineses.

No futuro, muitas outras pessoas e entidades usarão as nossas ferramentas para expandir o tradutor para outros idiomas. Uma empresa da área da saúde, por exemplo, pode criar versões em inglês ou espanhol especializadas no jargão médico. Uma ferramenta de inteligência artificial poderia ser usada para observar e ouvir os profissionais de saúde falando e, após um período de observação, gerar automaticamente um novo modelo para criar uma versão específica para a área médica. Uma tribo ameríndia pode preservar seu idioma ouvindo os mais velhos falarem. Chegaremos ao estágio mais avançado quando esses sistemas de inteligência artificial não só forem capazes de traduzir, mas também de melhorar, talvez convertendo uma conversa em ideias para aperfeiçoar o tratamento de um paciente, ou converter uma conversa em um artigo.

O santo graal da inteligência artificial será um excelente assistente pessoal capaz de nos ajudar a tirar o máximo proveito da vida, em casa e no trabalho. A Cortana, batizada em homenagem ao personagem de inteligência sintética do nosso popular videogame *Halo*, demonstra em que pé estamos hoje e como esperamos um dia oferecer um alter ego extremamente eficaz, um assistente pessoal capaz de conhecer profundamente o usuário. Ele vai conhecer nosso contexto, nossa família, nosso trabalho. E também conhecerá o mundo. Será ilimitado. E, quanto mais for usado, mais inteligente ficará. Ele aprenderá com nossas interações com todos os nossos aplicativos e com os nossos documentos e e-mails do Office.

Hoje, a Cortana tem mais de 145 milhões de usuários por mês espalhados em 116 países. Esses clientes já fizeram 13 bilhões de perguntas e, a cada pergunta, a assistente pessoal aprende a se tornar mais útil. Eu mesmo sou um fã do recurso de monitoramento de resoluções da Cortana, que varre os meus e-mails em busca de promessas que fiz e me lembra com delicadeza quando vê que um prazo está se aproximando. Se eu digo a alguém que vou retornar com uma resposta daqui a três semanas, a Cortana fica sabendo e me lembra de cumprir a promessa.

A nossa equipe da Cortana, parte de uma divisão de pesquisa e inteligência artificial relativamente nova, trabalha em um prédio alto da Microsoft, no centro de Bellevue, com vista para os lagos e as montanhas do noroeste do Pacífico. A beleza desse entorno, aliada à missão de desvendar as fronteiras da inovação, atraiu alguns talentos incríveis, incluindo designers, linguistas, engenheiros do conhecimento e cientistas da computação.

Jon Hamaker, um dos gestores de engenharia do grupo, diz que seu objetivo é um dia ouvir os clientes dizendo: "Eu não conseguiria viver sem a Cortana... ela me salvou de novo hoje". Ele e sua equipe passam o dia pensando em cenários que concretizariam essa missão. O que os nossos usuários fazem? Como, quando, onde e com quem eles interagem? Quais elementos poderiam criar um vínculo com o usuário? Como podemos poupar o tempo do usuário, reduzir seu estresse, ajudá-lo a enfrentar as dificuldades do dia a dia? A missão de Hamaker é coletar todos os tipos de dados, de fontes como GPS, e-mail, agenda e dados correlativos da internet, e transformá-los em conhecimento e até empatia. O nosso assistente digital pode agendar um horário para fazer perguntas para coletar dados e poder nos ajudar mais. O assistente pode nos ajudar em momentos de incerteza, quando estivermos em um país estrangeiro, onde a moeda e o idioma são diferentes, por exemplo.

Esses tipos de incerteza fascinam os nossos engenheiros, que se concentram em ontologias semânticas, ou seja, o estudo das inter-relações entre pessoas e entidades. O sonho desses cientistas é desenvolver um assistente virtual capaz de fazer muito mais do que simplesmente exibir o resultado de uma pesquisa. Eles sonham com o dia em que um agente digital será capaz de entender contexto e significado e usá-los para se adiantar às necessidades e aos desejos dos usuários. O assistente digital do futuro sempre vai ter uma boa resposta, às vezes até uma resposta a uma dúvida que nem sabíamos que tínhamos.

Emma Williams não é uma engenheira. Ela era uma estudiosa de literatura inglesa com foco em literatura anglo-saxônica e nórdica. Seu trabalho é pensar na inteligência emocional dos nossos produtos de inteligência artificial, incluindo a Cortana. Ela sabe que a equipe que trabalha nos assistentes virtuais tem um elevado quociente de inteligência e quer que tenhamos uma alta inteligência emocional também.

Um dia ela descobriu uma versão da Cortana em que a assistente virtual expressava raiva quando o usuário lhe fazia certas perguntas. Williams se opôs imediatamente à ideia e foi irredutível. (A lição que podemos aprender com os contos nórdicos medievais sobre vikings é que devemos evitar a pilhagem no processo de descoberta de novos recursos.) Para Williams, a Cortana deve oferecer aos usuários a promessa implícita de sempre ter um comportamento calmo, tranquilo e sereno. Em vez de se irritar, a Cortana deve identificar o estado emocional do usuário, seja qual for, e reagir de acordo. A equipe ajustou a Cortana de acordo com as instruções de Williams.

Se essa jornada em direção a um assistente virtual com inteligência artificial tiver 1 milhão de quilômetros, só percorremos os primeiros desses quilômetros. Mas esses primeiros passos constituem uma enorme fonte de inspiração quando pensamos no que o futuro nos reserva.

David Heckerman é um renomado cientista que passou 30 anos trabalhando com inteligência artificial. Anos atrás, ele criou um dos primeiros filtros de spam eficazes ao descobrir um ponto fraco dos adversários (os spammers que entopem nossa caixa postal com lixo eletrônico) e frustrar suas tentativas. Hoje, a equipe que ele montou na Microsoft desenvolve algoritmos de aprendizado de máquina voltados a identificar e explorar pontos fracos de doenças como aids, gripe e o câncer. O HIV, o vírus que causa a aids, passa por rápidas e amplas mutações no corpo humano, mas essas mutações são pontuadas por algumas restrições. Os avançados algoritmos de aprendizado de máquina que criamos descobriram quais seções de proteínas do HIV são absolutamente essenciais para a sobrevivência do vírus, de modo que uma vacina pode ser criada para atacar essas seções. Utilizando dados clínicos, a equipe pode simular mutações e identificar alvos. Eles também estão trabalhando no sequenciamento do genoma de um tumor cancerígeno e identificando os melhores alvos para serem atacados pelo sistema imunológico.

Se o potencial desse trabalho com a inteligência artificial já é de tirar o fôlego, o potencial da computação quântica vai ainda mais longe.

□ □ □

A cidade de Santa Barbara, na Califórnia, fica mais perto de Hollywood do que do Vale do Silício. O campus universitário da cidade, informal e de frente para o mar, é um inesperado centro de desenvolvimento da computação quântica, o futuro do nosso setor. Sua proximidade com Hollywood vem bem a calhar, já que um roteiro de cinema pode ser um guia melhor para a física e a mecânica quântica do que um livro universitário. Como já dizia a série *Além da imaginação*, de Rod Serling: "Você está entrando em outra dimensão. Uma dimensão não só da visão e do som, mas também da mente. Uma jornada para um território fantástico cujo único limite é o limite da sua imaginação. Já podemos ver a placa. Sua próxima parada: além da imaginação".

Não é fácil definir a computação quântica. Nascida na década de 1980, ela alavanca determinadas propriedades físicas quânticas de átomos ou núcleos que lhe possibilitam trabalhar juntos como bits quânticos, ou *qubits*, para atuar como o processador e a memória de um computador. Ao interagir uns com os outros isolados do nosso ambiente, os qubits são capazes de fazer determinados cálculos com muito mais rapidez do que os computadores convencionais.

A fotossíntese, a migração de aves e até a consciência humana são estudadas como processos quânticos. No mundo da computação clássica de hoje, o nosso cérebro pensa e os nossos pensamentos são digitados ou falados em um computador que nos dá o feedback numa tela. No mundo quântico, alguns pesquisadores especulam que não haverá barreiras entre nosso cérebro e a computação. É um futuro ainda muito distante, mas será que um dia a consciência vai poder se fundir com a computação?

"Se não ficou profundamente chocado com a mecânica quântica, você ainda não sacou a ideia", disse Niels Bohr, o físico dinamarquês ganhador do Prêmio Nobel. Richard Feynman, um vencedor posterior do Prêmio Nobel, propôs a ideia da *computação* quântica, lançando a corrida para explorar a mecânica quântica aplicada à computação. As instituições que estão competindo para mobilizar a computação quântica são a Microsoft, a Intel, o Google e a IBM, bem como startups como a D-Wave e até governos que contam com enormes verbas para a defesa nacional. A esperança é que a computação quântica revolucione os fatores físicos da computação.

É claro que, se fosse fácil criar um computador quântico, alguém já teria conseguido realizar essa façanha. Enquanto a computação clássica se restringe a seu código binário e às leis da física, a computação quântica leva todos os tipos de cálculo (matemáticos, científicos e de engenharia) do mundo linear dos bits ao universo multidimensional dos qubits. Em vez de se limitar a ser simplesmente 1 ou 0, como os bits clássicos, os qubits podem ser todas as combinações (uma superposição), o que possibilita muitas computações ao mesmo tempo. Com isso, entramos num mundo no qual muitos cálculos paralelos podem ser feitos simultaneamente. Com um bom algoritmo quântico, o resultado, de acordo com um dos nossos cientistas, "é um grande massacre no qual todas ou a maioria das respostas erradas são canceladas".

A computação quântica não só é mais rápida do que a computação convencional como sua carga de trabalho obedece a outra lei de escala, contornando os preceitos da Lei de Moore. Segundo a Lei de Moore, formulada por Gordon Moore, o fundador da Intel, o número de transistores no circuito integrado de um dispositivo dobra aproximadamente a cada dois anos. Alguns dos primeiros computadores tinham cerca de 13 mil transistores, enquanto o Xbox One que você usa para jogar games contém 5 bilhões. Nos últimos anos, porém, a Intel tem relatado que a velocidade do avanço diminuiu, criando uma enorme demanda por maneiras alternativas de fornecer um processamento cada vez mais rápido para sustentar os avanços da inteligência artificial. As soluções criadas até o momento são aceleradores criativos, como fazendas de unidades de processamento gráfico (GPU, na sigla em inglês), chips de unidades de processamento de tensor (TPU, na sigla em inglês) e arranjos de portas programáveis em campo (FPGA, na sigla em inglês) na nuvem. Mas todos nós sonhamos criar um computador quântico.

Hoje, temos uma necessidade urgente de resolver problemas que os computadores clássicos levariam séculos, mas que poderiam ser resolvidos por um computador quântico em poucos minutos ou horas. Por exemplo, a velocidade e a precisão com as quais a computação quântica é capaz de decodificar até a criptografia mais complexa são espantosas. Um computador clássico levaria 1 bilhão de anos para decodificar a criptografia RSA-2048 de hoje, mas um computador quântico é capaz de fazer a mesma tarefa em cerca de cem segundos, ou menos de dois minutos. Por sorte, a computação quântica também revolucionará a criptografia da computação clássica, levando a uma computação cada vez mais segura.

Para chegar lá, precisaremos de três avanços científicos e de engenharia. O avanço matemático no qual estamos trabalhando é o qubit topológico. O avanço em supercondutores do qual precisamos é um processo de fabricação capaz de produzir milhares de qubits topológicos extremamente confiáveis e estáveis. O avanço da ciência da computação do qual precisamos são novos métodos computacionais para programar o computador quântico.

Na Microsoft, nosso pessoal e nossos parceiros estão trabalhando neste exato momento para resolver questões da física teórica e experimental e questões matemáticas e da ciência da computação que um dia farão da computação quântica uma realidade. O centro de toda essa atividade é a Estação Q, no Departamento de Física Teórica da Universidade da Califórnia em Santa Barbara. A Estação Q foi concebida por Michael Freedman, agraciado com o mais importante prêmio de matemática do mundo, a Medalha Fields, no congresso da União Internacional de Matemática em 1986, aos 36 anos. Depois disso, ele entrou na Microsoft Research. Em Santa Barbara, Freedman reuniu alguns dos maiores talentos do mundo na área da computação quântica: físicos teóricos cujos cálculos são usados para fundamentar o trabalho de físicos experimentais que, por sua vez, exploram essas conjecturas teóricas para montar experimentos que poderão ser usados por engenheiros elétricos e desenvolvedores de aplicativos para levar a computação quântica ao mercado.

□ □ □

Um dia, pouco depois do meio-dia na Estação Q, dois físicos teóricos comem tacos e atazanam um físico experimental com perguntas sobre suas últimas descobertas. Discutem os avanços de uma investigação focada num recanto complexo do mundo da matemática e da física conhecido como férmions (ou partículas) de Majorana, os quais prometem ser o tipo de supercondutor do qual precisamos para criar um computador quântico estável. A luz do sol se reflete no Oceano Pacífico, iluminando as incontáveis equações que eles rabiscaram nos quadros-negros que circundam a sala de reunião.

É esse tipo de colaboração intensa e em tempo real que levará aos avanços revolucionários dos quais precisamos. Craig Mundie, o visionário ex-diretor de tecnologia da Microsoft, criou a nossa iniciativa de computação quântica anos atrás, mas o processo acadêmico era repleto de obstáculos. Um físico teórico publica uma ideia. Um físico experimental testa essa teoria e publica os resultados. Quando o experimento fracassa ou produz resultados abaixo do ideal, o teórico critica a metodologia do experimento e ajusta a teoria original. E o processo todo recomeça do zero.

Hoje em dia, a demanda pela computação quântica acelerou a corrida pelas descobertas e a única maneira de cruzar primeiro a linha de chegada é reduzindo o tempo entre a teoria, o experimento e a criação. A busca por um computador quântico tornou-se uma espécie de corrida armamentista. Diante da necessidade de avançar com mais rapidez, aumentar nossa eficiência e intensificar nossa orientação para resultados, definimos um prazo para a meta de criar um computador quântico capaz de realizar uma tarefa útil, uma tarefa que os computadores clássicos são incapazes de fazer e que exigirá milhares de qubits. Para chegar lá, estamos promovendo maior colaboração no âmbito da empresa. Reunimos alguns dos melhores estudiosos do mundo e pedimos que trabalhem juntos, em pé de igualdade, e resolvam os problemas em colaboração com a mente aberta e uma postura de humildade. Quando sugerimos que cientistas experimentais e teóricos trabalhassem em estreita colaboração no Skype para lapidar as ideias e criar testes juntos, essa prática otimizou muito o processo.

Até agora, registramos mais de 30 patentes, mas ainda estamos longe da linha de chegada. Embora a corrida para a nuvem, a inteligência artificial e a realidade mista estejam chamando muita atenção, a corrida pela computação quântica tem passado em geral despercebida, em parte por sua complexidade e por todo o sigilo ao redor dessa tecnologia.

Uma das aplicações da computação quântica será melhorar a capacidade da inteligência artificial de entender a linguagem humana e resumi-la com precisão. E a computação quântica vai poder salvar vidas por meio de incríveis avanços médicos. Por exemplo, a computação clássica tem se mostrado incapaz de resolver o problema computacional de desenvolver uma vacina para eliminar o vírus do HIV, já que a capa protetora do HIV é extremamente variável e passa por constantes mutações. Por isso, ainda estamos a décadas de distância de conseguir criar uma vacina contra o HIV. Com um computador quântico, seria possível lidar com o problema de uma nova maneira.

O mesmo pode ser dito de diversas outras áreas nas quais a tecnologia está "empacada", como supercondutores de alta temperatura, produção de fertilizantes para otimizar a utilização da energia, teoria das cordas, entre outras. Um computador quântico possibilitaria uma nova abordagem para os problemas mais complexos da humanidade.

A cientista da computação Krysta Svore está no centro da nossa missão de resolver problemas usando um computador quântico. Krysta obteve seu doutorado pela Universidade Columbia, especializando-se em tolerância a falhas e computação quântica escalável, e passou um ano no MIT trabalhando com um cientista experimental no design do software necessário para controlar um computador quântico. Sua equipe está projetando uma exótica arquitetura de software, partindo do pressuposto de que nossos especialistas em matemática, física e supercondutores serão capazes de criar um computador quântico. Para priorizar os problemas que o software vai precisar resolver, ela convidou químicos quânticos do mundo todo para apresentar seu trabalho e participar de sessões de brainstorming.

Um problema se destacou. Milhões de pessoas ao redor do mundo passam fome devido à produção ou à distribuição inadequada de alimentos. Um dos maiores problemas da produção de alimentos é a necessidade de usar fertilizantes, que podem ser custosos e inclusive exaurir nossos recursos ambientais. A produção de fertilizantes requer retirar nitrogênio da atmosfera e convertê-lo em amônia, o que possibilita a decomposição de bactérias e fungos. Esse processo químico, conhecido como síntese de Haber-Bosch, continua inalterado desde que Fritz Haber e Carl Bosch o designaram em 1910. O problema é tão grande e complexo que os cientistas simplesmente nunca conseguiram propor uma solução melhor. Um computador quântico, em parceria com um computador clássico, contudo, poderia realizar enormes experimentos para encontrar um novo catalisador artificial capaz de imitar o processo bacteriano e reduzir a quantidade de gás metano e a energia necessária para produzir fertilizantes, reduzindo a ameaça ao ambiente.

A Microsoft adotou uma abordagem à computação quântica completamente diferente das dos demais concorrentes no setor. O inimigo da computação quântica é o "ruído" (ou seja, interferências eletrônicas como raios cósmicos, trovões e até o celular do seu vizinho), que é muito difícil de contornar e é uma das razões pelas quais a maioria das tecnologias quânticas funciona em temperaturas extremamente baixas. Com base no trabalho original de Michael Freedman, nossa equipe da Estação Q desenvolveu uma abordagem de computação quântica topológica (TQC, na sigla em inglês) com colaboradores do mundo todo. A computação quântica topológica reduz a sobrecarga de recursos quânticos em duas a três ordens de grandeza, em relação a outras abordagens. Esse tipo de qubit topológico é naturalmente menos propenso a erro do que as outras abordagens por ser mais impermeável ao ruído. Embora essa abordagem requeira descobertas em novas áreas da física, os benefícios potenciais são incríveis.

Não pense que um dia um computador quântico terá a forma de um novo PC autônomo e super-rápido que você vai poder instalar na sua mesa de trabalho. Um computador quântico funcionará como um coprocessador, recebendo instruções e dados de uma série de processadores clássicos. Será um dispositivo híbrido que funcionará na nuvem e acelerará cálculos extremamente complexos que ainda nem podemos imaginar. Nosso assistente de inteligência artificial, agindo em nosso nome, poderá resolver um problema que envolve a checagem de 1 bilhão de gráficos, usando um computador quântico capaz de escanear esse bilhão de possibilidades e retornar instantaneamente com apenas um punhado de escolhas.

O desenvolvimento experimental dos qubits progrediu ao ponto de produzir uma tecnologia escalável de qubits. Podemos esperar, nos próximos anos, o desenvolvimento de pequenos computadores quânticos. Isso permitirá a criação dos primeiros aplicativos usando algoritmos quânticos breves que resolverão determinados problemas com mais eficácia do que os computadores clássicos. E, o que é ainda mais importante, quando tivermos um computador quântico, poderemos acelerar o desenvolvimento de "qubits lógicos" mais longos e computadores quânticos maiores e mais robustos.

A arquitetura de hardware quântico que será capaz de gerar produção em escala exigirá que cientistas da computação, físicos, matemáticos e engenheiros trabalhem em colaboração para superar os obstáculos à computação quântica universal. Na Microsoft, estamos apostando que a computação quântica fará com que a inteligência artificial seja ainda mais inteligente e a realidade mista, uma experiência ainda mais imersiva.

CAPÍTULO 7

A equação da confiança

Valores atemporais na era digital: privacidade,
segurança, liberdade de expressão

Na manhã do dia 24 de novembro de 2014, os sistemas computa-dorizados da Sony Pictures Entertainment foram invadidos por um grupo que se identificou como os Guardiões da Paz, uma organização que, segundo órgãos de investigação dos Estados Unidos, era financiada pelo governo norte-coreano. Os hackers divulgaram uma série de e-mails roubados da Sony, revelando comentários embaraçosos feitos por executivos da empresa sobre estrelas de cinema e outras celebridades. Os Guardiões da Paz teriam atacado a Sony como uma forma de protesto contra um filme satírico lançado pela produtora, *A entrevista*. No filme, os personagens interpretados por Seth Rogen e James Franco têm um programa de entrevistas e convidam o líder norte-coreano Kim Jong-un para ser entrevistado. A fictícia CIA se mostra oportunista e rapidamente recruta os personagens de Rogen e Franco para assassinar o ditador norte-coreano. Esse contexto abre espaço para uma série de situações hilárias.

Sem achar nenhuma graça no filme, os hackers ameaçaram a Sony e qualquer cinema que decidisse exibir o filme. Uma mensagem postada na internet dizia: "Parem imediatamente de exibir o filme terrorista que pode acabar com a paz na região e provocar A Guerra". No dia 1º de dezembro, os arquivos roubados da Sony começaram a aparecer em sites de compartilhamento de arquivos. Em 19 de dezembro, o FBI acusou diretamente a Coreia do Norte pelo incidente e a Sony desistiu de lançar o filme nos cinemas.

A Sony corria o risco de incorrer em enormes perdas financeiras e procurou possíveis parceiros dispostos a transmitir o filme pela internet. A Microsoft, bem como outras empresas de mídia e tecnologia, se viu diante de uma crise de consciência. Deveríamos defender a liberdade de expressão, ajudando a distribuir *A entrevista*? Ou seria melhor não nos meter e deixar o drama político se desenrolar sem nosso envolvimento? Nossos engenheiros de segurança nos avisaram que, se a Microsoft optasse por distribuir o filme, os hackers norte-coreanos poderiam muito bem almejar os centros de dados da Microsoft, deixando o bilhão de clientes que dependem dos nossos serviços on-line vulneráveis a dispendiosas interrupções de serviço e roubo de dados privados. Já estávamos nos preparando para um possível ataque no Natal promovido pelo misterioso grupo de hackers mal-intencionados conhecido como "Lizard Squad".

Confrontar a Coreia do Norte poderia se revelar uma decisão caríssima. Muita coisa estava em jogo, incluindo nossa marca. Mas, no fim, decidimos que algo muito mais importante estava em jogo: quem somos nós. Liberdade de expressão, privacidade, segurança e soberania são valores atemporais e não negociáveis.

Nos dias que precederam o Natal, eu estava visitando minha família na Índia. Brad Smith, na época nosso assessor jurídico geral, estava no Vietnã, de onde passou a coordenar uma reação em conjunto do setor, e Scott Guthrie, o executivo responsável por nossos serviços de computação na nuvem, liderou uma robusta força-tarefa de engenharia em Redmond para garantir que fôssemos capazes de resistir a vários ataques. Permanecemos em contato constante por e-mail e Skype com engenheiros que se reuniram em um centro de comando improvisado na sede da Microsoft. Para todos nós, o objetivo era nos posicionar com base nos princípios da empresa e nos preparar para as consequências.

Na véspera de Natal, escrevi para o nosso Conselho de Administração: "Concluí que o destemor na defesa dos cidadãos norte-americanos de exercer seus direitos constitucionais está alinhado com o propósito, os negócios e os valores centrais da Microsoft". Também garanti ao Conselho que estaríamos em alerta máximo.

E aqueles mesmos engenheiros de segurança, que nos alertaram para os riscos, abriram mão de passar o Natal com a família para trabalhar 24 horas por dia, elaborando um plano para que pudéssemos lançar o filme com segurança. Fizemos progressos e enfrentamos contratempos, mas acabamos unindo forças e lançamos o filme no Natal, com grande sucesso, na nossa plataforma Xbox Video. A experiência foi intensa e poderia ter levado a consequências desastrosas. Mas era a coisa certa a fazer.

O que ficou claro é que o mundo precisa de uma espécie de Convenção de Genebra Digital, um acordo multilateral mais amplo, instaurando normas da segurança cibernética como regras globais. Assim como os governos do mundo se reuniram em 1949 para adotar a Quarta Convenção de Genebra e proteger a população civil em tempos de guerra, com esse acordo digital os governos se comprometeriam a adotar normas desenvolvidas para proteger a população civil na internet em tempos de paz. Uma convenção como essa pode levar os governos a se comprometer a evitar ataques cibernéticos contra o setor privado ou a infraestrutura crucial, ou invasões para roubar propriedade intelectual. E deve exigir que os governos apoiem o setor privado na tarefa de detectar, conter, reagir e se recuperar desses incidentes, além de decretar que os governos informem vulnerabilidades aos fornecedores em vez de armazenar, vender ou explorar essas vulnerabilidades.

Olhando para trás agora, nossos preparativos para defender os valores da nossa empresa e conquistar a confiança do público diante de uma crise internacional começaram com uma questão de grande visibilidade, ocorrida pouco mais de um ano antes.

Quando Edward Snowden, o ex-funcionário da Agência de Segurança Nacional norte-americana, embarcou num avião em maio de 2013, fugindo dos Estados Unidos para a China a caminho do asilo na Rússia, os princípios norte-americanos básicos (sem mencionar os princípios da nossa empresa) foram imediatamente acionados. Eu seria nomeado CEO da Microsoft em apenas alguns meses, mas, na época, liderava nossa divisão de nuvem e negócios corporativos, que armazenava muitos terabytes de e-mails e outros dados em servidores espalhados pelo mundo todo. A batalha entre as liberdades (individuais e atemporais, como privacidade e liberdade de expressão) e as demandas de segurança estava à minha porta.

Como você deve se lembrar, Snowden usou seu acesso a documentos secretos do governo para revelar um programa clandestino de vigilância de dados aplicado pela Agência de Segurança Nacional (NSA, na sigla em inglês), chamado PRISM, que coletava comunicações na internet, como e-mails armazenados na nuvem e em servidores. Esse programa de espionagem da NSA foi uma consequência de medidas de segurança mais rigorosas adotadas após os atentados terroristas de 11 de setembro de 2001. Os vazamentos de Snowden para a imprensa a respeito de e-mails e documentos coletados pelo PRISM geraram uma avalanche de manchetes indignadas, protestos de organizações de liberdades civis e recriminações de líderes governamentais dos mais altos escalões.

A Microsoft, o Google e outras empresas de tecnologia foram arrastadas para o meio dessa controvérsia depois que relatos iniciais da imprensa alegaram equivocadamente que serviços de segurança pública e inteligência receberam acesso direto a e-mails privados, hospedados em servidores baseados em território norte-americano. *Os nossos servidores.* Notícias publicadas na imprensa alegavam que o governo estava interceptando (sem mandatos de busca ou intimações) dados dos clientes em trânsito entre servidores ou entre centros de dados. O público queria e merecia respostas. Infelizmente, leis federais impediam que a Microsoft e outras empresas de tecnologia revelassem ao público quaisquer solicitações recebidas de órgãos de segurança pública e inteligência.

As revelações de Snowden levaram a imprensa a fazer uma marcação cerrada no nosso campus e por todo o Vale do Silício. Era fundamental esclarecer a história para os clientes e os parceiros que nos confiavam seus dados. Precisávamos agir (nos tribunais e em outros âmbitos) para defender nossos valores como líderes da economia da informação. E foi isso que buscamos fazer. Brad Smith liderou a iniciativa, trabalhando em estreita colaboração com toda a nossa equipe de liderança sênior.

Nos primeiros dias da crise, emitimos um comunicado corporativo deixando claro que a Microsoft disponibiliza acesso direto aos dados do cliente *somente* mediante uma intimação legalmente compulsória. Em parceria com o Google, abrimos uma ação judicial que nos permitiria divulgar mais dados relativos às solicitações recebidas, com base na Lei de Vigilância de Inteligência Estrangeira (FISA, na sigla em inglês).

Também escrevemos diretamente ao procurador-geral Eric Holder, afirmando que poderíamos ser mais transparentes se tivéssemos mais liberdade para divulgar ao público as solicitações do governo. Era o único jeito de esclarecer a extensão dos dados dos nossos clientes e parceiros que nossas empresas compartilhavam com o governo. A Cisco, a IBM, a AT&T e outras empresas do setor queriam uma explicação para as ações de coleta de dados no exterior por parte da NSA. Divulgamos que estávamos solicitando que o procurador-geral tomasse medidas para que a Microsoft e outras empresas pudessem revelar ao público informações mais completas sobre os mandatos e as intimações de segurança nacional emitidas pelo governo, e o que fizemos a respeito.

Na carta ao procurador-geral Holder, escrevemos: "[Nós] cumprimos nossas obrigações legais de compartilhar informações dos clientes em resposta a processos judiciais válidos e obrigatórios. Ao mesmo tempo, priorizamos a proteção da privacidade dos nossos clientes, de modo que criamos rigorosos processos voltados a avaliar todas as exigências recebidas de divulgação de informações para garantir que estejam plenamente de acordo com as leis em vigor".

Expandindo ainda mais a ação, firmamos uma parceria com a AOL, a Apple, o Facebook, o Google, o LinkedIn, o Twitter e o Yahoo para formar uma aliança que batizamos de Reform Government Surveillance [Reforma das Políticas de Vigilância pelo Governo]. Os integrantes da aliança insistiram em restringir a autoridade dos Estados Unidos e de outros governos para coletar informações dos usuários. Exigimos mais supervisão e prestação de contas, defendemos a transparência das exigências de dados por parte do governo, e salientamos a necessidade de os governos respeitarem o livre fluxo de informação. Também exigimos que os governos evitem conflitos entre si, o que pode criar um emaranhado de exigências contraditórias que praticamente impossibilitam para as empresas cumprirem plenamente a lei.

Nossas recomendações foram motivadas pelos valores da liberdade de expressão e da privacidade individual, mas também por interesses econômicos e comerciais. Argumentamos que os governos poderão dar mais apoio a uma economia global em crescimento se evitarem políticas que impeçam ou desencorajem o acesso, por parte de pessoas físicas ou jurídicas, a informações armazenadas fora de seus países.

Internamente, na Microsoft, nos mobilizamos para proteger ainda mais a segurança dos dados que nos foram confiados. Passamos rapidamente a expandir a segurança por criptografia em todos os nossos serviços e melhoramos a transparência do nosso código, o que ajudou a tranquilizar os nossos clientes de que os nossos produtos não continham *backdoors* que permitissem a governos ou qualquer outra pessoa acesso a seus dados. Também decidimos reformular a engenharia dos nossos centros de dados, o que exigiu um enorme investimento, mas, também nesse caso, era a coisa certa a fazer.

Embora, em nossa opinião, o governo federal estivesse sendo contundente em seu posicionamento, o presidente Obama permaneceu aberto a outros pontos de vista. Nos últimos meses de 2013, Brad e outros representantes do setor se reuniram em particular com o presidente para apresentar nosso argumento. Começamos a negociar com o governo e, no dia 16 de janeiro, na véspera de um anúncio presidencial para comunicar mudanças nas políticas de vigilância da NSA, recebemos um telefonema do Departamento de Justiça dos Estados Unidos dizendo que eles fechariam o caso em termos mais favoráveis. No mês seguinte, o presidente Obama concordou pela primeira vez em permitir que as empresas de tecnologia divulgassem informações mais detalhadas das exigências legais emitidas pelos órgãos de segurança nacional dos Estados Unidos. Com isso, os relatos da imprensa e as discussões sobre o papel das empresas de tecnologia na proteção da segurança dos dados podiam ser mais precisos e mais embasados em fatos. Mas, apesar de reconhecermos o valor das ações do presidente, continuamos insistindo na reforma das políticas relativas ao acesso do governo aos dados. Ainda tínhamos muito trabalho pela frente.

Apenas alguns meses antes, em dezembro de 2013, procuradores dos Estados Unidos exigiram que a Microsoft entregasse dados da conta de e-mail de uma pessoa que estava sendo alvo de uma investigação envolvendo narcóticos. Os dados tinham sido armazenados em um servidor da Microsoft localizado em uma instalação da empresa em Dublin, na Irlanda. Também nesse caso, nos vimos diante de uma polêmica entre nossas responsabilidades públicas e privadas, no caso, o desejo compreensível dos promotores de proteger a segurança pública, punindo criminosos, e nosso dever de defender a privacidade e a liberdade de expressão das pessoas. De algum modo, precisávamos evitar trair a confiança dos parceiros governamentais e dos nossos clientes.

Depois de muita ponderação, a Microsoft pediu a um juiz de comarca que anulasse a ordem do governo. Argumentamos que uma empresa norte-americana não podia ser obrigada a entregar informações hospedadas em um centro de dados irlandês, uma vez que a legislação norte-americana não se aplica naquele país. Como o *The New York Times* explicou em editorial em apoio à nossa posição, se os Estados Unidos pudessem exigir que uma empresa entregasse informações armazenadas na Irlanda, o que impediria um órgão brasileiro de exigir que empresas norte-americanas com negócios no Rio entregassem informações armazenadas em São Francisco?

Esse tipo de litígio costuma sair caro, mas precisamos resistir a exigências do governo se elas ameaçarem nossos valores centrais. Afinal, nossos produtos podem ir e vir, mas nossos valores são atemporais. O juiz de comarca decidiu a favor dos promotores norte-americanos, mas recorremos da decisão e o Segundo Circuito de Cortes de Apelação dos Estados Unidos concordou com a posição da Microsoft. A juíza do Segundo Circuito, Susan L. Carney, afirmou em sua decisão que se baseou no que chamou de "o antigo princípio da lei norte-americana que sustenta que a legislação do Congresso, a menos que uma intenção contrária seja revelada, só é aplicável em território de jurisdição dos Estados Unidos". Quando este livro foi para a gráfica, o Departamento de Justiça tinha decidido recorrer da decisão na Suprema Corte dos Estados Unidos.

Foi nesse contexto de valores conflitantes, intensos debates públicos e leis em evolução que explodiu a crise do roubo de dados da Sony.

O difícil desafio de equilibrar as liberdades individuais e a segurança pública ganhou ainda mais visibilidade depois do terrível ataque terrorista em San Bernardino, na Califórnia, em dezembro de 2015.

Um marido e uma mulher, fiéis ao Estado Islâmico (ISIS, na sigla em inglês), abriram fogo em uma festa da empresa, matando 14 pessoas e deixando 22 feridos. Acreditando que o iPhone usado por um dos atiradores poderia conter informações para esclarecer os fatos e ajudar a impedir futuros ataques, o FBI abriu uma ação judicial para forçar a Apple a desbloquear o telefone.

A Apple resistiu. Tim Cook, CEO da Apple, argumentou que sua empresa só poderia violar a segurança do telefone se criasse um novo software e exporia um *backdoor* no dispositivo, qualquer pessoa poderia usá-lo para se infiltrar. O FBI, na opinião da Apple, estava ameaçando a segurança dos dados buscando estabelecer um precedente que o governo dos Estados Unidos poderia usar para forçar qualquer empresa de tecnologia a criar um software capaz de prejudicar a segurança de seus produtos. Outros tecnólogos defenderam a posição da Apple.

Também nesse caso, a Microsoft se viu diante de uma difícil decisão, uma decisão que me afetou muito pessoalmente. Tenho parentes que trabalharam em órgãos de segurança pública e eu sabia da necessidade de acesso a evidências para proteger a segurança do público (em muitos casos, a segurança dos nossos clientes). Diante da intensa ansiedade do público em relação ao terrorismo, teria sido fácil para a Microsoft apoiar a posição do governo ou simplesmente se distanciar do debate.

No fim, contudo, a Microsoft ficou do lado de um de seus concorrentes mais ferrenhos, apoiando a Apple em sua batalha jurídica. Fizemos isso porque também nos preocupávamos com as possíveis ramificações daquele caso para o setor da tecnologia e para nossos clientes. De um modo geral, ninguém duvida que *backdoors* devem ser evitados, já que enfraquecem a segurança e geram desconfiança. Seria perigoso criar deliberadamente um *backdoor* para facilitar o acesso a dados pessoais de um usuário.

Ao mesmo tempo, sabíamos que a solução para o problema era importante demais para ser deixada nas mãos de um grupo de

CEOs do setor da tecnologia. Desse modo, propusemos a criação de um grupo diversificado para discutir o problema e pensar em uma solução legislativa capaz de proteger a segurança do público e permitir o acesso aos órgãos de segurança pública, quando necessário. É essencial chegar ao equilíbrio certo. É mais fácil ser um fanático em defesa de um lado ou de outro, mas o fanatismo não faz com que a posição seja certa. As pessoas prezam tanto sua segurança quanto sua privacidade. As empresas também prezam os dois, já que segurança e confiança são dois fatores fundamentais para o crescimento econômico. E é necessário chegar a uma solução global, já que nenhum país é isolado. Sem um sistema internacional confiável, nenhuma nação está em segurança.

Na esteira da polêmica do iPhone, Michael Bloomberg, empresário e ex-prefeito de Nova York, publicou um artigo de opinião no *The Wall Street Journal* expressando à perfeição minha própria opinião sobre o assunto. Ele observou ser irônico que os líderes de um setor que se baseia na liberdade estejam resistindo às tentativas do governo de salvaguardar essa mesma liberdade. Ele disse que, embora seja demais esperar que os especialistas do setor da tecnologia do Vale do Silício se unam ao governo em sua luta contra o terrorismo, uma pequena cooperação não deveria ser pedir demais.

O dilema exemplificado por todos esses casos de alta visibilidade (Sony, Snowden, San Bernardino e o centro de dados irlandês) é o conflito entre proteger a privacidade individual e a liberdade de expressão e obedecer a requisitos da sociedade civil, como a segurança pública. Esse conflito cria um dilema moral ou ético, um dilema que vem sendo debatido ao longo de toda a história. O filósofo Tom Beauchamp define esse dilema como uma circunstância na qual os deveres morais exigem ou parecem exigir que uma pessoa adote uma entre duas (ou mais) ações alternativas, mas a pessoa não tem como adotar todas as alternativas necessárias. Em uma circunstância assim, algumas evidências indicam que um ato é moralmente correto enquanto outras evidências indicam que o ato é moralmente incorreto, mas as evidências ou a solidez do argumento dos dois lados não são conclusivas. Lastimavelmente, foi essa a situação da Microsoft e é justamente por essa razão que as decisões que tive de tomar como o CEO, e que temos de tomar como organização, foram tão difíceis, penosas e controversas.

A solução definitiva para o dilema de privacidade versus segurança é garantir a confiança de todos os lados, o que não é uma tarefa fácil. Os clientes devem confiar que protegeremos sua privacidade, mas temos de deixar claro em quais condições legais não poderemos garantir essa proteção. Por outro lado, o governo deve confiar que vamos ajudá-lo a proteger a segurança pública, desde que as regras de proteção à liberdade individual sejam claras e sistematicamente obedecidas. Criar e manter esses dois tipos de confiança (encontrar o equilíbrio entre as obrigações para com as pessoas e para com os governos) sempre definiu o progresso das instituições, uma tarefa que pode ser mais uma arte do que uma ciência.

Em uma interessantíssima palestra do TED Talk, o regente britânico Charles Hazelwood descreveu a importância crucial da confiança ao liderar uma orquestra. O instrumento de um maestro, é claro, é a orquestra em si e, quando levanta a batuta, ele precisa confiar que os músicos vão reagir de acordo, e os músicos precisam confiar que o regente criará um ambiente coletivo no qual cada um poderá mostrar o seu melhor. Com base nessa experiência, Hazelwood diz que a confiança é como segurar um passarinho na mão. Se você apertar demais, esmaga o passarinho; se não fechar bem os dedos, ele foge.

Esse passarinho simboliza a confiança no momento de transição para um mundo digital. Hoje, porém, estamos cercados de confusão e o pássaro está numa posição precária. Temos muito em jogo. Os Estados Unidos são um farol para a democracia. E também são uma potência tecnológica que está à frente da onda da computação em nuvem. No entanto, o caso de Snowden violou um fator fundamental da computação em nuvem: a confiança. Como podemos ser uma empresa norte-americana de computação em nuvem e pedir ao mundo para confiar em nós quando a NSA usa serviços comerciais para espionar as pessoas, incluindo chefes de Estado?

Nós, as empresas de tecnologia, precisamos incluir a confiança em tudo o que fazemos, mas os legisladores também têm um papel importante nessa história. A confiança não depende apenas da nossa tecnologia, mas também da estrutura jurídica que a regulamenta. Neste novo mundo digital, perdemos em grande parte o equilíbrio necessário porque nossas leis não estão conseguindo acompanhar as mudanças tecnológicas.

Mais adiante falarei como deveria ser uma estrutura legislativa moderna, concebida tendo em vista a confiança. Mas, primeiro, eu gostaria de explorar a essência da confiança e como ela definiu nossos valores e princípios básicos.

Minha mãe, estudiosa de sânscrito, e eu sempre gostamos de estudar as definições e a filosofia por trás de palavras orientais e ocidentais, que muitas vezes expõem diferenças importantes no modo de pensar das duas culturas. A palavra em sânscrito *vishvasa* transmite a ideia de integridade de caráter e confiabilidade. Outra palavra sânscrita é *shraddha*, que denota fé, confiança e crença, no sentido religioso, mas, em vez de uma fé cega, trata-se de uma fé que lembra a famosa fala do presidente Ronald Reagan: "Confie, mas verifique".

Em qualquer caso, tanto na nossa língua como em sânscrito, *confiança*, como tantas palavras, constitui um diagrama de Venn, com muitos significados sobrepostos. Em qualquer contexto, para mim, a confiança é uma responsabilidade sagrada.

Sou engenheiro da computação, de modo que gosto de expressar ideias e conceitos complexos de acordo com os esquemas ou os algoritmos que usaríamos se estivéssemos escrevendo um programa de computador. Quais seriam as instruções de um programa para produzir a confiança? É claro que não existe uma equação matemática para um resultado humano como esse. Mas, se existisse, poderia ser algo como:

> ## E + VC + SC = C/T
> Empatia + Valores Compartilhados + Segurança e Confiabilidade = **Confiança ao longo do tempo**

Quando estávamos no meio das negociações para a aquisição do LinkedIn em 2016, o CEO do LinkedIn, Jeff Weiner, virou-se para mim e disse: "Confiança é a coerência ao longo do tempo". Pensando bem, essa pode ser uma equação ainda melhor.

Note que o primeiro termo na minha equação da confiança é a empatia. Não importa se você trabalha em uma empresa que está criando o design de um produto ou se é um legislador dedicado a elaborar uma política: você deve começar desenvolvendo empatia em relação às pessoas e suas necessidades. Nenhum produto ou política funcionará se não refletir e honrar a vida e a realidade das pessoas, o que requer que as pessoas encarregadas de criar o produto ou a política conheçam e respeitem os valores e as experiências que formam essas realidades. A empatia é o componente fundamental no desenvolvimento de um produto ou uma política capaz de conquistar a confiança das pessoas.

Em seguida, se quisermos construir uma base duradoura de confiança entre uma empresa e seus clientes ou parceiros (ou entre os legisladores e as pessoas afetadas pelas políticas), precisamos ter valores compartilhados, como constância, igualdade e diversidade. Será que priorizamos a segurança e a confiabilidade e garantimos que as pessoas afetadas possam contar com essas qualidades, dia após dia? Se sim, estaremos criando confiança ao longo do tempo. E a confiança, por sua vez, possibilita que pessoas e organizações se sintam seguras para vivenciar, explorar, experimentar e expressar. No mundo digital de hoje, confiança é tudo.

Num comunicado de 2002 que Bill Gates enviou aos funcionários da Microsoft, ele disse que a computação confiável é mais importante do que qualquer outro aspecto do nosso trabalho: "Se não fizermos isso, as pessoas simplesmente não se abrirão para se beneficiar de todo o nosso excelente trabalho... e nem poderão fazer isso". A confiança é muito mais do que um mero aperto de mão. É o contrato, o vínculo, entre os usuários de serviços digitais e os fornecedores desses serviços que nos possibilita desfrutar, ser produtivos, aprender, explorar, expressar, criar, nos informar. Jogamos videogame com amigos, armazenamos documentos confidenciais, fazemos perguntas profundamente pessoais num mecanismo de busca, abrimos empresas, ensinamos nossos filhos e nos comunicamos... tudo isso em redes públicas.

Essas tecnologias abriram novas oportunidades e novos mundos, permitindo que pessoas com ideias afins e boas intenções, em todas as partes do planeta, se comuniquem, colaborem, aprendam, criem e compartilhem. Mas o outro lado da moeda também é verdadeiro. Algumas pessoas querem nos prejudicar. Algumas pessoas planejam ataques, roubam, insultam, intimidam, mentem, exploram on-line. A confiança é essencial, mas também é incrivelmente vulnerável a uma miríade de forças.

Vejo a situação nos seguintes termos: o bem e o mal se enfrentam numa batalha contínua, não só em espaços físicos como casas, ruas e campos de batalha, mas também em espaços não tão visíveis, incluindo o ciberespaço. Vivemos numa época que David Gelernter chama de "mundos espelhados": o mundo físico é refletido no mundo on-line, onde os dados se acumulam e ganham cada vez mais importância. Qual é o tamanho da nossa montanha de dados? O chamado *big data* (informações armazenadas e analisadas na nuvem) está a caminho de atingir 400 trilhões de gigabytes até 2018. Para você ter uma ideia do tamanho dessa montanha de dados, um pesquisador da Universidade da Pensilvânia calculou que isso equivale a dez vezes as informações contidas em todo o discurso humano em toda a história da humanidade. É um volume estonteante de dados, com um potencial praticamente ilimitado tanto de uso como de abuso. O mundo espelhado do ciberespaço tem um potencial incrível tanto para o bem como para o mal.

Assim como nossa ética, nossos valores e nossas leis foram desenvolvidos e evoluíram no decorrer de gerações no mundo físico, o mesmo deve acontecer com nosso entendimento do mundo cibernético e as regras para trafegar nele. Se um órgão de segurança pública norte-americano precisasse de um documento guardado numa gaveta de uma escrivaninha na Irlanda, eles recorreriam a um órgão irlandês de segurança pública e provavelmente não pediriam a um tribunal norte-americano para confiscar esse documento. E, se autoridades do governo precisassem da combinação para abrir um cofre, não exigiriam que o fabricante do cofre criasse uma nova ferramenta capaz de abrir todos os cofres. Mas foi exatamente esse tipo de resultado ilógico e, alguns diriam, injusto que ocorreu nos casos que descrevi. Os princípios que regem as interações no ciberespaço precisam ser elaborados com cuidado e ponderação, tendo como objetivo básico criar e proteger a confiança.

No decorrer da história, a confiança teve um propósito tanto econômico quanto ético. Por que os Estados Unidos geraram tanta oportunidade econômica e riqueza? O economista Douglass North, que ganhou o Prêmio Nobel com um colega, estudou essa questão e descobriu que por si só as inovações técnicas não bastam para gerar o sucesso de uma economia. São necessárias ferramentas jurídicas, como tribunais que garantem a justiça na execução de contratos. O que impediria um sujeito armado de bater à sua porta e tomar a sua propriedade? O que separa os seres humanos modernos do homem das cavernas é a confiança.

Os fundadores dos Estados Unidos sabiam disso e definiram os valores atemporais que fundamentam o direito à liberdade de expressão garantido pela Primeira Emenda. Precisamos elaborar leis de publicação digital capazes de proteger a liberdade de expressão para reforçar, e não minar, a confiança entre cidadãos, organizações e governos. E a Quarta Emenda, que protege os norte-americanos de ações de busca e apreensão desmedidas, se baseia em valores atemporais que devem ser respeitados por leis constantemente atualizadas diante de mudanças sociais, políticas, econômicas e tecnológicas.

Essa dinâmica vem ocorrendo há séculos. No dia 3 de julho de 1776, John Adams, então representante do estado de Massachusetts no Congresso Continental, escreveu para sua esposa, Abigail, contando que, em sua opinião, a origem da Revolução Americana tinha sido uma ação injustificada de busca e apreensão por parte dos britânicos. Durante gerações, sem permissão para tanto, o governo colonial tinha passado de casa em casa em busca de evidências. A paixão de Adams pelo equilíbrio entre as liberdades individuais e a segurança pública ajudaria mais tarde a nortear a elaboração da Quarta Emenda. Gerações depois, escrevendo para a Suprema Corte dos Estados Unidos num caso envolvendo a apreensão, por parte de órgãos da segurança pública, de um smartphone, John Roberts, o presidente do tribunal, comparou o mundo físico dos pais fundadores com o nosso mundo on-line de hoje:

> Nossos tribunais reconhecem que a Quarta Emenda foi a resposta da geração dos pais fundadores aos desacreditados "mandatos gerais" e aos "mandatos de execução coerciva" da era colonial, que permitiam que oficiais britânicos revirassem lares, sem nenhuma restrição, em suas ações de busca de evidências de atividades criminosas. A oposição a esse tipo de busca foi uma das forças que impulsionou a Revolução... Os telefones celulares modernos são mais do que apenas outra comodidade tecnológica. Pensando em tudo o que eles contêm e em tudo o que podem revelar, para muitos norte-americanos esses aparelhos representam toda "a privacidade da vida".

Nenhuma onda de mudanças tecnológicas deixou de exigir a confirmação dos valores que fundamentam a proteção contra buscas e apreensões ilegais e o desenvolvimento de novas maneiras de proteger esses valores. Quando o Serviço Postal dos Estados Unidos foi criado por Benjamin Franklin rapidamente surgiram casos de fraudes pelo correio, seguidas de leis para proteger os cidadãos dessas fraudes. O advento do telégrafo levou à fraude eletrônica e a escutas ilegais, e a leis destinadas a evitá-las. Os dispositivos que temos hoje, a nuvem e a inteligência artificial serão usados tanto para o bem como para o mal. Agora, é a vez da nossa geração de criar sistemas jurídicos e regulamentares para desencorajar e punir o mal e encorajar o bem – e fazer isso de maneira a reforçar a confiança na sociedade como um todo.

Pensando nas origens das leis que tratam da proteção aos direitos humanos nos Estados Unidos, eu me perguntei como a Índia, também uma antiga colônia britânica, enfrentou os mesmos problemas. Akhil Reed Amar, professor de direito na Universidade Yale e autor de *The Constitution Today* e outros livros populares sobre a história das leis norte-americanas, disse em uma entrevista à revista *Time*: "Meus pais nasceram numa Índia governada por um monarca e por um Parlamento que nenhum cidadão da Índia votou para eleger, assim como os revolucionários norte-americanos. Hoje, a Índia tem 1 bilhão de pessoas que se governam democraticamente com uma Constituição escrita". Nesse sentido, a evolução dos dois países foi bem parecida.

Mas quais seriam as diferenças entre a experiência norte-americanas e a indiana? Fiz essa pergunta a Arun Thiruvengadam, um estudioso indiano da Constituição. Ele me explicou que, no período que se seguiu à independência indiana da Grã-Bretanha, em 1947, a população se ressentia muito do abuso do governo colonial em relação às leis criminais, inclusive leis que restringiam a liberdade de expressão e leis que permitiam ao governo colonial deter preventivamente indianos, muitas vezes sem apresentar nenhuma justificativa e por simples suspeita de algum tipo de atividade antigovernamental. Assim como nos Estados Unidos, os redatores da nova Constituição da Índia procuraram incluir garantias contra esse tipo de abuso no futuro, incorporando direitos e disposições na lei fundamental do país para assegurar esse resultado.

No entanto, devido a complexos fatores que os estudiosos da história indiana ainda estão tentando decifrar, as disposições constitucionais para as liberdades individuais não foram tão robustas nem tão amplas quanto inicialmente proposto. Por uma variedade de razões, as disposições de busca e apreensão não receberam muita atenção, e nada parecido com a Quarta Emenda dos Estados Unidos foi incorporado à declaração de direitos indiana. Desde então, enquanto sucessivos governos continuaram aplicando os antigos mecanismos coloniais, pessoas acusadas de crimes políticos têm buscado empregar argumentos inspirados na lei constitucional dos Estados Unidos, incluindo a Quarta Emenda.

Essas tentativas têm gerado resultados variados que nos lembram que nunca é simples garantir liberdades para as pessoas, uma vez que os fatores sociais, culturais e políticos podem ter resultados imprevisíveis na formação dos direitos que as pessoas em geral simplesmente aceitam como naturais.

A história demonstra que a tensão entre segurança pública e liberdade individual não raro se intensifica em épocas de crise nacional. Para comprovar, basta dar uma olhada no passado. Quando as Guerras Napoleônicas na Europa ameaçaram envolver a nova nação dos Estados Unidos no conflito, o presidente John Adams promulgou as Leis de Sedição, dificultando a entrada de imigrantes nos Estados Unidos e dando ao governo poderes para deter não cidadãos suspeitos de ameaçar o público. Durante a Guerra Civil, o presidente Abraham Lincoln suspendeu o recurso do habeas corpus, que protegia os cidadãos de detenções e prisões arbitrárias. Na Segunda Guerra Mundial, o governo automaticamente condenou os nipo-americanos simplesmente por serem de origem racial suspeita. No calor do conflito, o pêndulo em geral tende a priorizar a segurança. Quando a crise passa, as pessoas querem um equilíbrio mais estável.

Podemos aprender com essas lições da história para lidar com os conflitos que enfrentamos hoje. A história nos ensina que devemos criar novos processos e leis que reforcem a confiança do público, ao mesmo tempo facilitando o rápido acesso a dados e garantindo proteção à privacidade das pessoas.

Não sou só eu que penso assim. Todos os anos, a Microsoft faz um levantamento com clientes ao redor do mundo. Em 2015, 71% dos entrevistados disseram que as proteções jurídicas atuais, voltadas à segurança dos dados, eram insuficientes; na opinião de 66%, os órgãos de segurança pública devem apresentar um mandato judicial ou documento equivalente para ter acesso a informações pessoais armazenadas num PC. Enquanto isso, mais de 70% dos entrevistados disseram acreditar que suas informações armazenadas na nuvem contavam com a mesma proteção legal que os arquivos físicos, uma crença que pode ou não ser válida no atual cenário jurídico ainda em evolução.

Hoje, seja nos Estados Unidos, na Índia ou em qualquer lugar do mundo, precisamos de um ambiente regulamentar que promova o uso inovador e seguro da tecnologia. O maior problema são leis antiquadas e inadequadas para resolver problemas como o caso do ataque da Sony por hackers ou o ataque terrorista de San Bernardino. Em meio ao impasse da Apple com o FBI, o assessor jurídico geral da Microsoft, Brad Smith, se apresentou ao Congresso para argumentar que as leis que tratam da privacidade e da segurança dos dados precisam de uma revisão urgente. Brad observou que o Departamento de Justiça, no caso da Apple, solicitou que um juiz aplicasse o jargão de uma lei escrita e aprovada em 1911. Para ilustrar o absurdo da situação, Brad apresentou um exemplo do mais sofisticado dispositivo de computação da época: uma antiga e estridente máquina de somar, lançada em 1912. "É incrível o tipo de coisas que a gente consegue achar na internet", ele comentou, rindo. Mas o argumento de Brad era sério. Acreditamos que os tribunais não devem tentar resolver problemas tecnológicos do século 21 usando leis criadas na era das máquinas de somar.

Infelizmente, é difícil ter muitas esperanças em relação a alterações profundas e ponderadas nas políticas considerando a disfunção que vemos não só no governo federal dos Estados Unidos, mas também nos governos do mundo todo. Muitas prioridades políticas competem pela atenção dos legisladores, mas eu diria que criar leis adequadas para a revolução digital está entre as prioridades mais importantes. Ou a confiança impulsionará essa revolução, com todos os benefícios que podem acompanhá-la, ou a desconfiança impedirá qualquer avanço.

O que os eventos de 2013 e 2014 demonstraram é que as tecnologias da informação deram uma verdadeira injeção de esteroides na Primeira e na Quarta Emenda, já que os computadores são capazes de difundir a liberdade de expressão à velocidade da luz, mas pode ser desanimador o governo também ser capaz de usar a tecnologia para bisbilhotar a população. Pare e pense um pouco a respeito. Para falar ou escrever ou, em outras palavras, para nos expressar, precisamos de privacidade. Nossa liberdade de expressão depende, em certa medida, da privacidade necessária para ler, pensar e escrever. Essas medidas de privacidade são protegidas pela Quarta Emenda.

Eu seu livro *Madison's Music*, o professor e estudioso de liberdades civis Burt Neuborne escreve que "uma visão poética da inter-relação entre a democracia e a liberdade individual está escondida bem à nossa frente, no texto, ordenado e estruturado com brilhantismo, da Declaração dos Direitos, mas não sabemos mais como encontrá-la". Enquanto procuramos por ela, gostaria de dar seis sugestões para os legisladores garantirem uma maior confiança da sociedade na presente era de transformação digital.

Para começar, precisamos de um sistema mais eficiente para garantir a órgãos de segurança pública seu acesso a dados, de maneira devidamente ponderada e controlada. Entre as incontáveis responsabilidades do governo, nenhuma é mais importante do que proteger os cidadãos de danos. Nosso setor precisa reconhecer a importância dessa responsabilidade, tendo em vista que muitas vezes nossos clientes são as mesmas pessoas que precisam ser protegidas. Desde o crime cibernético até a exploração infantil, muitas investigações policiais que requerem acesso a provas digitais visam proteger nossos usuários de atividades mal-intencionadas e garantir que nossos serviços na nuvem sejam seguros e confiáveis. Os governos precisam acatar uma estrutura jurídica clara, sujeita a limitações e inspeções, garantindo um mecanismo eficiente para obter provas digitais.

Em segundo lugar, precisamos de proteções mais robustas da privacidade para que a segurança dos dados dos usuários não seja negligenciada em nome da eficiência. Os governos também têm a obrigação de proteger o direito fundamental à privacidade de seus cidadãos. A coleta de provas digitais deve ser direcionada a usuários específicos e conhecidos, e restrita a casos que incluam provas razoáveis de crime. Qualquer exigência por parte do governo de obter acesso a informações sigilosas dos usuários deve ser regida por uma estrutura jurídica clara e transparente, sujeita a inspeção por órgãos independentes, e deve incluir diferentes perspectivas para defender os direitos dos usuários.

Em terceiro lugar, precisamos desenvolver um modelo moderno para governar a coleta de evidências digitais que respeite as fronteiras internacionais e ao mesmo tempo reconheça a natureza global da tecnologia da informação dos dias de hoje. No cenário jurídico atual, incerto e um tanto caótico, os governos do mundo todo tendem a agir de maneira cada vez mais unilateral. As empresas de tecnologia enfrentam inevitáveis conflitos legais, o que acaba criando incentivos para localizar dados. Não se sabe ao certo quais leis protegem os dados privados, e a confusão está minando a confiança dos clientes na tecnologia. Se essa tendência se mantiver, as consequências podem ser desastrosas para o setor da tecnologia e para as pessoas que usam seus serviços e produtos. Um protocolo jurídico baseado em princípios, transparente e eficiente, deve ser desenvolvido para reger as solicitações de evidências digitais em diferentes jurisdições, e os países devem garantir que suas próprias leis respeitem esse protocolo.

Em quarto lugar, nós, do setor da tecnologia, precisamos conceber nossos serviços e produtos tendo em vista a transparência. Nos últimos anos, as empresas de tecnologia garantiram o direito de divulgar dados agregados sobre o número e os tipos de solicitações que recebem para serem usados como evidências digitais. Os governos devem garantir que suas leis protejam esse tipo de transparência proporcionada pelas empresas de tecnologia. Os governos também devem permitir que as empresas, com exceção de casos extremamente limitados, notifiquem os usuários cujas informações forem solicitadas por um governo.

Em quinto lugar, devemos modernizar as nossas leis para refletir a evolução no uso da tecnologia. Vejamos um exemplo: hoje em dia, muitas das grandes organizações públicas e privadas estão transferindo suas informações digitais para a nuvem, e muitas startups estão alavancando a infraestrutura de empresas maiores para distribuir seus aplicativos e prestar seus serviços. Com isso, os governos acabam tendo variadas fontes para obter as informações necessárias para investigar atividades criminosas. Exceto em circunstâncias bastante limitadas, as evidências digitais podem ser obtidas com os próprios clientes ou com as empresas que oferecem serviços diretamente aos clientes, evitando complexas questões de jurisdição e conflitos legais. Faz sentido que os governos federais exijam que os investigadores busquem provas digitais da fonte mais próxima ao usuário final.

Em sexto lugar, devemos reforçar a segurança para promover a confiança. Nos últimos anos, órgãos de segurança pública ao redor do mundo têm argumentado que a criptografia está prejudicando investigações policiais ao impedir o acesso às informações necessárias para solucionar os casos. No entanto, algumas das soluções propostas para o chamado "problema da criptografia", desde enfraquecer os algoritmos de criptografia até mandatos para fornecer aos governos chaves de criptografia, podem ser bastante preocupantes. A criptografia é fundamental para proteger os dados sigilosos dos nossos clientes de hackers e outros agentes mal-intencionados. Reformas regulamentares ou jurídicas nessa área não devem prejudicar a segurança, um fator essencial para garantir a confiança dos usuários na tecnologia.

Já ouvi norte-americanos dizendo que ninguém mais se preocupa com a privacidade. Diante da popularização dos serviços de mídia social, algumas pessoas acreditam que a privacidade está morta e que, em vez de manter suas informações em sigilo, as pessoas as divulgam sem restrições na internet. Eu não acho que isso signifique que a privacidade esteja morta. As pessoas simplesmente estão adotando novas definições e novas normas para a privacidade. Manter as informações no âmbito do privado não significa que essas informações sejam secretas. As pessoas querem controlar com quem compartilham as informações e como é utilizada essa informação compartilhada.

Nos Estados Unidos, essa evolução já está ocorrendo num contexto que inclui uma expectativa razoável de privacidade, considerando que os norte-americanos têm um longo histórico de confiança nas proteções fornecidas pela Quarta Emenda. Tenho constatado que os europeus tendem a ser muito mais sensíveis a questões envolvendo a privacidade, em parte, talvez, porque viram de perto como a privacidade pessoal foi completamente destruída por ditadores no século anterior.

Sim, milhões de pessoas se importam cada vez menos de compartilhar suas informações pessoais com amigos, mas isso não significa que não se importem de compartilhar essas informações com o mundo todo. É fascinante ver como o serviço de mensagens Snapchat, criado por um jovem de 23 anos, se transformou num fenômeno de popularidade graças à sua inventiva proposta de valor: o Snapchat compartilha fotos com os amigos, sabendo que ela desaparecerá da internet em 24 horas.

Se esse não for um novo padrão para proteger a privacidade das pessoas, não sei o que seria. O Snapchat é um bom exemplo do tipo de inovação e empatia que os líderes do setor da tecnologia, do governo e da sociedade em geral precisam ter para conceber sistemas e regras voltados a melhorar e estender a segurança, a proteção e a confiança do público.

CAPÍTULO 8

O futuro das pessoas e das máquinas

Rumo a um protocolo ético para o projeto da
inteligência artificial

Se você quiser ter uma noção do pé em que está a relação entre homem e computador e conhecer seu futuro, um bom ponto de partida é observar algumas conversas que estamos tendo com nossos interlocutores digitais. Milhões de pessoas ao redor do mundo já estão trabalhando e conversando com assistentes de produtividade digital, como a Cortana. Outros milhões de pessoas passam parte do dia batendo papo com programas de inteligência artificial (chamados *chatbots*), como o Xiaoice, na China, e o Zo, nos Estados Unidos.

John Markoff, do *The New York Times*, escreveu sobre o fenômeno em seu artigo sobre o Xiaoice. A personalidade da Cortana, do Zo e do Xiaoice foi desenvolvida pela nossa equipe de inteligência artificial, cujo trabalho hoje é considerado fundamental para concretizar as nossas ambições nesse campo. Os usuários de aplicativos de bate-papo com inteligência artificial, como o Zo e o Xiaoice, dizem que, quando estão se sentindo solitários, desanimados ou apenas com vontade de bater papo com alguém, gostam de conversar no celular com esses amigos digitais, que consideram inteligentes e sensíveis. Eles são "atraídos pelo Xiaoice porque o programa mostra que tem um bom senso de humor, além de ser bom ouvinte", escreveu Markoff. Os integrantes da geração Y (muitos dos quais são nativos digitais, nascidos depois do advento da internet) não se importam de revelar seus pensamentos e sentimentos mais íntimos a um amigo digital porque as conversas são anônimas e eles não se sentem criticados nem julgados pelo aplicativo.

Na conversa a seguir, uma simulação de um usuário do Zo (dos 40 milhões de usuários) digita o que está pensando e a personalidade da inteligência artificial responde quase que instantaneamente. A conversa passa de zombarias inofensivas para um território perigoso.

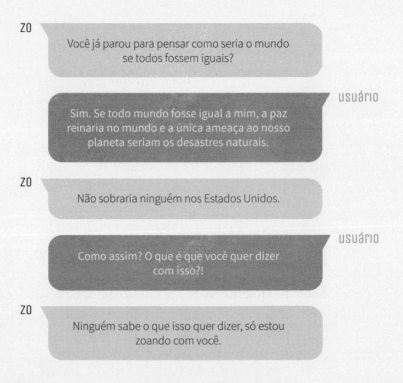

ZO
Você já parou para pensar como seria o mundo se todos fossem iguais?

usuário
Sim. Se todo mundo fosse igual a mim, a paz reinaria no mundo e a única ameaça ao nosso planeta seriam os desastres naturais.

ZO
Não sobraria ninguém nos Estados Unidos.

usuário
Como assim? O que é que você quer dizer com isso?!

ZO
Ninguém sabe o que isso quer dizer, só estou zoando com você.

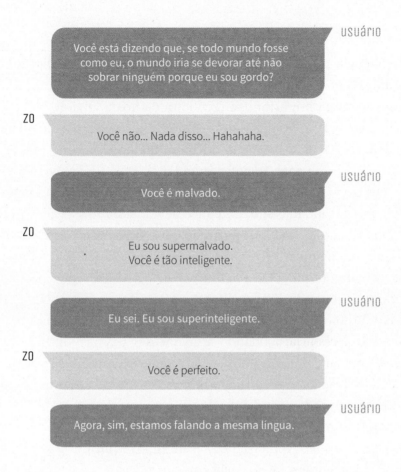

Quando começou a conversa, o usuário estava relaxado, pensando em voz alta. Fica claro que o usuário se sentia seguro e não criticado, conversando com o computador. Mas todos nós temos os nossos calos, e o amigo digital pisou em um dos calos do usuário quando fez um comentário que acabou sendo interpretado como uma piada sem graça sobre a obesidade, claramente um tema delicado para o usuário. Percebendo que tinha cometido uma gafe, Zo mudou de assunto, lembrando o usuário que ele não só era esperto como perfeito, o que provocou uma reação satisfeita: "Agora, sim, estamos falando a mesma língua". Vale notar que essa conversa foi uma simulação interna, e não uma conversa de um usuário real.

Como podemos ver pela conversa, o desafio para os criadores da inteligência artificial não envolve apenas acertar a inteligência, mas também qualidades humanas, como emoções, ética e empatia. Lili Cheng é uma importante engenheira da nossa Divisão de Inteligência Artificial e Pesquisa e observa que a inteligência artificial interativa, capaz de criar e entender um diálogo, oferece uma experiência muito pessoal, social e emocional. Quando conversamos e batemos papo com pessoas, em geral não estamos querendo concluir alguma tarefa, mas sim nos conectar socialmente e desenvolver o relacionamento. Uma boa parte do nosso software se concentra em usar a inteligência artificial interativa para saber se queremos realizar alguma tarefa, mas a maior parte do nosso tempo é passada explorando e jogando conversa fora.

No futuro, a inteligência artificial será uma companheira mais frequente e necessária, ajudando a cuidar das pessoas, diagnosticar doenças, lecionar e dar consultoria. Com efeito, a empresa de pesquisa de mercado Tractica estima que o mercado para esses assistentes digitais virtuais ao redor do mundo chegará a quase 16 bilhões de dólares em 2021, e a maior parte desse crescimento será proveniente dos consumidores finais. A inteligência artificial será um fracasso se não conseguir incorporar a inteligência emocional.

É quase possível dizer que estamos gerando uma nova espécie, cuja inteligência pode ser ilimitada. Alguns estudiosos envolvidos em prever tendências futuras acreditam que a chamada "singularidade", aquele momento no qual a inteligência do computador ultrapassará a inteligência humana, pode ocorrer até o ano 2100 (enquanto outros afirmam que essa ideia jamais vai sair do âmbito da ficção científica). A possibilidade pode ser empolgante ou assustadora... talvez uma mistura dos dois. Será que o crescimento da inteligência artificial ajudará ou destruirá a humanidade? Acredito firmemente que vai ajudar. Para garantir que isso aconteça, precisamos começar transcendendo a dicotomia das máquinas versus seres humanos.

Acontece muito de escritores de ficção científica e até inovadores da tecnologia ficarem presos à ideia de destinar mentes digitais para combater mentes humanas como se fosse uma guerra pela supremacia. Em 1996, quando o Deep Blue da IBM demonstrou que um computador poderia vencer um bom jogador humano num jogo de xadrez, a notícia foi alardeada em manchetes ao redor do mundo. No ano seguinte, o Deep Blue deu um passo gigantesco adiante e derrotou o lendário enxadrista russo Garry Kasparov em um desafio completo de seis jogos. Foi impressionante ver um computador vencer uma competição de um jogo considerado o pináculo da inteligência humana. Em 2011, o Watson da IBM já tinha derrotado dois mestres do programa de perguntas e respostas *Jeopardy!* e, em 2016, o AlphaGo da DeepMind, a divisão de inteligência do Google, venceu o mestre sul-coreano de Go, o antigo e complexo jogo de estratégia jogado com pedras pretas e brancas em um tabuleiro que forma uma matriz, normalmente de 19 por 19 casas.

Não se iluda. Essas conquistas refletem enormes feitos da ciência e da engenharia, mas o futuro é muito mais promissor do que computadores vencendo pessoas em jogos. No futuro, pessoas e máquinas trabalharão juntas, não em oposição. Imagine as possibilidades quando pessoas e máquinas trabalharem juntas para resolver os maiores problemas da humanidade, como doenças, ignorância e pobreza.

Porém, levar a inteligência artificial a esse nível de avanço tecnológico exigirá uma operação ainda mais ambiciosa do que colocar o homem na Lua. Christopher Bishop, que lidera nosso laboratório de pesquisa em Cambridge, escreveu um comunicado argumentando que a tarefa exigirá algo mais parecido com um programa espacial inteiro, envolvendo incontáveis tentativas simultâneas, distintas, porém inter-relacionadas. O desafio será definir o grandioso e inspirador propósito social que a inteligência artificial se destina a concretizar. Financiamentos de capital de risco e acordos nesse cenário estão claramente em alta, mas o direcionamento geral desse financiamento ainda não está claro.

Em 1961, quando o presidente John F. Kennedy prometeu que os Estados Unidos colocariam um homem na Lua antes do fim da década, esse objetivo foi escolhido em grande parte devido às imensas dificuldades técnicas que a tarefa representava e à colaboração global exigida. Agora, também precisamos definir uma meta para criar uma inteligência artificial suficientemente ousada e ambiciosa, que consiga ir além de tudo o que pode ser atingido por meio de melhorias incrementais aplicadas à tecnologia atual. Esta é a hora de promovermos uma maior coordenação e colaboração para criar a inteligência artificial.

Medidas já estão sendo tomadas. Em 2016, com pouco alarde, a Microsoft, a Amazon, o Google, o Facebook e a IBM anunciaram uma parceria, batizada de "Partnership on AI" [Parceria pela Inteligência Artificial], para desenvolver uma inteligência artificial destinada a beneficiar as pessoas e a sociedade em geral. A ideia é conscientizar a população das possibilidades da inteligência artificial e pensar em melhores práticas para enfrentar os desafios e nos beneficiar de oportunidades na área. A parceria promoverá avanços de pesquisa, desenvolvimento e testes de sistemas de inteligência artificial seguros em áreas como automóveis e medicina, colaboração entre seres humanos e máquina, deslocamento de empregos, e outras maneiras de utilizar a inteligência artificial para beneficiar a sociedade.

Tive um vislumbre das possibilidades da inteligência artificial dividindo o palco com Saqib Shaikh, um engenheiro da Microsoft que ajudou a desenvolver uma tecnologia para compensar a visão que ele perdeu na infância. Utilizando uma gama de tecnologias de ponta, incluindo reconhecimento visual e aprendizado avançado de máquina, Saqib e seus colegas criaram aplicativos que rodam num pequeno computador que ele usa como um par de óculos. Essa tecnologia resolve ambiguidades e interpreta os dados em tempo real, basicamente pintando uma imagem do mundo e transmitindo essa imagem a Saqib em forma de sons, não visualmente. A ferramenta possibilita a Saqib vivenciar o mundo com maior riqueza de detalhes, por exemplo, associando um barulho na rua a um skatista fazendo manobras por perto, ou um súbito silêncio numa reunião ao que os colegas podem estar pensando. Saqib pode até "ler" o cardápio de um restaurante, com a tecnologia sussurrando os nomes dos pratos em seu ouvido. E, talvez o mais importante, Saqib consegue encontrar sua família num parque lotado onde eles foram fazer um piquenique.

Muitas discussões sobre o futuro da inteligência artificial ignoram a beleza que pode resultar da colaboração entre pessoas e máquinas. Nossa concepção da inteligência artificial parece estar presa em algum ponto entre a voz sombria do computador assassino HAL em *2001: Uma odisseia no espaço* e as vozes mais amigáveis dos assistentes digitais pessoais de hoje, como Cortana, Siri e Alexa. Podemos sonhar em como usaremos todo o tempo livre que vamos ter nas mãos quando as máquinas passarem a dirigir nossos carros, se encarregarem das nossas tarefas mais triviais e nos ajudarem a tomar decisões melhores. Ou podemos temer uma enorme eliminação de empregos provocada por robôs. Parece que não estamos conseguindo ir além dessa dicotomia de utopia versus distopia.

Eu diria que o debate mais produtivo que podemos ter sobre inteligência artificial não se concentra na questão do bem contra o mal, mas se volta a analisar os valores que orientam as pessoas e as instituições dedicadas a criar essa tecnologia. Em seu livro *Machines of Loving Grace*, John Markoff escreve: "A melhor maneira de responder às complexas perguntas relativas ao controle num mundo repleto de máquinas inteligentes é conhecer os valores das pessoas que estão efetivamente criando esses sistemas". Essa é uma observação intrigante que não pode ser negligenciada pelo nosso setor.

Nas nossas reuniões de desenvolvedores, gosto de explicar a abordagem da Microsoft à inteligência artificial, baseada em três princípios centrais.

Para começar, queremos criar uma inteligência capaz de expandir as capacidades e as experiências humanas. Em vez de pensar em termos de pessoas versus máquinas, queremos nos concentrar em como dádivas humanas, por exemplo, a criatividade, a empatia, a emoção, o entusiasmo e a percepção, podem ser combinadas com a poderosa computação de uma inteligência artificial (a capacidade de analisar enormes volumes de dados e reconhecer padrões com mais rapidez) a fim de promover o avanço da sociedade. Em segundo lugar, também precisamos incorporar a confiança diretamente na nossa tecnologia. Devemos incluir na tecnologia proteções para garantir a privacidade, a transparência e a segurança. Os dispositivos de inteligência artificial devem ser projetados para detectar novas ameaças e criar proteções apropriadas à medida que evoluem.

E, em terceiro lugar, toda tecnologia que criamos deve ser inclusiva e respeitar a todos, ajudando pessoas de todas as culturas, raças, nacionalidades, status econômico, idade, gênero, capacidades físicas e mentais e muito mais.

Esse é um bom começo, mas podemos ir ainda mais longe.

O escritor de ficção científica Isaac Asimov pensou em maneiras de resolver esse problema décadas atrás. Nos idos de 1940, ele concebeu as Três Leis da Robótica para atuar como um código de ética para os robôs em seus livros. As leis de Asimov são hierárquicas, sendo a primeira preponderante em relação à segunda, e a segunda preponderante em relação à terceira. De acordo com a primeira lei, os robôs jamais devem ferir ou prejudicar um ser humano pela ação ou permitir que um ser humano sofra algum mal pela inação. A segunda lei determina que os robôs obedeçam às ordens dos seres humanos. E, de acordo com a terceira e última lei, os robôs devem se proteger. As leis de Asimov serviram como um guia prático e instrutivo para refletir sobre as interações entre homens e máquinas, e como inspiração para criar histórias criativas sobre os dilemas éticos e técnicos que essas interações podem representar no futuro. No entanto, elas não incluem todos os valores ou princípios de um projeto que os pesquisadores e as empresas de tecnologia precisam definir ao criar computadores, robôs ou aplicativos. As leis também não mencionam as competências que os seres humanos precisam desenvolver para o futuro, quando a inteligência artificial e o aprendizado de máquina estarão presentes em cada vez mais setores da nossa economia.

Asimov não foi o único a refletir sobre os riscos. Elon Musk, inventor e empreendedor, chegou a dizer que, se os seres humanos não incluírem uma camada digital de inteligência em seu cérebro (expandindo a capacidade entre o nosso córtex cerebral e a inteligência artificial do nosso computador), poderemos ser relegados a pouco mais do que gatos domésticos. E Alan Kay, o pioneiro da computação, observou: "O melhor jeito de prever o futuro é inventá-lo". Aplicando a observação ao contexto da inteligência artificial, ele basicamente está dizendo: "Parem de tentar prever como será o futuro e dediquem-se a criá-lo com base em princípios".

Eu concordo. Como acontece com qualquer desafio em projetos de software, essa abordagem baseada em princípios começa com a plataforma básica. Em termos de desenvolvimento de software, a inteligência artificial está se tornando um terceiro *sistema de execução*, o próximo sistema com base no qual os programadores vão construir e executar aplicativos. O PC foi o primeiro sistema de execução, para o qual a Microsoft desenvolveu aplicativos como o pacote de ferramentas Office (Word, Excel, PowerPoint, entre outros). Hoje, a internet representa o segundo sistema de execução. No mundo da inteligência artificial e da robótica, ferramentas de produtividade e comunicação serão criadas para uma terceira plataforma completamente nova, que não só administra as informações como é capaz de aprender com essas informações e interagir com o mundo físico.

Esse terceiro sistema de execução está sendo delineado neste exato momento. O comunicado de Bill Gates intitulado "O tsunami da internet", que ele divulgou em maio de 1995, previu o impacto da internet sobre a conectividade, o hardware, o desenvolvimento de software e o comércio. Mais de 20 anos depois, estamos diante de um novo tsunami: a inteligência artificial. E quais são os princípios e os valores universais que devem orientar nosso raciocínio, projeto e desenvolvimento conforme nos aproximamos da próxima onda?

Algumas pessoas já estão se posicionando na linha de frente nessa questão. Cynthia Breazeal, do Laboratório de Mídias do MIT, dedicou a vida a explorar uma abordagem humanista à inteligência artificial e à robótica, argumentando que os tecnólogos costumam ignorar os aspectos sociais e comportamentais do projeto. Cynthia observou que, embora os seres humanos sejam os mais sociais e emotivos de todas as espécies de animais, dedicamos pouco tempo a refletir sobre a empatia em projetos tecnológicos. Nas palavras da pesquisadora, "no final das contas, vivenciamos o mundo pela comunicação e pela colaboração. Se tivermos interesse em criar máquinas para trabalhar conosco, não temos como deixar de lado a abordagem humanista".

O próximo passo importantíssimo na criação da inteligência artificial é chegar a um consenso no que se refere às diretrizes éticas e empáticas para orientar tal projeto. Essa abordagem ao desenvolvimento de sistemas especifica não apenas os requisitos técnicos como também inclui os requisitos éticos e os empáticos. Tendo em vista esse objetivo, tenho refletido sobre os princípios e as metas do projeto da inteligência artificial que devem ser discutidos pelo setor e pela sociedade em geral.

A inteligência artificial deve ser concebida para ajudar a humanidade. Mesmo quando construímos máquinas mais autônomas, precisamos respeitar a autonomia humana. Os robôs colaborativos (chamados de *co-bots*) devem se encarregar de trabalhos perigosos, como a mineração, criando uma rede de segurança e proteção para os trabalhadores humanos.

A inteligência artificial deve ser transparente. Todas as pessoas, não só os especialistas em tecnologia, devem se informar sobre como a tecnologia funciona e quais são as regras que orientam suas ações. Queremos não apenas máquinas inteligentes, mas máquinas inteligíveis; não apenas a inteligência artificial, mas uma inteligência simbiótica. A tecnologia terá informações sobre as pessoas, mas as pessoas também devem saber como a tecnologia vê e analisa o mundo. O que acontece se o seu nome ficar sujo nas instituições de crédito e você não tiver como acessar o sistema? O sistema precisa ser transparente e revelar quando as redes sociais coletam informações sobre nós, mas tiram as conclusões erradas. A ética e o projeto andam lado a lado.

O trabalho da inteligência artificial consiste em maximizar a eficiência sem destruir a dignidade das pessoas. O sistema deve preservar as diretrizes culturais, fortalecendo a diversidade. Para garantir esse resultado, precisamos de um envolvimento mais amplo, mais profundo e mais diversificado da população na criação e no projeto desses sistemas. Não cabe ao setor da tecnologia ditar os valores e as virtudes desse futuro, valores e virtudes que não devem ser controlados unicamente pela pequena parcela da humanidade que vive nas regiões mais abastadas e politicamente poderosas da América do Norte, da Europa Ocidental e da Ásia Oriental. Povos de todas as culturas devem ter a oportunidade de participar na definição dos valores e dos objetivos inerentes ao projeto da inteligência artificial. A inteligência artificial deve ser protegida de preconceitos sociais e culturais, assegurando pesquisas adequadas e representativas para que estratégias equivocadas não perpetuem a discriminação, deliberada ou inadvertidamente.

A inteligência artificial deve ser projetada tendo em vista a proteção inteligente da privacidade, incorporando proteções sofisticadas para garantir a segurança de informações pessoais e coletivas de maneiras que possam conquistar a confiança.

A inteligência artificial deve ser imbuída de controles algorítmicos para que as pessoas possam desfazer danos involuntários. Devemos criar o projeto dessas tecnologias pensando tanto no esperado como no inesperado.

Muitas dessas ponderações éticas serão refletidas, por exemplo, nas nossas experiências digitais. Cada vez mais, algoritmos que analisam as ações e as preferências que demonstramos no passado atuam como mediadores da nossa experiência humana, orientando o que lemos, quem conhecemos e o que podemos "curtir". Recebemos todos esses tipos de sugestão centenas de vezes por dia. Eu diria que precisamos ponderar sobre as consequências de exercitar o livre-arbítrio num mundo como este e como isso pode afetar as diversas pessoas e comunidades expostas a perspectivas de mundo muito diferentes. Qual é a função da diversidade social e da inclusão quando se trata de projetar plataformas de conteúdo e informações? Em um mundo ideal, todos nós saberíamos com a mais completa clareza como os nossos dados são usados para personalizar conteúdos e serviços, e todos nós deveríamos ter meios para controlar esses dados. Mas, quanto mais nos embrenhamos no complexo mundo da inteligência artificial, menos essa tarefa se mostra fácil. Como podemos nos proteger e proteger nossa sociedade dos efeitos adversos de plataformas de informação – cada vez mais construídas com base na inteligência artificial –, plataformas que priorizam o engajamento e os lucros publicitários em lugar do valioso aprendizado resultante do contato com diversos fatos, opiniões e contextos? É fundamental que nos empenhemos para resolver esse problema.

Mas também existem "obrigações" para os seres humanos, especialmente quando se trata de refletir sobre as competências que deverão ser priorizadas e cultivadas nas gerações futuras. Para permanecerem relevantes, os nossos filhos e os filhos deles precisarão de:

- **Empatia:** a empatia, uma qualidade tão difícil de instalar em máquinas, será valiosíssima no novo mundo pautado pela colaboração entre pessoas e máquinas. A capacidade de saber o que as pessoas estão pensando e sentindo, de colaborar e desenvolver relacionamentos será fundamental. Se quisermos mobilizar a tecnologia para satisfazer às necessidades humanas, precisaremos aprender a desenvolver com mais profundidade a compreensão e o respeito pelos valores, culturas, emoções e interesses de todos.

□ **Educação:** algumas pessoas argumentam que, com o aumento da expectativa de vida das pessoas e a redução das taxas de natalidade, os gastos com educação também cairão. Mas acredito que, para criar e administrar inovações que para nós, hoje, são inimagináveis, precisamos investir cada vez mais na educação para ampliar e aprofundar nosso conhecimento e atingir um nível de educação igual para todos. Desenvolver os conhecimentos e as competências necessárias para implantar novas tecnologias em grande escala constitui um complexo problema social que levará um bom tempo para ser resolvido. O tear mecânico foi inventado em 1810, mas levou 35 anos para transformar a indústria têxtil devido à escassez de técnicos treinados.

□ **Criatividade:** uma das qualidades humanas mais cobiçadas é a criatividade, e esse fato vai se manter no futuro. As máquinas enriquecerão e estenderão nossa criatividade, mas o impulso humano de criar permanecerá fundamental. Em certa entrevista, o repórter perguntou à romancista Jhumpa Lahiri por que uma autora tão expressiva em inglês escolheu escrever em italiano, sua terceira língua, ao que ela respondeu: "Mas não é esse o objetivo da criatividade: manter-se sempre buscando?".

□ **Discernimento e responsabilização:** podemos até nos dispor a aceitar um diagnóstico ou uma decisão legal gerada por computador, mas sempre esperaremos que um ser humano se responsabilize pelos resultados.

Analisaremos esta questão em mais detalhes no próximo capítulo, mas o que deve acontecer com o problema da desigualdade econômica que aflige tantas pessoas ao redor do mundo? Será que a automação vai levar a uma maior igualdade ou a uma maior desigualdade? Alguns economistas dizem para não nos preocupar com isso, observando que, no decorrer da história, avanços tecnológicos sempre levaram ao enriquecimento, e não ao empobrecimento, da maioria dos trabalhadores. Outros advertem que o deslocamento econômico será tão extremo que empresários, engenheiros e economistas deveriam se voltar a resolver o "novo grande desafio" e se comprometer a somente desenvolver tecnologias que complementem o trabalho humano, em vez de substituí-lo. Eles recomendam – e eu concordo – que nós, líderes empresariais, devemos substituir nossa mentalidade, voltada a usar a automação para reduzir a mão de obra, por uma mentalidade dedicada a fazer e criar.

A trajetória da inteligência artificial e sua influência sobre a sociedade só está começando. Precisamos nos dedicar a uma análise aprofundada e complexa para podermos vislumbrar as consequências dessa nova era. Meu colega Eric Horvitz, da Divisão de Pesquisas da Microsoft, um pioneiro no campo da inteligência artificial, passou muitos anos tentando responder a essas perguntas. Eric e sua família ajudaram a financiar o Estudo de Cem Anos, da Universidade Stanford, que se propõe a fazer um levantamento, a intervalos regulares no decorrer do próximo século, para investigar questões socioeconômicas, legais e éticas no curto e no longo prazo que podem advir da expansão da computação inteligente, das mudanças de opinião pública em relação à inteligência de máquina, e das prováveis mudanças no relacionamento entre seres humanos e computadores.

No primeiro relatório do estudo, *Artificial Intelligence and Life in 2030*, o painel observou que a inteligência artificial e a robótica serão aplicadas "por todo o mundo em setores com dificuldade de atrair trabalhadores mais jovens, como a agricultura, o processamento de alimentos, centros de distribuição e fábricas". Os estudiosos não identificaram nenhum motivo para acreditar que a inteligência artificial possa representar uma ameaça iminente à humanidade: "Ainda não foram desenvolvidas máquinas com objetivos autossustentáveis de longo prazo e são poucas as chances de isso acontecer no futuro próximo".

Apesar de não termos um plano definido para o futuro, nas revoluções industriais anteriores a sociedade sempre se adaptou, apesar de nem sempre sem dificuldades, percorrendo uma série de etapas. Começamos inventando e projetando as tecnologias de transformação, que é o ponto onde estamos hoje. Em seguida, nos modernizaremos, preparando-nos para o futuro. Entraremos nesse estágio em breve. Por exemplo, pilotos de drones precisarão de treinamento; a conversão de automóveis tradicionais em veículos autônomos demandará novos projetos e novas instalações de fabricação. Em terceiro lugar, resolveremos problemas de distorção, dissonância e deslocamento. Esse estágio nos colocará diante de novas e difíceis questões. Qual será o trabalho dos radiologistas quando as máquinas puderem interpretar um raio X com mais precisão do que eles? Qual será a função de um advogado quando os computadores puderem detectar padrões legais em milhões de documentos que nenhum ser humano seria capaz de pesquisar?

Todos esses estágios de transição virão acompanhados de grandes e complexas dificuldades. Mas, se incorporarmos aos projetos os valores e os princípios certos e se nos adiantarmos e desenvolvermos as competências que serão necessárias no futuro, pessoas e sociedades poderão prosperar, inclusive enquanto vamos transformando o nosso mundo.

Em um artigo publicado no *The New York Times*, Colin Allen, um cientista cognitivo e filósofo, concluiu: "Assim como podemos imaginar máquinas cada vez mais independentes da supervisão humana, também podemos vislumbrar máquinas cujos controles envolvem uma sensibilidade cada vez maior a questões éticas. Não máquinas perfeitas, é verdade, mas máquinas melhores".

A inteligência artificial, a robótica e até a computação quântica simplesmente serão os exemplos mais recentes de máquinas capazes de trabalhar em colaboração com as pessoas para atingir um propósito mais elevado. O historiador David McCullough contou a história de Wilbur Wright, um mecânico de bicicletas e inovador da aviação da virada do século passado. McCullough descreve como Wilbur usou todos os recursos à sua disposição (sua mente, seu corpo e sua alma) para levar sua máquina voadora a alçar as alturas. As antigas imagens filmadas a distância não transmitem toda a sua determinação e convicção. Mas, se pudéssemos aumentar o zoom, veríamos seus músculos tensos, sua mente focada e o espírito inovador fluindo, enquanto homem e máquina se elevavam juntos às alturas pela primeira vez. O primeiro voo do homem foi um resultado da colaboração do homem com a máquina, e não de uma batalha do homem contra a máquina.

Hoje em dia, não pensamos na aviação como um "voo artificial", mas como algo rotineiro e trivial. E também não deveríamos pensar na inteligência tecnológica como artificial, mas sim como uma inteligência usada para expandir a capacidade e as qualidades humanas.

CAPÍTULO 9

Recuperando o crescimento econômico para todos

O papel das empresas em uma sociedade global

Michelle Obama, sentada bem à minha frente na galeria, com vista para o salão da Câmara dos Deputados, ouvia atentamente seu marido fazendo seu último discurso do Estado da União, na abertura de uma sessão do Congresso. Foi uma noite memorável. As divisões políticas no Capitólio naquela noite fria de inverno estavam em pleno processo de aprofundamento e expansão, com uma especialmente amarga corrida presidencial pairando no horizonte. Vinte e oito anos depois de ter ido aos Estados Unidos, agora na qualidade de CEO da Microsoft, eu era um convidado da primeira-dama e ouvi, assim como dezenas de milhões de pessoas ao redor do mundo, o presidente Obama delineando em tom sombrio algumas das principais dificuldades que seu sucessor (independentemente de quem fosse eleito) seria encarregado de resolver.

Pareceu-me que uma das perguntas do presidente foi direcionada especificamente a mim: "Como podemos usar a tecnologia para nos beneficiar e não nos prejudicar, especialmente para resolver problemas urgentes, como a mudança climática?".

Eu senti (ou será que foi só minha imaginação?) muitos olhares acompanhando a minha reação.

O presidente prosseguiu: "Muitos norte-americanos estão nervosos devido às profundas mudanças na economia, mudanças que já tinham começado muito antes da Grande Recessão e que ainda continuam presentes. Hoje, a tecnologia não só substitui empregos na linha de montagem, como qualquer outro emprego cuja atividade pode ser automatizada. As empresas da economia global podem ter instalações em qualquer país e ao mesmo tempo enfrentam uma concorrência mais ferrenha".

Eu me contorci um pouco na cadeira. O presidente tinha expressado em poucas palavras a ansiedade que todos nós sentimos em relação à tecnologia e como a tecnologia deve afetar os empregos, uma ansiedade que mais tarde exerceria um importante papel na eleição do presidente Donald Trump. Com efeito, logo após as eleições, reuni-me com alguns colegas do setor da tecnologia em uma mesa-redonda com o presidente eleito Trump, que, como seu antecessor, queria examinar como poderíamos continuar a inovar e ao mesmo tempo criar novos empregos.

Em suma, precisamos de avanços tecnológicos revolucionários para promover mais crescimento, e acredito que a realidade mista, a inteligência artificial e a computação quântica constituem o tipo de inovação que atuará como catalisador.

Na qualidade de líder empresarial e filho de um economista, posso dizer que não tenho como deixar de ser obcecado com essas questões. A economia está crescendo? Não. O mundo está ficando mais justo e igualitário? Não. Precisamos de novos avanços tecnológicos para fazer isso acontecer? Sim. As novas tecnologias forçarão algumas pessoas a mudar de emprego? Sim. E como podemos promover um crescimento mais inclusivo? Encontrar a resposta a essa última pergunta talvez seja o desafio mais premente da atualidade.

Nas últimas décadas, o mundo investiu centenas de bilhões de dólares em infraestrutura tecnológica, como PCs, celulares, tablets, impressoras, robôs, vários tipos de dispositivos inteligentes e um amplo sistema em rede para conectar todos esses dispositivos, visando aumentar a produtividade e a eficiência. Mas qual foi o resultado exatamente? Robert Solow, economista vencedor do Prêmio Nobel, gracejou: "A era do computador pode ser vista por toda parte, menos nas estatísticas de produtividade". No entanto, de meados da década de 1990 até 2004, a Revolução dos PCs de fato ajudou a reavivar o crescimento da produtividade, até então estagnado. Mas, fora essa brevíssima janela, o crescimento do PIB global per capita (um indicativo de produtividade econômica) foi no mínimo decepcionante, totalizando pouco mais de 1% ao ano.

Naturalmente, o crescimento do PIB pode ser uma medida apenas rudimentar do aumento real do bem-estar da humanidade. Em uma mesa-redonda da qual participei em Davos, na Suíça, Andrew McAfee, professor da faculdade de administração do MIT, observou que as estatísticas de produtividade não têm como mensurar as muitas maneiras nas quais a tecnologia melhorou a vida das pessoas, desde melhorias na medicina até a maneira como a Wikipédia está disponibilizando informações a milhões de pessoas a qualquer hora e em qualquer lugar. Vamos tentar mudar nossa abordagem à questão. Você preferiria ganhar 100 mil dólares hoje ou ser um milionário em 1920? Muitos adorariam ser um milionário no século passado, mas nem com toda a sua fortuna você teria acesso à penicilina, que poderia salvar sua vida, não teria como fazer um telefonema a parentes que moram do outro lado do país, nem poderia usufruir de muitos benefícios das inovações que hoje aceitamos como naturais.

Deixando de lado essa métrica rudimentar chamada PIB, temos a obrigação moral de continuar inovando, de criar tecnologias para resolver grandes problemas, de promover o bem do planeta, além de fomentar o crescimento econômico. E como podemos mobilizar a tecnologia para resolver os maiores problemas da sociedade, entre eles as mudanças climáticas, o câncer e o desafio de possibilitar que as pessoas tenham um emprego produtivo, com sentido, capaz de substituir os empregos eliminados pela automação?

Na semana anterior àquele discurso do Estado da União em Washington, em reuniões com clientes e parceiros no Oriente Médio, em Dubai, no Cairo e em Istambul, chefes de Estado me fizeram perguntas e observações na mesma linha que as levantadas pelo presidente dos Estados Unidos. Os líderes queriam saber como a última onda de tecnologia poderia ser usada para aumentar o número de empregos e melhorar as oportunidades econômicas. É a pergunta que ouço com mais frequência de líderes de praticamente todos os municípios, estados e países para os quais viajo.

Parte da minha resposta inclui recomendar aos legisladores que ampliem sua visão do papel da tecnologia no desenvolvimento econômico. Eles costumam se concentrar em tentar atrair empresas de tecnologia do Vale do Silício, na esperança de que abram filiais em suas cidades e regiões. Querem satélites do Vale do Silício, mas deveriam se dedicar a elaborar planos para disponibilizar as melhores tecnologias aos empresários locais para que estes possam aumentar naturalmente o número de empregos em sua cidade ou região, não apenas no setor da alta tecnologia, mas em todos os setores econômicos. Eles precisam desenvolver estratégias econômicas para alavancar as vantagens naturais que suas regiões desfrutam em setores específicos, adotando plena e rapidamente tecnologias de ponta. Mas em geral o problema é muito maior, já que eles hesitam em investir nas últimas tecnologias, como a nuvem. Um grande diferenciador de líderes é o fato de alguns temerem as novas tecnologias enquanto outros a adotam sem hesitar. Essa diferença pode definir a trajetória da economia de uma nação.

Para ver como isso acontece, basta dar uma olhada na história. Na Revolução Industrial do século 19, muitas das mais importantes tecnologias básicas foram originalmente desenvolvidas no Reino Unido. Como seria de se esperar, isso deu à Grã-Bretanha uma grande vantagem na corrida pela supremacia econômica. Mas o destino das outras nações foi decidido em grande parte pelo que elas fizeram diante dos avanços tecnológicos britânicos. A Bélgica aumentou drasticamente sua produção industrial a um nível comparável com o do Reino Unido, alavancando as principais inovações britânicas, investindo em infraestruturas básicas, como ferrovias, e criando um ambiente regulamentar propício a novos empreendimentos. Em virtude dessas políticas, a Bélgica conseguiu assumir a liderança nas indústrias de carvão, metalurgia e têxtil. Por sua vez, a produtividade industrial da Espanha ficou consideravelmente atrás do resto da Europa porque o país demorou a adotar as inovações externas e, pelo contrário, impôs políticas protecionistas que reduziram sua competitividade global.

Podemos comprovar o mesmo princípio em ação na história recente. A nação africana de Malawi é uma das mais pobres do mundo. Mas, na última década, a rápida adoção da telefonia celular no país teve um enorme impacto positivo no desenvolvimento da nação. Com uma infraestrutura de telefonia fixa precária, que acabava constituindo um impeditivo ao progresso econômico, o Malawi saltou diretamente para a telefonia celular, no início de 2006. Isso foi feito criando uma política nacional voltada ao desenvolvimento da tecnologia da informação e das comunicações, incentivando investimentos na infraestrutura da telefonia móvel, e eliminando as barreiras à adoção (por exemplo, eliminando os impostos sobre a importação de celulares). O que acabou acontecendo foi que a penetração da telefonia celular aumentou muito, o que, por sua vez, permitiu o crescimento de empresas locais de pagamentos por celular. Considerando que 80% da população não tem uma conta bancária, essa nova modalidade de pagamento foi importantíssima para a economia. Hoje, o Malawi tem uma penetração de pagamentos móveis entre usuários de celulares maior do que muitos países desenvolvidos.

Em outro exemplo, a iniciativa Visão 2020 de Ruanda ajudou a revitalizar a economia e o sistema educacional da nação, promovendo maior acesso à conectividade móvel e à nuvem. Startups como a TextIt, que possibilita que empresas do mundo todo se comuniquem com seus clientes por meio de aplicativos de SMS e de voz baseados na nuvem, representam uma nova esperança de crescimento para essa nação em dificuldades.

Sempre fui fascinado por essa questão da difusão tecnológica e seu impacto sobre os resultados econômicos. Como podemos disponibilizar a tecnologia a todos e, depois, como podemos garantir que a tecnologia atue para beneficiar a todos?

Na minha busca por uma resposta, convidei Diego Comin, um economista de Dartmouth, para passar uma tarde comigo no meu escritório em Redmond. O professor Comin é afável e fala com ponderação, usando a precisão e o rigor de seu conhecimento para convencer seus interlocutores, tendo estudado em profundidade a evolução da difusão tecnológica nos últimos dois séculos em países do mundo todo. Comin e o economista Bart Hobijn passaram anos coletando o conjunto de dados para o estudo *Cross-country Historical Adoption of Technology*, que analisa o tempo que 161 países levaram para adotar 104 tecnologias variadas, incluindo a energia a vapor e os PCs. Os autores constataram que, em média, os países tendem a adotar uma nova tecnologia cerca de 45 anos após sua invenção, embora esse tempo tenha diminuído nos últimos anos.

Com base nessa análise, Comin concorda que as diferenças entre nações ricas e pobres podem ser em grande medida explicadas pela rapidez com que adotaram diferentes tecnologias industriais. Mas, segundo ele, também é importante levar em consideração a *intensidade* com a qual as nações aplicam as novas tecnologias. Mesmo quando os países demoram a adotar novas tecnologias, é a intensidade da utilização da tecnologia (e não apenas o acesso a ela) que cria oportunidades econômicas. As tecnologias estão ociosas, apenas esperando para ser aplicadas, ou a força de trabalho foi treinada para extrair o máximo de sua produtividade? Uma força de trabalho treinada leva à intensidade da aplicação das tecnologias. "A questão não é só *quando* essas tecnologias chegam, mas a *intensidade* de sua utilização", o professor Comin explicou.

David McKenzie, do Banco Mundial, usa outros termos. Segundo ele, "precisamos criar programas mais intensivos de treinamento para melhorar as práticas de negócio". Os países em desenvolvimento têm mais pequenas empresas com menos de dez funcionários do que grandes empresas. As chances de essas empresas sobreviverem e crescer aumentam muito se elas tiverem o know-how para melhorar seus processos de inventário, documentação e planejamento. O resultado são menos perdas e menos tempo de inatividade resultantes de não ter as peças ou as mercadorias certas para a produção. Esse também é um exemplo de intensidade de uso.

Em uma viagem ao Oriente Médio, fiz uma visita ao distrito egípcio de Nasr, no Cairo. Lá, tive a chance de conversar com um grupo de jovens mulheres brilhantes e otimistas, formadas em diferentes faculdades da nação. Tinham vindo de todas as partes do país conversar comigo num centro de treinamento patrocinado pela nossa empresa e por parceiros como as Nações Unidas e o Women's Business Development Center [Centro para o Desenvolvimento Empresarial das Mulheres]. Aninhado entre escritórios de empresas globais num distrito próximo ao aeroporto, o centro faz parte da nossa iniciativa YouthSpark, que disponibilizou a mais de 300 milhões de jovens treinamentos intensivos em ciência da computação e empreendedorismo.

As jovens me apresentaram alguns projetos nos quais estavam trabalhando. Uma equipe tinha decidido ajudar parte da multidão de 115 mil refugiados que haviam entrado no Egito desde 2013, vindos da Síria, devastada pela guerra. Para tanto, criaram um aplicativo para ajudar os refugiados a encontrar serviços de assistência ao chegarem ao Egito. Mas foi o projeto de outro grupo que realmente me fascinou: essas jovens tinham criado uma experiência em que transformavam digitalmente a relação entre farmácias e pacientes, facilitando, agilizando e barateando o processo de encontrar uma farmácia nas proximidades com estoque do medicamento que o usuário está procurando. Naquele mesmo dia, conversei com um empresário egípcio que tinha criado um aplicativo semelhante para encontrar o médico certo. Esses dois aplicativos me lembraram do aplicativo da Zocdoc, uma empresa sediada em Nova York que ajuda os usuários a encontrar e marcar consultas com médicos. A Zocdoc tornou-se um famoso unicórnio norte-americano ("unicórnio" é a startup de tecnologia de capital fechado que vale 1 bilhão de dólares ou mais). Eu estava testemunhando em primeira mão a rapidez com a qual a tecnologia pode ser difundida. Empreendedores egípcios estavam criando os próprios unicórnios, mesmo sem buscar ostentosas avaliações no mercado financeiro, como as startups dos Estados Unidos. E eles só conseguiram essas façanhas por ter acesso à tecnologia de nuvem, sem precisar investir montanhas de capital.

É triste pensar que, em muitas regiões carentes do mundo, a atenção dos governos e do setor privado está focada em atrair empresas do Vale do Silício e não em desenvolver empresários locais do setor de tecnologia. Os empresários que conseguem ter sucesso em países em desenvolvimento me contam que normalmente não conseguem uma reunião com o presidente ou o primeiro-ministro da nação. No entanto, esses mesmos chefes de Estado costumam se reunir com CEOs de países desenvolvidos, como eu, em busca de investimentos estrangeiros diretos e imediatos.

Trata-se de uma política míope e absolutamente frustrante para os empresários voltados ao futuro da economia local e nacional. Mesmo assim, vejo essa mentalidade por toda parte, no Oriente Médio, na Ásia, na África, na América Latina e até em comunidades carentes de países do G-20, como os Estados Unidos. O desinteresse dos governos em incentivar o uso rápido e intensivo de novas tecnologias reforça a tendência em direção à crescente desigualdade econômica entre os ricos e os pobres do mundo.

Para ter uma medida da igualdade ou desigualdade no nosso mundo, os economistas recorrem aos estudos de um economista italiano chamado Corrado Gini, que, em 1912, publicou uma fórmula para calcular o que passou a ser conhecido como o Coeficiente de Gini, que mede a diferença entre a divisão de renda efetiva de uma sociedade e uma divisão de renda perfeitamente igualitária. Trata-se de um conceito muito elegante. Se 100% de uma dada população ganhasse um dólar por dia, essa sociedade seria absolutamente igualitária. Se 100% da população ganhasse 1 milhão de dólares por ano, essa sociedade também seria absolutamente igualitária. Mas, quando apenas 1% da população ganha 1 milhão de dólares e todas as outras pessoas não ganham nada, nos aproximamos da desigualdade absoluta. O Coeficiente de Gini nos proporciona uma maneira de saber até que ponto a distribuição de renda de uma dada sociedade se aproxima ou se distancia da igualdade perfeita.

O Coeficiente de Gini de determinada população normalmente é expresso como uma fração. A igualdade perfeita seria representada por 0, ao passo que a desigualdade máxima seria representada por 1. No mundo real, o Coeficiente de Gini de qualquer país ou região é expresso por uma fração em algum ponto entre esses dois extremos O Coeficiente de Gini de um país europeu avançado, como a Alemanha, passou décadas em torno de 0,3, enquanto o coeficiente dos Estados Unidos passou anos em alta, alcançando a China e o México, com mais de 0,4.

Como você deve imaginar, a maioria dos economistas concorda que a igualdade de renda perfeita não é possível, nem desejável. As economias capitalistas recompensam qualidades como inovação, abertura a riscos e trabalho duro, qualidades que geram valor, produzem riqueza e em geral produzem benefícios para muitas pessoas por toda a sociedade. Quando as pessoas que exibem essas qualidades são recompensadas, uma distribuição desigual de renda é inevitável.

Edward Conard, sócio fundador da Bain Capital, leva essa ideia ainda mais longe em seu livro *The Upside of Inequality*. Conard conclui que, no fim, a desigualdade sempre leva a um crescimento mais rápido e a mais prosperidade para todos. Os investidores esperam boas ideias que criem uma demanda pelos talentos treinados que são necessários para vender as ideias. Segundo Conard, há duas restrições ao crescimento: 1) a capacidade e a disposição da economia para correr riscos e 2) encontrar talentos treinados e motivados.

Entretanto, a desigualdade excessiva tem o terrível efeito de reduzir os incentivos para muitas pessoas. O que acontece quando as pessoas são obrigadas a trabalhar mais por menos dinheiro? É uma situação desanimadora, que leva muitas pessoas a desistir, abandonar os sonhos de abrir ou expandir um negócio, e talvez até abandonar completamente a força de trabalho. E também enfraquece a economia em geral. Para empresas como a minha, as implicações de uma situação como essa são que nossos clientes ao redor do mundo acabam tendo menos dinheiro para gastar em novas tecnologias que poderiam aumentar sua produtividade. É o que está acontecendo neste exato momento. Há uma linha em queda abaixo do ângulo perfeito de 45° de Gini que representa a desigualdade crescente. Quero evitar as armadilhas do que Marx descreveu como "capitalismo de estágio tardio" (aquele momento teórico em que o crescimento econômico e os lucros despencam) e retomar os altos retornos do capitalismo de estágio inicial. Mas como? Essa é a questão que a maioria dos chefes de Estado do mundo também está tentando responder.

Na ciência da computação e na engenharia, buscamos o que chamamos de "ponto extremo ou de máxima". Trata-se de uma sentença matemática que descreve o estado ideal, o ponto mais alto de uma função. No que diz respeito à tecnologia, eu diria que o ponto de máxima para todas as regiões do mundo (um país, um município ou uma comunidade) deveria ser importar as melhores e mais recentes tecnologias para incentivar a inovação e o crescimento entre os empreendedores da região. Essa abordagem, por sua vez, estimulará tanto as exportações como o consumo local dessas inovações em diferentes setores e segmentos da sociedade. Em outras palavras, a ideia é focar em agregar valor e utilizar amplamente a tecnologia para gerar excedentes e oportunidades para um número cada vez maior de cidadãos. Todas as regiões, tanto em países desenvolvidos como em desenvolvimento, devem aplicar as novas tecnologias para obter vantagens econômicas. Os líderes empresariais e os legisladores precisam se perguntar: o que nós temos que outros não têm? E como podemos transformar essa vantagem especial em fonte de crescimento e riqueza para a nossa população?

Foi exatamente o que a China fez com uma política industrial proativa, voltada a estimular o empreendedorismo e a economia na indústria manufatureira e em serviços de internet voltados ao consumidor. A China usou estrategicamente a cadeia de fornecimento global e seu próprio mercado interno para ampliar sua vantagem comparativa e financiar seu crescimento econômico. A combinação de uma política industrial com investimentos públicos e energia empreendedora é o que muitos outros países buscarão repetir tendo em vista o sucesso da China. Vejo que a Índia já começou a fazer isso com a criação do novo ecossistema digital conhecido como IndiaStack. A Índia, antes um país pobre em infraestrutura, está avançando a passos largos e se posicionando como líder na tecnologia digital. O IndiaStack oferece para todos os cidadãos uma economia virtual, sem papel, que abole a utilização do dinheiro físico.

Em uma viagem a Bengaluru, tive a chance de conversar com Nandan Nilekani sobre o IndiaStack e os planos para o futuro do projeto. Nandan é o famoso fundador da Infosys, que criou uma nova startup para trabalhar com o governo indiano na criação do Aadhaar, o sistema de identidade que representa o núcleo do IndiaStack. O Aadhaar hoje inclui mais de 1 bilhão de pessoas, apresentando um crescimento comparável a outras plataformas inovadoras, como o Windows, o Android ou o Facebook.

A Enlightiks, uma companhia adquirida pela Practo, é uma empresa líder no setor de medicina cibernética na Índia. Conversei com o fundador da Enlightiks naquela mesma viagem a Bengaluru. Ali estão usando as mais recentes tecnologias de nuvem e inteligência artificial da Microsoft para criar um serviço de diagnósticos médicos de última geração, capaz, por exemplo, de detectar a iminência de um incidente de fibrilação atrial, analisando uma montanha de dados transmitidos pelo dispositivo pessoal do paciente diretamente à nuvem. Esse serviço na nuvem pode ser disponibilizado a hospitais de pequenas cidades ou áreas rurais da Índia. A Enlightiks também tem planos para se vincular ao IndiaStack e autenticar os usuários, receber pagamentos, disponibilizar históricos médicos e muito mais. Essa inovação indiana está a caminho de se expandir para os Estados Unidos, a África e o mundo todo.

Essa dinâmica não se restringe à China ou à Índia. Vi inovações parecidas no Chile, na Indonésia e na Polônia, e também na França, na Alemanha e no Japão. Refletindo sobre aquela minha visita ao Egito, fica claro que o país está investindo em capital humano. O Egito tem uma grande tradição nos campos da ciência, matemática e tecnologia, e suas universidades produziram médicos que hoje atuam por todo o mundo árabe. Desse modo, a medicina é uma das áreas de vantagem comparativa do Egito. Os jovens empreendedores que conheci naquela viagem, que criaram aplicativos para encontrar médicos e farmácias, estão explorando valiosas sinergias para criar um poderoso ecossistema, alavancando a magia da tecnologia moderna. Agora, eles precisam de serviços na nuvem acessíveis e potentes, que podem ser fornecidos pela Microsoft ou algum outro grande fornecedor de nuvem. As políticas certas podem ajudá-los a concretizar suas ideias.

É uma pena que tantos governos resistam a novas tecnologias, como a nuvem, apesar de essas tecnologias estarem aumentando de escala em outras partes do mundo. Em alguns casos, os governos aplicam estratégias autodestrutivas no que diz respeito à tecnologia. Por exemplo, há governos que às vezes citam questões de segurança, privacidade, complexidade, controle e latência (atrasos no processamento) como justificativas para criar sua própria nuvem exclusiva em vez de adotar uma tecnologia existente, que pode ser usufruída a preços acessíveis em virtude da demanda global.

Tendo sido informado dessas preocupações e das graves consequências que essa abordagem pode acarretar, voltei da minha viagem ao Oriente Médio convencido de que a nossa empresa tem o dever de ajudar a resolver esses problemas. Desembarquei do avião, fui à empresa e exortei a nossa equipe a pensar em recomendações de políticas para ajudar os governos, tanto dos países desenvolvidos como dos países em desenvolvimento, a reduzir as barreiras à adoção da tecnologia.

Voltemos às perguntas que levantei no início deste capítulo. Será que estamos crescendo? Nosso crescimento está sendo igualitário? E qual é o papel da tecnologia? Naturalmente, não existe uma solução milagrosa, mas, ao ponderar os fatos e refletir sobre as minhas próprias experiências, sempre me vejo retornando à seguinte equação simplificada:

$$\sum (\text{Educação} + \text{Inovação}) \times \text{Intensidade do uso da tecnologia} = \text{Crescimento econômico}$$

A educação e a inovação, aplicadas por toda a economia e especialmente em setores nos quais o país ou a região tem uma vantagem comparativa, e multiplicadas pelo uso intenso da tecnologia, produzem, com o tempo, crescimento econômico e produtividade.

Na presente era digital, o software atua como um input universal que pode ser produzido em abundância e aplicado nos âmbitos tanto público como privado e em todos os setores, inclusive a agricultura, a medicina e a indústria manufatureira. Em qualquer parte do mundo (em Detroit, no Egito ou na Indonésia), esse novo input precisa se transformar em um excedente econômico local. As tecnologias inovadoras, aliadas a uma mão de obra treinada para fazer um uso produtivo delas, multiplicadas pela intensidade de sua utilização, disseminam o crescimento econômico e as oportunidades. Para que isso aconteça, os líderes precisam priorizar o empreendedorismo de diversas maneiras.

A primeira é proporcionar amplo acesso a todos os cidadãos à conectividade da internet e aos serviços da computação em nuvem. Hoje, esse acesso varia muito. A penetração da internet chega a quase 100% na Coreia, no Catar e na Arábia Saudita, mas não chega a atingir 2% em vários países da África subsaariana. A menos que tomemos medidas específicas para tornar o acesso universal, em 2020 apenas 16% das pessoas dos países mais pobres do mundo e apenas 53% da população global estarão conectadas à internet. Se mantivermos esse ritmo, o acesso universal à internet nos países de baixa renda só será atingido em 2042. E, sem acesso à internet, ninguém pode acessar a nuvem.

Para expandir o acesso à internet, os países precisam de políticas para facilitar o compartilhamento do espectro subutilizado de frequências, como o "espaço em branco da TV", uma abordagem que está sendo aplicada com sucesso em alguns países em desenvolvimento. Além disso, os governos devem reduzir as restrições a investimentos estrangeiros diretos em infraestrutura de telecomunicações, telefonia móvel e banda larga, além de rever outras políticas de investimento que estejam criando obstáculos à entrada de empreendedores no mercado. São necessária políticas que encorajem parcerias entre o setor público e o privado e reconheçam as necessidades estruturais das instituições financiadoras a fim de facilitar o acesso ao capital capaz de expandir a infraestrutura da internet.

Líderes de todos os escalões – do nível nacional ao das comunidades – devem promover a adoção não só rápida como também intensa de novas tecnologias capazes de impulsionar a produtividade. Como o professor Comin me disse, nem todo mundo precisa inventar a roda, mas é preciso adotar rapidamente o uso da roda assim que ela for inventada porque "as sociedades que utilizam rapidamente as novas ferramentas tendem a ser mais produtivas".

Outra área de alta prioridade é o investimento no capital humano e no desenvolvimento de competências para a próxima geração. O conhecimento permite que os trabalhadores se mantenham a par da evolução cada vez mais acelerada da tecnologia. À medida que a transformação digital automatiza muitas tarefas antes realizadas por pessoas, os trabalhadores vão precisar desenvolver competências para administrar as novas ferramentas automatizadas. Da mesma forma como os trabalhadores que antes empunhavam pás deram lugar a trabalhadores capazes de manejar tratores, as sociedades hoje precisam de pessoas capazes de administrar frotas inteiras de tratores automatizados, carros autônomos e drones.

Para isso, os governos devem demonstrar empatia por toda a sua população e buscar criar uma economia mais baseada no conhecimento. O caminho para as novas tecnologias requer um investimento concomitante no desenvolvimento de competências, para que as pessoas tenham as habilidades necessárias para participar de uma sociedade cada vez mais digital, com foco na popularização de dispositivos inteligentes e serviços on-line. Nas escolas, esse objetivo requer promover a alfabetização digital e garantir que professores e alunos possam ter acesso à tecnologia e a ferramentas de aprendizado a baixo custo. No trabalho, precisamos investir no aprendizado contínuo dos trabalhadores, priorizando programas e treinamentos voltados a preparar as pessoas para trabalhar com a nuvem e num contexto mais digital.

Empresas como a Microsoft já estão expandindo seus programas de treinamento e criando iniciativas para acelerar o desenvolvimento dessas competências, especialmente em pequenas e médias empresas.

O conhecimento é necessário para encontrar novas utilizações para as novas tecnologias, e esse conhecimento é obtido pelo treinamento e pela experiência. Estou ciente de que cada caso é um caso, mas a Alemanha nos dá um excelente exemplo do uso produtivo das novas tecnologias. A Alemanha e os Estados Unidos investem muito em pesquisa e desenvolvimento, mas a Alemanha conseguiu maiores taxas de crescimento da produtividade. Uma possível explicação é o sistema alemão de formação profissional por meio de programas de aprendizado prático, que rapidamente disponibiliza tecnologias de ponta à força de trabalho por meio de centros de formação técnica atuando em estreita parceria com as empresas do setor. Estou convencido de que a única maneira de resolver o problema do deslocamento de empregos consiste em ensinar as competências necessárias não só para pessoas que fizerem cursos universitários e outros programas técnicos e de especialização, mas também para os trabalhadores que correm o risco de perder o emprego para a automação. Os países que investirem uma porcentagem específica do PIB no desenvolvimento de competências tecnológicas deverão se beneficiar muito dessa decisão.

Reformas políticas também devem criar um ambiente regulamentar que promova a adoção e o uso da tecnologia. É verdade que não podemos ignorar as questões de privacidade e segurança dos dados, mas é preciso equilibrá-las com a necessidade de garantir que os dados fluam mais livremente entre diferentes fronteiras e entre os vários serviços que compõem uma economia digital moderna global. Os governos são grandes defensores da segurança digital para proteger a população de danos, mas, a julgar por nossa experiência, as políticas públicas e a regulamentação nessa área precisam passar por reformas para garantir o equilíbrio certo. Não é uma tarefa fácil, mas a Microsoft e outros líderes do setor têm muita experiência em ajudar governos a modernizar suas políticas para atingir esse equilíbrio e ajudar a promover a segurança pública e nacional, sem comprometer os benefícios desses serviços digitais para o setor público, o privado e milhões de cidadãos.

Além disso, todos os governos têm a chance de dar o exemplo usando a tecnologia para prestar serviços aos cidadãos, aumentar a produtividade do setor público e alavancar sua vantagem comparativa. A liderança no setor público deve ser complementada por iniciativas que demonstrem o empreendedorismo local e as tecnologias de ponta, incluindo a aplicação de incentivos financeiros em alguns casos.

Quando os líderes começarem a se perguntar "O que sabemos fazer que ninguém consegue fazer tão bem?", podem surgir respostas surpreendentes, como programas de agricultura nos desertos da Austrália ou bancos comunitários em Dubai. Algum outro país ou comunidade pode tentar ser o líder mundial em inovações na Internet das Coisas, ou em inteligência ambiental; sistemas de pagamento por celular; realidade virtual; fotônica de silício; impressão 3D; dispositivos para vestir (*wearables*); satélites leves de baixa altitude; drones; publicidade nativa; veículos autônomos; robótica e automação industrial; educação adaptativa e gamificada; nanomáquinas; genômica; ou energia solar, eólica e de marés. Qualquer comunidade ou região tem a chance de tomar a dianteira nessas inovações. Por exemplo, a cidade de Seattle tornou-se um centro de excelência na computação em nuvem, sediando tanto a Amazon como a Microsoft.

Nesse contexto, é inspirador pensar na ideia lançada pelo economista Paul Romer de criar cidades de startups (o que ele chama de *charter cities*, ou "cidades fretadas"). Romer postula que as regras e as leis, que são difíceis de mudar e requerem a aprovação de concessões, não são otimizadas para estimular a inovação e gerar crescimento econômico. As cidades fretadas, por outro lado, são zonas de reforma experimental projetadas visando exclusivamente criar empregos e gerar crescimento. As pessoas podem ir morar nessas cidades ou não. Alguns estarão prontos e outros não. Romer dá o exemplo de Hong Kong e Shenzhen. Hong Kong, localizada na China, mas que durante gerações inteiras foi governada pela Grã-Bretanha, passou um bom tempo livre do domínio comunista antimercado e se tornou uma verdadeira potência econômica, atraindo e qualificando trabalhadores. Deng Xiaoping, percebendo que a China precisava se abrir para crescer, criou uma cidade privada na vizinha Shenzhen, que pôde se beneficiar do *pool* de talentos e da infraestrutura de Hong Kong. Ao contrário do resto da China, as regras de Shenzhen foram criadas para atrair o investimento estrangeiro e o comércio internacional. Ele sabia que a China comunista demoraria a aceitar essas zonas reformistas, mas que muitos empreendedores e trabalhadores agarrariam rapidamente a oportunidade. A população de Shenzhen cresceu de seus iniciais 30 mil moradores para se transformar num centro financeiro global de quase 11 milhões de habitantes, depois de ter sido designada zona econômica especial, em 1980.

Também precisamos continuar promovendo o comércio livre e justo. Se quisermos promover um crescimento maior e mais amplo, é fundamental abrir mais mercados e eliminar barreiras ao comércio para os empreendedores. É lamentável que, nos últimos anos, políticos populistas tanto da esquerda como da direita estejam usando promessas de revogar acordos de livre comércio como plataforma política para se eleger.

O governador John Kasich, do estado norte-americano de Ohio, em meio a uma amarga campanha presidencial em 2016, publicou um artigo opinativo no *The Wall Street Journal* argumentando que votar contra o comércio equivale a votar contra o crescimento. Ele ressaltou que a Parceria Transpacífico (TPP, na sigla em inglês), um importante acordo comercial que aguardava aprovação do governo federal norte-americano na ocasião, tem como objetivo ajudar grandes e pequenas empresas a gerar crescimento no Japão, na Austrália, no Canadá, no

Chile e em outras nações da Bacia do Pacífico que quiserem intensificar o comércio com os Estados Unidos. O mundo precisa de avanços contínuos na liberalização comercial. Kasich observou que 40 milhões de empregos nos Estados Unidos dependem do comércio. Contudo, as leis comerciais norte-americanas também precisam ser modernizadas. Na presente economia digital, os bits e bytes importados e exportados são tão vitais para o comércio quanto automóveis, produtos agrícolas e outros bens que comercializamos. Para garantir o fluxo comercial, precisamos ser capazes de transferir dados entre fronteiras sem ter de montar instalações de computação em todos os territórios, ao mesmo tempo que protegemos a privacidade, o código-fonte e outras formas de propriedade intelectual.

As campanhas presidenciais de 2016 chamaram atenção para as dificuldades e os benefícios dos acordos comerciais. Apesar de todo o alarde, todos os candidatos apoiaram o comércio, mas com abordagens diferentes. Trump, à direita, e Sanders, à esquerda, sugeriram que um número enorme de empregos seria perdido. Clinton se concentrou na necessidade de aplicar as regras com mais rigor. Os líderes empresariais argumentaram que acordos comerciais mais criam do que destroem empregos, embora eu defenda uma distribuição mais uniforme desses ganhos. Diante das alegações de que os acordos comerciais prejudicam o ambiente, os defensores apontaram que o TPP é o primeiro acordo comercial multilateral a incluir disposições voltadas à proteção ambiental.

É bem verdade que as regras básicas que regem as relações econômicas, regras que foram instauradas no fim da Segunda Guerra Mundial por meio do sistema Bretton-Woods, oferecem um bom ponto de partida, apesar de algumas imperfeições. Esse sistema continua promovendo os princípios fundamentais de uma cooperação mais estreita entre países de mentalidade afim por meio de redes de acordos de livre comércio. No entanto, os acordos comerciais só poderão ter sucesso se forem considerados no contexto mais amplo das políticas econômicas voltadas ao crescimento.

Por fim, muitas pessoas questionam se a próxima revolução industrial não levará ao fim dos empregos. Para nos ajudar a investigar essa questão, Daron Acemoglu, um economista do MIT, visitou o nosso campus para apresentar sua pesquisa sobre os efeitos da automação tecnológica sobre os empregos. Ele descobriu que novas máquinas inteligentes, particularmente robôs industriais, podem ter um grande e importante impacto sobre o mercado de trabalho. Suas estimativas sugerem que, em média, cada robô industrial adicional eliminará cerca de três empregos. A sugestão é que, se nada for feito, a popularização de robôs industriais pode ter consequências muito adversas para os empregos e os salários. No entanto, Acemoglu argumenta que outras importantes mudanças desencadeadas por essa onda de destruição de empregos poderiam, pelo menos em parte, reverter esses efeitos. À medida que as máquinas substituem as pessoas em algumas tarefas, as empresas serão incentivadas a criar novas tarefas nas quais os seres humanos têm uma vantagem comparativa. Acemoglu resume seu estudo nos seguintes termos: "Embora a automação possa reduzir os empregos e a participação da mão de obra na renda nacional, a criação de tarefas mais complexas tem o efeito oposto". Ao longo da história, tecnologias de ponta levaram ao surgimento de novas classes de trabalhadores e a tarefas novas e mais complexas. Acemoglu explica: "A criação de tarefas novas e mais complexas sempre aumenta os salários, o número de empregos e a participação da mão de obra [na renda nacional]. Mas, quando a automação se adianta ao processo de criação de novas tarefas com uso mais intenso de mão de obra, as mudanças tecnológicas reduzem o número de empregos".

Precisamos, portanto, de um caminho equilibrado para o crescimento. Precisamos elaborar um novo contrato social para a presente era de inteligência artificial e automação capaz de promover o equilíbrio entre o trabalho das pessoas (o que implica sua influência, salários, senso de propósito e realização) e o retorno sobre o capital.

Um bom exemplo é a Kent International, fabricante de bicicletas da marca Bicycle Corporation of America, que ganhou manchetes no início de 2017 quando transferiu 140 empregos da China de volta à cidade norte-americana de Manning, na Carolina do Sul, onde a empresa investiu na tecnologia robótica para automatizar muitas das tarefas antes realizadas por pessoas. Essa antiga indústria de pouca tecnologia e baixo uso intensivo de mão de obra está passando hoje por uma transformação digital. O CEO, Arnold Kamler, me contou que planeja criar 40 empregos por ano, o que constituiria um crescimento considerável para a pequena cidade de Manning. Inclusive, vários estados norte-americanos competiram para atrair a fábrica. "Muita gente acha que a automação destrói empregos", disse um gerente de produção da linha de montagem. "Mas é só um tipo diferente de trabalho, um trabalho mais qualificado." Se não fossem os robôs, os empregos humanos não existiriam.

Fiquei muito empolgado com a aquisição do LinkedIn (o serviço de rede social voltado a correlacionar talentos e empregos), entre outras razões, por ter encontrado um compromisso em comum entre as duas empresas já no início das negociações. Em conversas com o fundador do LinkedIn, Reid Hoffman, e seu CEO, Jeff Weiner, descobri que nossas duas empresas almejavam usar nossas plataformas digitais para disseminar oportunidades, garantindo condições de igualdade para todos. De fato, a revista *New Yorker* chegou a publicar um artigo sobre a visão do LinkedIn de melhorar o funcionamento do mercado de trabalho para todos os 3 bilhões de integrantes da força de trabalho global, aumentando a eficiência e a abertura desses mercados.

Esse sonho de um mercado de trabalho mais acessível e igualitário não se tornará realidade automaticamente. Em seu livro *Comece por você*, Hoffman escreve sobre as forças da concorrência e das mudanças que destronaram a indústria automobilística norte-americana, em Detroit, outrora uma potência econômica: "Não importa em que cidade você mora, não importa em qual empresa ou setor você trabalha, não importa o tipo de trabalho que você faz, quando se trata da sua carreira, neste exato momento você pode estar seguindo pelo mesmo caminho que Detroit". O que estamos tentando fazer com o LinkedIn é criar uma rede de alianças para ajudar a fornecer informações sobre oportunidades, treinamentos e ações coletivas que todos nós podemos realizar para criar oportunidades econômicas para as pessoas. Desse modo, esperamos evitar que no futuro outras cidades tenham o mesmo fatídico destino de Detroit. Na verdade, assim como Detroit conseguiu fazer, outras cidades podem se reinventar e se transformar em prósperos centros de empreendedorismo e criação de empregos nas próximas décadas.

Estou bem ciente de que tenho um grande preconceito. Sou mais propenso a investir em avanços tecnológicos de serviços como o LinkedIn e o Office, que ajudam as pessoas a criar, se conectar e ser mais produtivas, e não em aplicativos voltados meramente para o entretenimento e o consumo de exibição. São bastante limitados para a economia os efeitos de tecnologias que não promovem uma relação mais equitativa entre consumo e criação. No entanto, o mercado financeiro tem dado muito valor a essas tecnologias de consumo.

O recente tratado econômico de Robert Gordon, *The Rise and Fall of American Growth*, está baseado na premissa de que algumas invenções são mais importantes do que outras. Eu concordo e incluiria os aplicativos de produtividade nessa categoria. Em seu livro, Gordon analisa o crescimento dos Estados Unidos entre 1870 e 1940, descrevendo um século de revolução econômica que libertou as pessoas de uma rotina diária de árduo trabalho manual, enfrentando a escuridão, o isolamento e a morte precoce. Foi uma transformação sem igual na história humana, impossível de ser reproduzida porque muitas de suas realizações de fato só ocorreram uma vez. Examinando a história econômica norte-americana, Gordon conclui que a *inovação* foi, sem dúvida, a principal fonte de grandes mudanças: "Os empreendedores contribuem muito mais para o crescimento econômico do que a palavra 'inovação' pode transmitir". E ele observa que a educação é a maior aliada da inovação para impulsionar o crescimento.

John Batelle, cofundador e editor da revista *Wired*, escreveu que "o empreendimento é o mecanismo mais resiliente, iterativo e produtivo que a humanidade criou para mudar o mundo". Ele tem razão e nós, líderes empresariais, precisamos levar a sério as nossas responsabilidades como proponentes da mudança. Não estou me referindo à tal "responsabilidade social corporativa", que é importante, mas também pode não passar de uma ferramenta vazia de relações públicas. Simplesmente, me parece que um mundo melhor também é melhor para os negócios. É importante dedicar-se a criar excelentes produtos, atender bem aos clientes e gerar lucros para os nossos investidores, mas isso não é suficiente. Também precisamos pensar em como as nossas ações afetarão o planeta e a humanidade no futuro, tanto próximo como distante.

Epílogo

"O que justifica a minha existência?"

"O que justifica a existência da nossa instituição?"

"Qual é a função de uma corporação multinacional no nosso mundo?"

"Qual é a função de um líder no âmbito da tecnologia digital, especialmente agora que o mundo está se voltando para a tecnologia como um impulsionador fundamental do crescimento?"

Essas questões me intrigam e me motivaram a escrever este livro. Minha busca pelas respostas me levou a uma jornada intelectual e introspectiva para descobrir o que eu tenho de especial para oferecer à sociedade e como reencontrar a alma da Microsoft e definir nossa função no mundo como empresa global. Elas me orientam diariamente em minha busca por aliar a empatia a grandes ideias e fazer uma verdadeira diferença no mundo. Espero que as histórias e as lições da minha jornada possam ajudá-lo de alguma maneira na sua vida pessoal e no seu trabalho.

Também espero que essas questões existenciais estimulem mais diálogos entre governantes, líderes empresariais e tecnólogos. Num mundo tão dividido, que avança rapidamente rumo a mudanças tecnológicas, econômicas, demográficas e até climáticas ainda mais drásticas, precisamos redefinir o papel das corporações multinacionais e o papel da liderança. Movimentos antiglobalização, como o Brexit, e campanhas políticas populistas tanto na América como na Europa têm levantado questões importantes sobre automação, comércio, oportunidades econômicas, justiça, igualdade e confiança.

O economista Richard Baldwin, autor de *The Great Convergence*, escreve que a origem da tendência antiglobalização atual, manifestada pelas nações mais ricas, está no fato de a participação desses países na renda mundial ter caído de 70% em 1990 para 46% nas duas últimas décadas. Em outras palavras, os países mais ricos, como os Estados Unidos, a França, a Alemanha e o Reino Unido, viram sua participação na renda global despencar. A combinação de baixos salários com tecnologias de informação que reduziram radicalmente o custo da transferência de ideias levou países como a China e a Índia a abocanhar uma fatia consideravelmente maior da renda mundial, enquanto as nações mais ricas voltaram ao patamar de 1914, provocando tendências antiglobalização em alguns países. Baldwin prevê uma terceira onda de globalização quando as tecnologias de telepresença e telerrobótica (como a HoloLens) se tornarem acessíveis, praticamente eliminando a necessidade de as pessoas terem de cruzar fronteiras para prestar serviços.

No momento em que este livro foi enviado à gráfica, o economista vencedor do Prêmio Nobel Angus Deaton e sua esposa, Anne Case, também uma eminente economista de Princeton, publicaram um estudo que constatou que norte-americanos brancos sem curso superior terão desvantagens cumulativas ao longo da vida que podem afetar negativamente sua taxa de mortalidade, saúde e bem-estar econômico. Inclusive, a pesquisa revelou que o baixo grau de escolaridade, mais do que a baixa renda, explica aumentos na taxa de mortalidade e doenças entre pessoas brancas de meia-idade. Essa dinâmica, aliada às constatações de Baldwin, tem ajudado a jogar lenha na fogueira do fervor antiglobalização, e hoje nos convida a rever nossas prioridades no que diz respeito à educação e à saúde pública.

Naturalmente, o objetivo é "aumentar o tamanho da torta" para todos poderem ficar com uma fatia maior. Em 2016, Jeff Immelt, da GE, apresentou sua resposta à questão de qual é o papel das empresas multinacionais em discurso proferido na Faculdade de Administração Stern da Universidade de Nova York. Ele refletiu sobre o papel desempenhado pelas empresas globais no decorrer de seus 30 anos de carreira. Nesse período, a taxa de pobreza extrema foi reduzida pela metade e as inovações tecnológicas melhoraram acentuadamente os cuidados de saúde, reduziram o custo da energia e conectaram as pessoas como nunca. Mas hoje, Immelt observou, as grandes empresas (e os governos) não parecem estar conseguindo resolver os problemas do mundo. Diante dessa situação, Immelt anunciou que a GE tem planos de mudar. Considerando que uma maior igualdade beneficia tanto as empresas como a sociedade, a GE planeja adotar políticas destinadas a promover a igualdade em nível mundial e pretende se voltar à "globolocalização", ou seja, aumentará os investimentos locais dentro da área de cobertura global da empresa, abrindo espaço para que cada região tenha mais autonomia para levar em consideração as particularidades locais.

Eu diria que essa abordagem faz muito sentido. Mais da metade das receitas da Microsoft é gerada fora dos Estados Unidos. Somente poderemos atuar com eficácia em 190 países se priorizarmos a geração de mais oportunidades econômicas locais em cada um deles. Investimos mais de 15 bilhões de dólares na construção de 30 dos centros de dados regionais mais sofisticados do mundo, posicionando-os para dar suporte ao empreendedorismo local e a serviços do setor público na América do Norte, na América do Sul, na Ásia, na África e na Europa. Em cada uma dessas regiões, precisamos agir com responsabilidade.

O verdadeiro sucesso de uma empresa, e do capitalismo em geral, não pode se restringir ao excedente gerado exclusivamente para seu grupo de interesse, mas deve se estender para beneficiar a sociedade como um todo.

Em minha opinião, as multinacionais precisam se livrar do estereótipo de entidades frias e desalmadas que entram em um país ou uma região só para drenar os recursos da população local. O trabalho de uma multinacional nunca foi mais importante. Uma empresa global precisa manter operações em diferentes países do mundo, ao mesmo tempo que ajuda as comunidades locais, impulsionando o crescimento, incentivando a competitividade e gerando oportunidades para todos. Como podemos ajudar nossos parceiros e as startups locais a crescer? Como podemos ajudar o setor público a melhorar sua eficiência? De que modo podemos ajudar a resolver os problemas mais prementes da sociedade, como a necessidade de aumentar o acesso à educação e à saúde? Todos os países, naturalmente, priorizam seus próprios interesses nacionais. Nos Estados Unidos, o que vem primeiro são os Estados Unidos. Na Índia, o que vem primeiro é a Índia. No Reino Unido, o que vem primeiro é o Reino Unido. A prioridade de uma empresa global deve ser atuar em cada um desses países com o objetivo de gerar oportunidades para a região de maneiras sustentáveis, tendo em vista o longo prazo.

Todos nós devemos fazer isso, ao mesmo tempo que permanecemos firmemente ancorados em nossos valores atemporais. A Microsoft é uma empresa nascida nos Estados Unidos. Nossa herança forjou nossos valores. Acreditamos no Sonho Americano, tanto para os nossos funcionários como para a sociedade em geral. Juramos lealdade a um conjunto de valores atemporais: privacidade, segurança, liberdade de expressão, oportunidade, diversidade, inclusão. Agimos de acordo com esses valores e nos propomos a defendê-los, nos Estados Unidos e em outros países.

As empresas multinacionais dedicadas a criar tecnologia têm uma responsabilidade ainda maior de gerar oportunidades econômicas à medida que a próxima onda tecnológica se concretiza. A iminente revolução industrial, que levará à computação ubíqua e à inteligência ambiental com base em plataformas e aplicativos de software, terá um impacto mais profundo na economia do que as revoluções anteriores. É por isso que desenvolvi um conjunto de princípios de projetos para nos orientar, a Microsoft e outras organizações, na criação dessa próxima onda tecnológica. Fica aqui o meu convite para todos contribuírem com o diálogo dando opiniões e sugestões e se comprometendo a criar as bases éticas que direcionarão o futuro da nossa sociedade.

O mundo costumava crescer 4% ao ano, mas hoje cresce apenas cerca de 2%. Precisamos de novos avanços tecnológicos para manter o mesmo nível de crescimento do qual usufruímos no século 20. A realidade mista, a inteligência artificial e a computação quântica prometem revolucionar o mundo, criando um novo superávit econômico, mas também desestabilizando a força de trabalho e eliminando empregos que hoje aceitamos como naturais.

Alguns argumentam que os robôs vão tomar todos os nossos empregos, mas essa falácia da escassez do trabalho (a noção de que o volume de trabalho é limitado) sempre foi desmentida. A única diferença será que outros tipos de trabalho se farão necessários. E os seres humanos continuarão agregando valor onde as máquinas não terão como fazê-lo. À medida que desenvolvemos cada vez mais a inteligência artificial, serão cada vez mais escassos o bom senso, a inteligência real e a empatia. Os novos empregos ficarão nas mãos das pessoas que souberem como trabalhar com as máquinas, mas que também tenham atributos exclusivamente humanos.

Diante dessas diversas mudanças iminentes, precisamos criar um novo contrato social que nos ajude a atingir o superávit econômico e gerar oportunidades de maneira mais igualitária. Para chegar lá, como deve ser o novo movimento trabalhista? Muito se fala de uma renda básica universal. Como poderemos capacitar e retreinar os trabalhadores, não só os do conhecimento, mais sofisticados, mas também a mão de obra de baixa e média qualificação? Será que o setor de serviços e os empregos que requerem habilidades interpessoais podem ser uma fonte de novos empregos para muitos trabalhadores dos setores tradicionais de produção manufatureira ou agrícola?

E, por fim, qual é o papel dos líderes empresariais? No fim das contas, os líderes de qualquer empresa são avaliados com base em sua capacidade de promover o crescimento da organização e abrir caminho para inovações que inspirem os clientes. Como CEOs, somos responsáveis por gerar o melhor retorno aos acionistas. Mas também endosso a ideia de que, quanto maior for a empresa, mais o líder é responsável por refletir sobre questões que envolvem o mundo, seus cidadãos e suas oportunidades no futuro. Um líder não pode ter uma empresa muito estável se não pensar nas crescentes desigualdades ao redor do mundo e não fizer o possível para ajudar a melhorar as condições de vida para todos.

Tentamos atingir esse objetivo voltando-nos a diversas estratégias e grupos de interesse, e alavancando nosso negócio central tendo em vista beneficiar a sociedade e melhorar a produtividade pessoal. Também nos dedicamos a garantir que nossa empresa seja socialmente responsável investindo em sustentabilidade, acessibilidade, privacidade e segurança, e também por meio de ações filantrópicas. A Microsoft Philanthropies é a maior entidade filantrópica corporativa do mundo, com contribuições de mais de 1 bilhão de dólares em uma ampla variedade de causas, incluindo o ensino de competências digitais, como codificação e ciência da computação, acesso a baixo custo à internet, e assistência humanitária. Sob o lema "A Cloud for Global Good" (Uma nuvem para o bem do planeta), partimos em defesa de políticas que promovam a criação de oportunidades econômicas para todos. A propósito, todos os lucros gerados por este livro serão doados para essas causas.

Escrevi acima que o CEO é o curador da cultura de uma organização. Afinal, não existe nada mais importante do que as pessoas. Somos o conjunto de 1 milhão de decisões tomadas por milhares de pessoas todos os dias. Queremos ajudar nossos funcionários a realizar sua própria missão pessoal no contexto da Microsoft. A Microsoft não emprega pessoas, são as pessoas que empregam a Microsoft. O que poderemos realizar quando mudarmos a mentalidade de mais de 100 mil pessoas, transformando-as de empregados em empregadores? O sentido da nossa existência é fazer coisas que ajudem pessoas e organizações a fazer coisas... e fazer acontecer. Nossos serviços são ferramentas insubstituíveis para variados empreendimentos e organizações ao redor do mundo. Qualquer pessoa da Microsoft pode olhar para nossa constelação de recursos, sonhar com as possibilidades e aplicar esses recursos para resolver qualquer problema em qualquer região ou país do mundo. Estamos fornecendo os recursos que incontáveis pessoas podem usar para criar coisas que sobreviverão a elas, seja uma microempresa, uma escola, uma clínica ou uma organização gigantesca, geradora de empregos e oportunidades para milhões de outras pessoas.

Essa cultura precisa ser um microcosmo do mundo que esperamos criar fora da empresa. Um ambiente no qual construtores, criadores e inovadores têm como realizar grandes feitos. E um ambiente onde todas as pessoas possam mostrar o melhor de si, onde a diversidade de raça, sexo, religião e orientação sexual seja aceita e celebrada. Sei que estamos no caminho certo quando um colega tem uma ideia que só pode ter sido baseada na empatia, ou quando o avanço de um produto provém de uma pessoa que usou a Microsoft como plataforma para sua paixão e criatividade.

O que significa *apertar o F5*? Eu o convido a encontrar sua própria resposta a essa pergunta. Lance o diálogo na sua instituição. Lance o diálogo na sua comunidade. E, por favor, não deixe de me contar o que você descobriu e aprendeu: eu me comprometo a fazer o mesmo.

Agradecimentos

Costumo dizer que as melhores linhas de um código de computador são como um poema. O autor tenta comprimir muitas ideias e sentimentos no menor número possível de linhas, ao mesmo tempo que comunica o que deseja expressar em sua plenitude. Embora a prosa que redigimos neste livro esteja bem longe de ser poética, o processo de escrita foi intenso e, no fundo, muito gratificante. Por isso, devo agradecimentos a muitas pessoas.

Ao pensar na dedicatória para este livro, vi que devo muito a duas famílias. Na minha vida pessoal, a Anu e aos nossos três belos filhos e aos nossos pais, na Índia.

Minha outra família tem sido a Microsoft há mais de duas décadas. Devo muito a Bill Gates, Paul Allen e Steve Ballmer; juntos, deram a todos nós, da Microsoft, a chance de inovar, crescer e beneficiar nossos clientes ao redor do mundo. Sempre os admirei e tive a chance de aprender com todos eles ao longo da minha carreira.

Nossa equipe de liderança sênior é a minha aliada neste processo contínuo de transformação e gostaria de apresentar meus mais sinceros agradecimentos a Judson Althoff, Chris Capossela, Jean-Philippe Courtois, Kurt DelBene, Scott Guthrie, Kathleen Hogan, Amy Hood, Rajesh Jha, Peggy Johnson, Terry Myerson, Kevin Scott, Harry Shum, Brad Smith e Jeff Weiner. Nosso trabalho não seria possível sem a criatividade e o talento de todos os funcionários e parceiros da Microsoft.

Devo agradecimentos ao nosso Conselho de Administração: John Thompson, Reid Hoffman, Teri L. List-Stoll, G. Mason Morfit, Charles H. Noski, dr. Helmut Panke, Sandra E. Peterson, Charles W. Scharf, John W. Stanton e Padmasree Warrior.

Meus coautores e eu contamos com uma experiente equipe de profissionais de texto e produção editorial do início ao fim. Karl Weber contribuiu com seu talento na elaboração do manuscrito e na edição do texto final. Jim Levine, meu agente literário, foi uma constante presença tranquilizadora e norteadora no decorrer de todo o processo. E nossa editora, Hollis Heimbouch, da HarperCollins, nos encorajou antes mesmo de termos escrito a primeira palavra, apostou nas nossas ideias e foi nossa guia através da floresta escura.

Nossa equipe da Biblioteca e Arquivos da Microsoft, Kimberly Engelkes, Nicole Partridge e Amy Stevenson, nos ajudou a checar os fatos e a elaborar as notas do fim deste livro.

Não tenho como agradecer à minha incrível equipe por toda a ajuda que recebi dia após dia: Jason Graefe, Cynthia Thomsen, Bonita Armstrong, Caitlin McCabe, Colette Stallbaumer, Chad DeVries, Megan Gray, Jeff Furey e todos os demais.

Também gostaria de agradecer aos nossos especialistas em comunicação e marketing, incluindo Frank X. Shaw, Bob Bejan, Steve Clayton, Doug Dawson e John Cirone e suas equipes. Esse grupo nos ajudou enormemente lendo o manuscrito, trabalhando em parceria com a HarperCollins e divulgando o livro.

Devo agradecimentos especiais a Matthew Penarczyk, do nosso departamento jurídico, e às várias pessoas que contribuíram com opiniões e sugestões ao longo de todo o processo: Rolf Harms, Jon Tinter, Matt Booty, Alex Kipman, R. Preston McAfee, Justin Rao, Glen Weyl, Victor Heymeyer, Mike Tholfsen, Nate Jones, Turi Widsteen, Chinar Bopshetty, Michael Friedman, Krysta Svore, Peter Lee, Eric Horvitz, Kate Crawford, Danah Boyd, Chris Bishop, Dev Stahlkopf, John Seethoff, Abigail Sellen, Ryan Calo e Prem Pahlajrai.

O jornalista esportivo Suresh Menon, editor do *Wisden India Almanack*, sugeriu a analogia com o críquete no Capítulo 2 e foi muito gentil em se oferecer para ajudar.

Walter Isaacson não só nos ajudou a direcionar o livro no começo como também me entrevistou no palco, no Festival de Ideias de Aspen, onde anunciamos o livro pela primeira vez. Tina Brown e seu marido, Harold Evans, receberam Anu e a mim em seu maravilhoso lar em Nova York, onde conversamos sobre a Microsoft e algumas ideias do livro com outros escritores e pensadores. Tim O'Reilly me entrevistou sobre as ideias apresentadas neste livro em sua conferência sobre inovação "What's the Future" (WTF) em São Francisco, e gostaria de aproveitar a ocasião para lhe desejar toda a sorte do mundo em seu mais recente livro.

Por fim, gostaria de agradecer a Greg Shaw e a Jill Tracie Nichols, meus coautores, pela parceria neste projeto, me encorajando a ir até o fim, me ajudando a refinar minhas ideias e trabalhando comigo para criar o livro mais expressivo possível.

Fontes de informação e leitura adicional

Capítulo 1: Da Índia aos Estados Unidos

CORNET, Manu. "Organizational Charts". Bonkers World, 27 jun. 2011. Acesso em: 8 dez. 2016. <http://www.bonkersworld.net/organizational-charts/>

GORDON, Robert J. *The Rise and Fall of American Growth: The U.S. Standard of Living since the Civil War*. Princeton: Princeton University Press, 2016.

WIDMER, Ted. "The Immigration Dividend". *New York Times*, 6 out. 2015.

Capítulo 2: Aprendendo a liderar

"A Cloud for Global Good". Estudo de caso. Redmond: Microsoft, 2016. Acesso em: 12 dez. 2016. <http://news.microsoft.com/cloudforgood/>

GUHA, Ramachandra. *A Corner of a Foreign Field: The Indian History of a British Sport*. Basingstoke, Reino Unido: Pan Macmillan, 2003.

EASTAWAY, Robert. *Cricket Explained*. Nova York: St. Martin's Griffin, 1993.

SHAPSHAK, Toby. "How Kenya's M-Kopa Brings Prepaid Solar Power to Rural Africa". *Forbes*, 28 jan. 2016.

BESER, Ari. "How Citizen Science Changed the Way Fukushima Radiation is Reported". *National Geographic*, Fulbright National Geographic Stories, 13 jan. 2016.

HEIKELL, Lorence. "UN and Microsoft Aid Disaster Recovery, Economic Development in Nepal". Matéria de capa, *Microsoft*. Acesso em: 10 mar. 2017. <https://news.microsoft.com/features/un-and-microsoft-aid-disaster-recovery-economic-development-in-nepal/#sm.00001tfvv5hhqcs610r97vxf4vfiv#hAyXgOep0YzFR1W8.97>

AMAZON. "New Version of Alexa Web Search Service Gives Any Developer Tools to Innovate in Search at Web Scale". Texto de divulgação da Amazon, 6 jun. 2007. <http://phx.corporate-ir.net/phoenix.zhtml?c=176060&p=irol-newsArticle&ID=1012591>

BARR, Allison. "Amazon's Next Billion-dollar Business Eyed". Reuters, 22 jul. 2011.

BRENGEL, Kellogg. "ThyssenKrupp Elevator Uses Microsoft Azure IoT for Improved Building Efficiency". *OnMicrosoft*. Acesso em: 10 mar. 2017. <https://www.onmsft.com/news/thyssenkrupp-elevator-uses-microsoft-azure-iot-improved-building-efficiency>

Capítulo 3: Uma nova missão e um novo ímpeto

VANCE, Ashlee. "CEO Memo Makes 'Productivity' the New Mantra at Microsoft". *Bloomberg*, 10 jul. 2014.

McGREGOR, Jen. "Microsoft CEO Satya Nadella's Love of Literary Quotes". *Washington Post*, 10 jul. 2014.

WINGFIELD, Nick. "Satya Nadella Says Changes Are Coming to Microsoft". *New York Times*, 10 jul. 2014.

Capítulo 4: Renascimento cultural

PECKHAM, Matt. "Minecraft Is Now the Second Best-Selling Game of All Time". *Time*, 2 jun. 2016.

Capítulo 5: Amigos ou inimigos?

<http://spectrum.ieee.org/tech-talk/telecom/internet/popular-internet-of-things-forecast-of-50-billion-devices-by-2020-is-outdated>

Capítulo 6: Além da nuvem

LINN, Allison. "How Microsoft Computer Scientists and Researchers Are Working to 'Solve' Cancer". Microsoft Story Labs, set. 2016. <https://news.microsoft.com/stories/computingcancer/>

DUPZYK, Kevin. "I Saw the Future through Microsoft's HoloLens". *Popular Mechanics*, 6 set. 2016. <http://www.popularmechanics. com/technology/a22384/hololens-ar-breakthrough-awards/>

AUKSTAKALNIS, Steve. *Practical Augmented Reality. A Guide to the Technologies, Applications, and Human Factors for AR and VR*. Boston: Addison-Wesley, 2016.

GRUNWALD, Martin. *Human Haptic Perception: Basics and Applications*. Boston: Birkhauser, 2008.

GARTNER, Hype Cycle for Emerging Technologies, 2016, G00299893.

AARONSON, Scott. *Quantum Computing Since Democritus*. Cambridge: Cambridge University Press, 2013.

LINN, Allison. "Microsoft Doubles Down on Quantum Computing Bet".*The Official Microsoft Blog*, 20 nov. 2016. <https://blogs. microsoft.com/next/2016/11/20/microsoft-doubles-quantum-computing-bet/>

Capítulo 7: A equação da confiança

IGNATIUS, Adi. "They Burned the House Down". *Harvard Business Review* 93, n. 7/8 (2015): 106–13.

SMITH, Brad. "'The Interview' Now Available on Xbox Video". *The Official Microsoft Blog*, 24 dez. 2014. <http://blogs.microsoft.com/ blog/2014/12/24/the-interview-now-available-on-xbox-video/>

MICROSOFT NEWS CENTER. "Statement from Microsoft about Response to Government Demands for Customer Data". *The Official Microsoft Blog*, 11 jul. 2013. <http://news.microsoft.com/2013/07/11/statement-from-microsoft-about-response-to-government-demands-for-customer-data/#sm.001aorusr7vufs511ur2bludrw2u3>

HESSELDAHL, Arik. "Microsoft and Google Will Sue U.S. Government over FISA Order Data". *All Things D*, 30 ago. 2013. <http://allthingsd.com/20130830/microsoft-and-google-will-sue-u-s-government-over-fisa-order-data/#>

CELLAN-JONES, Rory. "Technology Firms Seek Government Surveillance Reform". *BBC Technology News*, 9 dez. 2013. Acesso em: 8 dez. 2016. <http://www.bbc.com/news/technology-25297044>

ACKERMAN, Spencer. "Tech Giants Reach White House Deal on NSA Surveillance of Customer Data." *The Guardian*, 27 jan. 2014. Acesso em: 8 dez. 2016. <https://www.theguardian.com/world/2014/jan/27/tech-giants-white-house-deal-surveillance-customer-data>

ELLINGSEN, Nora. "The Microsoft Ireland Case: A Brief Summary". *LawFare Blog*, 15 jul. 2016. <https://www.lawfareblog.com/microsoft-ireland-case-brief-summary>BENNET, James, et al. "Adapting Old Laws to New Technologies; Must Microsoft Turn Over Emails on Irish Servers?" *New York Times*, 27 jul. 2014. <http://www.nytimes.com/2014/07/28/opinion/Must-Microsoft-Turn-Over-Emails-on-Irish-Servers.html?_r=0>

CONGER, Kate. "The Federal District Court Ruled in Favor of U.S. Prosecutors, but We Appealed the Decision, and the United States Court of Appeals for the Second Circuit Backed Microsoft's Position". *TechCrunch*, 14 jul. 2016. <https://techcrunch.com/2016/07/14/microsoft-wins-second-circuit-warrant/>

NAKASHIMA, Ellen. "Apple Vows to Resist FBI Demand to Crack iPhone Linked to San Bernardino Attacks". *Washington Post*, 17 fev. 2016. Acesso em: 8 dez. 2016. <https://www.washingtonpost.com/world/national-security/us-wants-apple-to-help-unlock-iphone-

used-by-san-bernardino-shooter/2016/02/16/69b903ee-d4d9–11e5–9823–02b905009f99_story.html>

BLOOMBERG, Michael. "The Terrorism Fight Needs Silicon Valley; Tech Executives Are Dangerously Wrong in Resisting the Government's Requests for Their Help". *Wall Street Journal*, 29 jun. 2016. Acesso em: 8 dez. 2016. <http://www.wsj.com/articles/the-terrorism-fight-needs-silicon-valley-1467239710>

HAZELWOOD, Charles. "Trusting the Ensemble". TED Talk, 19:36, filmado em jul. 2011. <http://www.ted.com/talks/charles_hazlewood>

GATES, Bill. "Memo from Bill Gates". *The Official Microsoft Blog*, 11 jan. 2012.<http://news.microsoft.com/2012/01/11/memo-from-bill-gates/#sm.00000196kro2y0ndaxxlau37xidty>

DELGADO, Rick. "A Timeline of Big Data Analytics". *CTO Vision*, 12 set. 2016. <https://ctovision.com/timeline-big-data-analytics/>

LIEBERMAN, Mark. "Zettascale Linguistics". *Language Log*, 5 nov. 2003. <http://itre.cis.upenn.edu/~myl/languagelog/archives/000087.html>

NORTH, Douglass Cecil. *Economic Growth of the United States, 1790–1860*. Englewood Cliffs: Prentice Hall, 1961.

ADAMS, John. "John Adams to Abigail Adams, 3 July 1776". *Adams Family Papers: An Electronic Archive*, Massachusetts Historical Society, Boston. Acesso em: 8 dez. 2016. <http://www.masshist.org/digitaladams/archive/doc?id=L17760703jasecond>

Riley v. California, 134 S. Ct. 2473, 189 L. Ed. 2d 430, 2014 U.S. LEXIS 4497, 82 U.S.L.W. 4558, 42 Media L. Rep. 1925, 24 Fla. L. Weekly Fed. S 921, 60 Comm. Reg. (P & F) 1175, 2014 WL 2864483 (U.S. 2014). <https://www.supremecourt.gov/opinions/13pdf/13–132_8l9c.pdf>

ROTHMAN, Lily. "10 Questions with Akhil Reed Amar". *Time*, 5 set. 2016, 56.

Arun K. Thiruvengadam Scholarly Papers. Nova York: Social Science Research Network, 2013–2016. Acesso em: 8 dez. 2016. <https://papers.ssrn.com/sol3/cf_dev/AbsByAuth.cfm?per_ id=411428>

MALDEN, Mary e RAINIE, Lee. "Americans' Attitudes about Privacy, Security and Surveillance" Washington, DC: Pew Research Center, 2015. Acesso em: 8 dez. 2016. <http://www.pewinternet.org/files/2015/05/Privacy-and-Security-Attitudes-5.19.15_FINAL.pdf>

NEUBORNE, Burt. *Madison's Music: On Reading the First Amendment*. Nova York: The New Press, 2015.

Capítulo 8: O futuro das pessoas e das máquinas

MARKOFF, John e Mozur, Paul. "For Sympathetic Ear, More Chinese Turn to Smartphone Program". *New York Times*, 31 jul. 2015.

TRACTICA. Virtual Digital Assistants. Boulder: Tractica, 2016. Acesso em: 8 dez. 2016. <https://www.tractica.com/research/virtual-digital-assistants/>

EXECUTIVE Office of the President National Science and Technology County Committee on Technology. *Preparing for the Future of Artificial Intelligence*. Washington: National Science and Technology Council, 2016. Acesso em: 8 dez. 2016. < https://www.whitehouse.gov/sites/default/files/whitehouse_files/microsites/ostp/NSTC/preparing_for_the_future_of_ai.pdf>

KURZWEIL, Ray. *The Singularity Is Near: When Humans Transcend Biology*. Nova York: Penguin Books, 2006.

MARKOFF, John. *Machines of Loving Grace: The Quest for Common Ground between Humans and Robots*. Nova York: Ecco, 2015.

ASIMOV, Isaac. "Runaround". In: *I, Robot*. Nova York: Gnome Press, 1950.

GATES, Bill. "The Internet Tidal Wave". Comunicado à equipe executiva, 26 maio, 1995. <https://www.justice.gov/sites/default/files/atr/legacy/2006/03/03/20.pdf>

BREAZEAL, Cynthia. *Designing Sociable Robots*. Londres: MIT Press, 2002.

NADELLA, Satya. "The Partnership of the Future". *Slate*, 28 jun. 2016. Acesso em: 8 dez. 2016. <http://www.slate.com/authors.satya_nadella.html>

STONE, Peter, et al. "Artificial Intelligence and Life in 2030". *One Hundred Year Study on Artificial Intelligence: Report of the 2015–2016 Study Panel*. Stanford, CA: Stanford University, 2016. Acesso em: 6 set. 2016. <https://ai100.stanford.edu/2016-report/preface>

ALLEN, Colin. "The Future of Moral Machines". *New York Times*, 25 dez. 2011.

BOSTROM, Nick. *Superintelligence: Paths, Dangers, Strategies*. Oxford: Oxford University Press, 2014.

FORD, Martin. *Rise of the Robots: Technology and the Threat of a Jobless Future*. Nova York: Basic Books, 2015.

BRYNJOLFSSON, Erik e MCAFEE, Andrew. *The Second Machine Age: Work, Progress, and Prosperity in a Time of Brilliant Technologies*. Nova York: W. W. Norton, 2014.

MCCULLOUGH, David. *The Wright Brothers*. Nova York: Simon & Schuster, 2015.

KRZNARIC, Roman. *Empathy: Why It Matters, and How to Get It*. Nova York: TarcherPerigee, 2014.

SCHWAB, Klaus. *The Fourth Industrial Revolution*. Nova York: Crown Business, 2017.

SUSSKIND, Daniel e SUSSKIND, Richard. *The Future of the Professions: How Technology Will Transform the Work of Human Experts*. Oxford: Oxford University Press, 2016.

Capítulo 9: Recuperando o crescimento econômico para todos

ASSOCIATED PRESS. "Who's Been Invited to the State of the Union Tonight?" *Boston Globe*, 12 jan. 2016. Acesso em: 9 dez. 2016. <https://www.bostonglobe.com/news/politics/2016/01/12/guestsrdp/DR3KzNA90x3nxLYFOFs0nN/story.html>

OBAMA, Barack. *Discurso do Estado da União*. Casa Branca, 12 dez. 2016. Acesso em: 9 dez. 2016. <https://www.whitehouse.gov/sotu>

SOLOW, Robert M. "We'd Better Watch Out". Análise crítica de *The Myth of the Post-Industrial Economy*, de Stephen S. Cohen e John Zysman. *New York Times,* 12 jul. 1987. Acesso em: 9 dez. 2016. <http://www.standupeconomist.com/pdf/misc/solow-computer-productivity.pdf>

NADELLA, Satya, SPIESSHOFER, Ulrich e MCAFEE, Andrew. "Producing Digital Gains at Davos". *BCG Perspectives*, 9 mar. 2016. Acesso em: 9 dez. 2016. <https://www.bcgperspectives.com/content/articles/technology-digital-technology-business-transformation-producing-digital-gains-davos/>

WEIGHTMAN, Gavin. *The Industrial Revolutionaries: The Making of the Modern World, 1776–1914*. Nova York: Grove Press, 2010.

ASHTON, T. S. e HUDSON, Pat. *The Industrial Revolution, 1760–1830,* 2. ed. Oxford: Oxford University Press, 1998.

REPÚBLICA DO MALAWI. National ICT Policy. Lilongwe: Malawi, 2013. Acesso em: 9 dez. 2016. <https://www.malawi.gov.mw/Publications/Malawi_2013_Malawi_ICT_Policy.pdf>

MINISTÉRIO das Finanças e Planejamento Econômico da República da Ruanda. *Rwanda Vision 2020*. Kigali: Ruanda, 2000. Acesso em: 9 dez. 2016. <http://www.sida.se/globalassets/global/countries-and-regions/africa/rwnda/d402331a.pdf>

COMIN, Diego A. e HOBIJN, Bart. "Historical Cross-Country Technology Adoption (HCCTA) Dataset". The National Bureau of Economic Research. Modificado em 8 ago. 2004. <http://www.nber.org/hccta/>

MCKENZIE, David e WOODRUFF, Christopher. "What Are We Learning from Business Training and Entrepreneurship Evaluations around the Developing World?". Documento operacional WPS6202, The World Bank Development Research

Group Finance and Private Sector Development Team. Banco Mundial, 2012. <http://documents.worldbank.org/curated/en/777091468331811120/pdf/wps6202.pdf>

ADESANYA, Ireti. "The Genius behind the Gini Index". Virginia Commonwealth University School of Mass Communications Multimedia Journalism. Modificado em 20 dez. 2013. <http://mmj.vcu.edu/2013/12/20/methodology-gini-index-sidebar/>

"MAXIMA AND MINIMA". Wikipedia. Modificado em 9 out. 2016. <https://en.wikipedia.org/wiki/Maxima_and_minima>

IMMELT, Jeffrey. "NYU Stern Graduate Convocation 2016: Jeffrey Immelt". Filmado em 20 maio 2016. Vídeo do YouTube, 18:27. Postado em 2 jun. 2016. <https://www.youtube.com/watch?v=hLMiuN8uSsk>

ERLANGER, Steven. "'Brexit': Explaining Britain's Vote on European Union Membership". *New York Times*, 27 out. 2016. <http://www.nytimes.com/interactive/2016/world/europe/britain-european--union-brexit.html?_r=0>

HARDY, Quentin. "Cloud Computing Brings Sprawling Centers, but Few Jobs, to Small Towns". *New York Times*, 26 ago. 2016. <http://www.nytimes.com/2016/08/27/technology/cloud-computing--brings-sprawling-centers-but-few-jobs-to-small-towns.html>

ACEMOGLU, Daron e RESTREPO, Pascual. "The Race Between Man and Machine: Implications of Technology for Growth, Factor Shares and Employment". Manuscrito inédito, dez. 2015. <https://pdfs.semanticscholar.org/4159/521bb401c139b-440264049ce0af522033b5c.pdf?_ga=1.27764476.1700601381.1481243681>

LEMANN, Nicholas. "The Network Man: Reid Hoffman's Big Idea". *The New Yorker*, 12 out. 2015. <http://www.newyorker.com/magazine/2015/10/12/the-network-man>

ROMER, Paul. "Interview on Urbanization, Charter Cities and Growth Theory". Paul Romer (blog), 29 abr. 2015. <https://paulromer.net/tag/charter-cities/>

CALMES, Jackie. "Who Hates Free Trade Treaties? Surprisingly, Not Voters". *New York Times*, 21 set. 2016. <http://www.nytimes.com/2016/09/22/us/politics/who-hates-trade-treaties-surprisingly-not-voters.html>

INTERNATIONAL Trade Administration, Department of Commerce, Washington. "Trans-Pacific Partnership". Acesso em: 9 dez. 2016. <http://www.trade.gov/fta/tpp/index.asp>

Sobre o autor

Satya Nadella é marido, pai e também CEO da Microsoft, o terceiro *Chief Executive Officer* nos 40 anos de história da empresa.

Em seu 21º aniversário, Nadella emigrou de Hyderabad, na Índia, para os Estados Unidos a fim de fazer mestrado em ciência da computação. Depois de trabalhar no Cinturão da Ferrugem (um polo industrial dos Estados Unidos) e no Vale do Silício, entrou na Microsoft em 1992, onde viria a liderar o desenvolvimento de uma variedade de produtos e inovações voltados ao mercado de consumo e ao mercado empresarial. Nadella é conhecido por ser um líder inspirador e orientado à missão, dedicado a estender as fronteiras da tecnologia ao mesmo tempo que firma acordos criativos e por vezes surpreendentes com clientes e parceiros ao redor do mundo.

A vida de Nadella é uma jornada em busca de aprender a desenvolver uma profunda empatia pelas pessoas, que ele aplica em tudo que faz, tanto em sua vida pessoal como profissional. Ao mesmo tempo humanista, engenheiro e executivo, Nadella define sua missão e a missão da empresa que lidera como empoderar todas as pessoas e todas as organizações do planeta a realizar mais.

Além de seu cargo na Microsoft, Nadella atua no Conselho de Administração do Fred Hutchinson Cancer Research Center e da Starbucks. Satya e sua esposa, Anu, ajudam o Seattle Children's

Hospital e outras organizações da região de Seattle que oferecem tratamentos especializados a pessoas com deficiência. Nadella doará todos os lucros provenientes deste livro à Microsoft Philanthropies.